Candace V. Love
Nie wieder Prince Charming!
Wie Sie der Narzissten-Falle entkommen und endlich den Richtigen finden

www.junfermann.de

blogweise.junfermann.de

www.facebook.com/junfermann

twitter.com/junfermann

www.youtube.com/user/Junfermann

CANDACE V. LOVE

NIE WIEDER
PRINCE CHARMING!

WIE SIE DER NARZISSTEN-FALLE ENTKOMMEN
UND ENDLICH DEN RICHTIGEN FINDEN

Aus dem Amerikanischen von
Christa Broermann

Junfermann Verlag
Paderborn
2017

Copyright © der deutschen Ausgabe	Junfermann Verlag, Paderborn 2017
Copyright © der Originalausgabe	2016 by Candace V. Love
	Translated from the English language: *No More Narcissists! How to Stop Choosing Self-Absorbed Men and Find the Love You Deserve.* First published in the United States by: New Harbinger Publications, Inc.
Übersetzung	Christa Broermann
Coverfoto	© Jeanette Dietl – fotolia.com
Covergestaltung	Junfermann Druck & Service GmbH & Co. KG, Paderborn
Satz & Layout	Junfermann Druck & Service GmbH & Co. KG, Paderborn

Bibliografische Information der Deutschen Nationalbibliothek

Die Deutsche Nationalbibliothek verzeichnet diese Publikation in der Deutschen Nationalbibliografie; detaillierte bibliografische Daten sind im Internet über http://dnb.d-nb.de abrufbar.

ISBN 978-3-95571-633-3
Dieses Buch erscheint parallel als E-Book.
ISBN 978-3-95571-653-0 (EPUB), 978-3-95571-656-1 (PDF),
978-3-95571-654-7 (MOBI).

Für meine Mentorin Dr. phil. Barbara Gerbert,
die mir die Gelegenheit gab, mein Leben zu verwandeln.

Zum Andenken an meine Freundin Dr. med. Jean Walker

Für meine Eltern, Gust und Marie Melonas

Inhalt

Einleitung

Wenn Sie zu den zahlreichen Frauen gehören, die in eine toxische, destruktive Beziehung nach der anderen geraten und nicht verstehen, warum ihre Beziehungen immer wieder in die Brüche gehen, könnte das daran liegen, dass Sie sich immer wieder einen mit sich selbst beschäftigten, eigennützigen, narzisstischen Partner aussuchen. Noch schlimmer ist, dass Sie das noch nicht einmal merken. Doch ich habe gute Nachrichten für Sie: Sie können lernen, aus diesem destruktiven Beziehungsmuster auszusteigen. Als klinische Psychologin habe ich vielen Frauen wie Ihnen geholfen, dieses Muster zu durchbrechen. Dieses Buch ist für Sie und die vielen Frauen geschrieben, denen es ebenso geht wie Ihnen und die mit diesem Thema zu kämpfen haben. Eine solche Frau ist auch Linda. Schauen Sie einmal, ob Ihnen ihre Geschichte bekannt vorkommt.

Lindas Geschichte

Linda saß allein an der Bar eines schicken Lokals und knetete mit den Fingerspitzen den Stiel ihres Weinglases. Ein hohles Gefühl von Verlust lag ihr im Magen, und eine schwere Traurigkeit stieg in ihr auf und schnürte ihr langsam die Kehle zu. *Stopp. Noch nicht. Ich möchte jetzt nicht in Tränen ausbrechen.* Sie sah auf ihrem Smartphone nach, wie viel Uhr es war … zum x-ten Mal. Nancy kam immer zu spät. Nancy war schon seit Kindertagen ihre engste Freundin, und Linda musste dringend mit ihr reden. Sie dachte daran zurück, wie sie und Nancy vor ein paar Jahren gemeinsam den ersten Hot-Yoga-Kurs gemacht hatten und wie sie Nancy von ihrem neuen Freund Marc erzählt hatte. Damals sah alles so hoffnungsvoll aus. Linda versank in einem Tagtraum, in dem sie sich erinnerte, wie glücklich sie am Anfang ihrer Beziehung mit Marc gewesen war. Während Linda noch träumte, erschien endlich auch Nancy. Sie ignorierte die Versuche der Wirtin, sie an einen Platz zu lotsen, und steuerte direkt auf Linda an der Bar zu.

Sie umarmten sich, und während sie von der Bar an einen Tisch gingen, sagte Nancy, es tue ihr sehr leid, dass Lindas Beziehung zu Ende sei. Als sie sich gesetzt hatten, holte Linda tief Luft und sagte leise: „Ich fasse es nicht, dass es schon wieder passiert ist. Ich dachte wirklich, er wäre anders. Wie kann mir das nur immer wieder passieren? Was habe ich übersehen?" Linda redete sich all die schmerzhaften Einzelheiten von der Seele und berichtete rückhaltlos offen, wie hässlich es am Ende zwischen Marc und ihr zugegangen war. Er war immer reizbarer geworden und brach wegen jeder Kleinigkeit einen Streit vom Zaun. Er schleuderte ihr Beleidigungen entgegen, die voller Verachtung waren, und wurde immer anspruchsvoller und kritischer. Nichts konnte sie ihm recht machen. Als sie dahinterkam, dass er mit einer Arbeitskollegin ausging, war sie überzeugt, dass er auch mit ihr geschlafen hatte. Linda erinnerte sich, dass er dieser Frau schon bei der letzten Weihnachtsparty wie ein Hündchen nachgelaufen war und mit ihr geflirtet hatte. Das stritt er natürlich ab und warf Linda vor, sie sei ein typischer Fall von eifersüchtiger Frau.

Während sie erzählte, bemühte sich Linda um Sachlichkeit, aber sie spürte, wie ihre Gedanken immer tiefer in den altbekannten Strudel der Scham gerieten. *Ich bin ein Idiot! Mit mir stimmt etwas ganz und gar nicht. Immer wieder mache ich Mist! Ich hätte es besser wissen müssen. Wie peinlich das alles ist. Oh Gott, ich bin hoffnungslos. Ich sollte einfach den Versuch aufgeben, jemanden zu finden. Ich werde den Rest meines Lebens allein bleiben.*

Nancy blickte auf das Häufchen Papierschnipsel, zu dem Linda beim Sprechen ihre Serviette zerrupft hatte. „Linda", sagte Nancy und nahm ihre Hand, „ich wusste nicht, dass es so schlimm war. Du weißt, was ich vor ein paar Jahren mit David durchgemacht habe. Ich wollte, du hättest es mir gesagt. Du hättest das nicht alles allein durchstehen müssen." Linda sah auf, und in ihren Augen standen die Tränen, die sie so lange zurückzuhalten versucht hatte. „Ich konnte nicht … Ich konnte es nicht einmal mir selbst eingestehen. Ich habe mich so geschämt, als ich merkte, dass ich schon wieder in einer so üblen Beziehung steckte. Ich wollte es einfach nicht wahrhaben", murmelte Linda. Nancy drückte ihre Hand.

Vielleicht können Sie mit Linda mitfühlen. Vielleicht haben auch Sie unzählige Beziehungen hinter sich gebracht, die anfangs *so* gut aussahen und sich *so* stimmig anfühlten, dann aber schnurgerade in eine bittere Enttäuschung mündeten. Sie sind nicht allein, wenn Sie feststellen, dass Sie regelmäßig narzisstische Männer anziehen und sich zu ihnen hingezogen fühlen. (Was ein Narzisst ist, werde ich in Kapitel 2 genau erklären). Tatsache ist, dass viele Frauen in ihren Beziehungen dasselbe selbstzerstörerische Muster mehrmals wiederholen. Wenn Sie zu den Unglücklichen gehören, auf die das zutrifft, sind Sie wahrscheinlich frustriert und wütend auf sich selbst, weil Sie nicht früher erkennen, wie diese Beziehungen in Wahrheit beschaffen sind, oder nicht früher aus ihnen aussteigen. Sie sind vielleicht von einem intensiven Schamgefühl erfüllt, weil Sie erlaubt haben, dass Sie getäuscht und / oder schlecht behandelt wurden. Sie haben vielleicht Schuldgefühle, weil Sie andere, wie etwa Ihre Kinder oder einen auf Sie angewiesenen Elternteil, diesem Mann ausgesetzt haben. Sie haben vielleicht das Gefühl, Sie hätten kostbare Zeit auf eine weitere Beziehung verschwendet, die in eine Sackgasse mündete. Oder vielleicht hatten Sie gehofft, zu heiraten und Kinder zu bekommen, ehe Ihre fruchtbaren Jahre vorüber sind. Oder Sie haben das Gefühl, Sie hätten die besten Jahre Ihres Lebens an diesen Mann verschwendet, weil Ihre Ehe nach langen Jahren zerbrach.

Wenn Sie dieses Muster immer wieder durchlaufen, fühlen Sie sich zutiefst verletzt und unzulänglich. Ihr Selbstvertrauen ist bis ins Mark erschüttert und Ihr Selbstwertgefühl untergraben. Sie sind voller Scham, weil Sie schon wieder mit einer Beziehung gescheitert sind. Diese Art von Beziehungen, bei denen Ihnen fast das Herz bricht, verunsichert Sie zutiefst: Sie glauben, Sie könnten Ihrem Urteil nicht mehr trauen. Künftig meiden Sie Beziehungen vielleicht ganz, obwohl Sie immer gehofft hatten, Ihr Leben mit jemandem zu teilen. Was ist hier das Problem?

Das Problem ist, dass narzisstische Partner anfangs so attraktiv wirken können, dass es denen, die sich auf sie einlassen, sehr schwerfallen kann, sich wieder von ihnen zu lösen. Diese Männer können zunächst charmant und liebevoll sein. Alles scheint ihnen spielend leicht zu gelingen, und sie haben offenbar alle Vorzüge, die man sich nur wünschen kann: Selbstbewusst, wie sie sind, strahlen sie eine magnetische Anziehungskraft aus. Sie geben Ihnen das Gefühl, etwas Besonderes zu sein, weil sie Sie auserwählt haben. Und Sie fügen sich leicht und voller Freude in ihr Leben ein. Sie können Ihr Glück kaum fassen. Jetzt werden Sie für den Rest Ihres Lebens nicht mehr allein sein. Sie werden eine rundum glückliche Beziehung haben. Aber dann ändert sich das Klima, und zwar stets und zuverlässig.

Ihr Märchenprinz beginnt, jede Kleinigkeit an Ihnen zu kritisieren – angefangen bei Ihrer Kleidung und Ihrer Frisur bis hin zu Ihrer Sprechweise, er bemängelt Ihren Intellekt, Ihre Freunde und Ihre Familie, die Liste wird immer länger. Sie werden langsam nervös. Was ist da los? Sie bekommen Angst, weil Sie erkennen, dass Sie ihn vielleicht verlieren werden, da Sie seinen Ansprüchen nicht gewachsen sind – und dann kommt der Selbstzweifel: Wie konnten Sie nur glauben, Sie könnten ihn halten? Er ist so großartig und Sie sind, na ja … eben Sie. Und Sie wissen, dass Sie nicht gar so besonders sind. Die Beziehung löst sich vor Ihren Augen in Luft auf. Entweder lässt er Sie dann ohne Vorwarnung plötzlich fallen, oder Sie setzen selbst einen Schlusspunkt, weil Sie irgendwann nicht mehr anders können. Sie lecken Ihre Wunden, Ihre Freundinnen und Ihre Familie sagen, sie hätten ihn sowieso nie leiden können, und nach einer Weile lernen Sie einen anderen Mann kennen. Und alles fängt wieder von vorn an. Ohne es zu wollen, stecken Sie bald wieder in einer unguten Beziehung. Wie aus Versehen suchen Sie sich wieder einen Mann aus, der Ihnen nicht die Liebe geben kann, die Sie verdienen.

Aufgrund ihrer unglückseligen psychischen Konstitution können Narzissten andere Menschen nicht auf eine tiefe, gegenseitige, von Respekt geprägte und befriedigende Weise lieben. Narzisstische Männer sind ichbezogen und können Sie nie wirklich lieben oder wertschätzen. Sie lieben und schätzen nur das, was Sie ihnen bieten – Ihr Aussehen, Ihren Status oder die Dienste, die Sie ihnen leisten. Narzisstische Männer sind nur darauf bedacht, ihre eigenen Bedürfnisse zu erfüllen, daher sind sie unfähig, Dinge aus der Perspektive eines anderen Menschen zu sehen oder einer Partnerin Freundlichkeit, Respekt und Sensibilität entgegenzubringen.

Um zu verhindern, dass Sie in diese ungesunden Beziehungen hineinschlittern, müssen Sie aufhören, sich auf die Wünsche und Bedürfnisse anderer Menschen auszurichten, und anfangen, sich auf sich selbst zu besinnen. Was an oder in Ihnen führt dazu, dass Sie sich zu diesen Männern hingezogen fühlen und viel zu lange in diesen verletzenden, destruktiven Beziehungen bleiben?

Nicht der Mann muss sich hier ändern. *Sie* müssen sich ändern. Das wird möglich, wenn Sie etwas über die psychischen Muster lernen, die Sie in der Kindheit infolge unerfüllter kindlicher Bedürfnisse entwickelt haben, wie das Bedürfnis nach nährender Zuwendung, Empathie, Liebe, Sicherheit und Verlässlichkeit. Aus diesen unerfüllten Bedürfnissen entwickeln sich ungesunde Verhaltensmuster, die zu einem unbewussten Prisma werden, durch das Sie die Welt um sich herum betrachten und das Ihre Reaktionen lenkt. Diese Bedürfnisse bleiben oft ein Leben lang bestehen und veranlassen Sie dazu, an den falschen Stellen und bei den falschen Personen nach ihrer Erfüllung zu suchen. Und sie wirken sich mit Sicherheit auf die Auswahl Ihrer Dating-Partner aus, wenn Sie sie nicht bewusst identifizieren und verändern. Dabei möchte ich Ihnen helfen.

Ich habe dieses Buch geschrieben, weil ich eine Leidenschaft – geradezu eine *Mission* – in mir fühle, klugen Frauen wie Ihnen zu helfen, die immer wieder an einen Blödmann geraten – einen Narzissten, um genau zu sein. Ich möchte Ihnen beibringen, wie Sie aufhören können, diese destruktiven Beziehungen zu wiederholen. Ich habe eine Menge Mitgefühl für Frauen wie Sie, weil auch ich eine kluge Frau war (und obendrein noch klinische Psychologin!), die immer wieder in narzisstische Beziehungen geriet. Irgendwann musste ich akzeptieren, dass bei diesen ungesunden Beziehungen, die mir schadeten, ich selbst der gemeinsame Nenner war. Ich musste die Selbstvorwürfe und die Scham aushalten, die es mit sich brachte, dass ich mich in jemandem gründlich geirrt hatte, der mir anfangs wie ein super Typ vorgekommen war. Meine Freundinnen sahen diese Männer oft ganz anders, aber auf die habe ich nicht gehört. Stattdessen pflegte ich mir im Stillen den klassischen Satz zu sagen: *Sie kennen ihn eben nicht so gut wie ich.* Ja, ja, das sind die berühmt-berüchtigten Worte kurz vor dem Ende. Aber dann bekam ich unvermeidlich die Kehrseite der Beziehung zu spüren, und die erwischte mich jedes Mal kalt. Wer wusste schon, dass man nur eine andere Meinung zu haben oder das Missfallen eines Narzissten zu erregen brauchte, um ihn von einem Märchenprinzen in einen kalten, gefühllosen Komododwaran zu verwandeln, der darauf aus war, einen zu zerstören? Hinterher fühlte ich mich immer, als wäre ich Opfer eines Überfalls aus heiterem Himmel geworden. Obwohl ich diese Beziehungen selbst beendete, stand ich hinterher geschockt und verwirrt da. Dann stellte ich mich selbst zur Rede: *Was ist da gerade passiert? Was ist mir entgangen? Wie konnte mir das entgehen? Was ist falsch mit mir? Ich bin ein Idiot!* Ich zappelte traumatisiert in einem Meer von Zweifeln und Selbstvorwürfen herum, während der Mann meiner Träume in einem Motorboot davonflitzte – von klassischer Eleganz, schlank und teuer, natürlich –, ohne sich noch ein einziges Mal umzudrehen.

Ich muss zugeben, dass ich mich immer zu Narzissten hingezogen fühlte. Wie sollte ich nicht? Im Allgemeinen sind sie witzige, geistreiche, intelligente Männer mit einer eindrucksvollen Persönlichkeit, haben anscheinend viel Selbstvertrauen, sind oft erfolgreich und haben ihr Leben im Griff. Und anfangs geben sie mir Sicherheit und schenken mir das Gefühl, ich sei ein besonderer Mensch. Aber das Muster war immer dasselbe. Was ich für heiße Liebe hielt, war in Wirklichkeit das Bedürfnis, mich zu kontrollieren, und in ein oder zwei Fällen wurden sie, wenn ich ihnen missfiel, anderer Meinung war oder einfach nur – Gott bewahre – meine eigene Stimme erhob, rachsüchtig und furchterregend. Aber meine Illusionen und mein Bedürfnis, an meinem Wunsch- und Fantasiebild von ihnen festzuhalten, waren mächtig. Ich erinnere mich, dass ich einem solchen furchterregenden Narzissten nach nur wenigen Monaten des Kennenlernens sagte: „Das ist die gesündeste Beziehung, die ich je hatte." Können Sie sich das vorstellen? Ich lag komplett daneben, und die Suppe, die ich später auslöffeln musste, war höllisch scharf mit Habanero-Chili gewürzt!

Daher verspreche ich Ihnen: Wenn Sie die Erkenntnisse anwenden, die Ihnen in diesem Buch angeboten werden – und ich habe meine Weisheit aus eigenen, schmerzhaften Erfahrungen sowie denen unzähliger Frauen gewonnen, mit denen ich gearbeitet habe –, können Sie dieses Muster ein für alle Mal durchbrechen. Die theoretische Basis für die Lehren in diesem Buch ist die Schematherapie, die der bekannte amerikanische Psychologe Jeffrey Young entwickelt hat.[1] Die Schematherapie ist ein äußerst wirksamer Ansatz zur Veränderung ungesunder Verhaltensmuster. Schemata, die in diesem Buch *Lebensfallen* genannt werden, sind die unbewussten Muster, die in der Kindheit entwickelt und ins Erwachsenenalter mitgenommen werden. Sie treiben Sie wider besseres Wissen in destruktive Beziehungen hinein und halten Sie dort gefangen. Als Erwachsene fühlen wir uns leicht zu Menschen hingezogen, die unsere speziellen unbewussten Muster oder Lebensfallen aktivieren, weil sie sich vertraut anfühlen. Frauen, die narzisstische Männer attraktiv finden, haben häufig vor allem die Lebensfallen *Verlassenheit, Misstrauen / Missbrauch, Emotionale Entbehrung, Unzulänglichkeit / Scham, Unterwerfung, Selbstaufopferung* und *Überhöhte Standards* entwickelt. Mithilfe dieses Buches werden Sie lernen, Ihre speziellen Lebensfallen zu identifizieren und aus Ihrem Muster, sich immer wieder auf narzisstische Männer einzulassen, auszusteigen.

Ich rate Ihnen dringend, dieses Buch von vorne bis hinten ganz durchzulesen und nicht nur darin herumzublättern. Es ist so angelegt, dass die angebotenen Informationen und Fertigkeiten aufeinander aufbauen. Dieses Buch ist außerdem für eine interaktive Verwendung gedacht, lassen Sie es also möglichst nicht beim passiven Lesen, andernfalls wird Ihnen eine Menge entgehen. Wenn Sie dauerhafte Veränderungen in Ihrem Verhalten erreichen wollen, erfordert das Übung und Engagement. Wenn Sie das Buch nur lesen, ohne sich aktiv darauf einzulassen, werden Sie nicht in den Genuss seines vollen Nutzens kommen, der für Sie darin besteht, mit der Wiederholung narzisstischer Beziehungen Schluss zu machen.

Nie wieder Prince Charming! beginnt mit einer Übersicht darüber, warum Sie Narzissten bisher attraktiv gefunden haben. Dafür zieht es die Schematheorie heran und klärt über unerfüllte kindliche Bedürfnisse auf, die Sie ins Erwachsenenalter mitgenommen haben (Kapitel 1). Dann erklärt es Narzissmus und narzisstische Beziehungen (Kapitel 2). Anschließend werden Sie Ihre Lebensfallen identifizieren und lernen, wie Sie ihnen durch den Einsatz elementarer Bausteine der Veränderung entkommen können (Kapitel 3–6). Um die Heilung der Wunden aus Ihrer Kindheit und aus den destruktiven Beziehungen fördern zu können, werden Sie die Bedeutung der Selbstfürsorge kennenlernen (Kapitel 7). Und zuletzt werden Sie all das zusammenfügen und lernen, wie Sie Ihre Dates künftig zum Erfolg führen (Kapitel 8).

Alle Kapitel enthalten einige gemeinsame Elemente. Über das ganze Buch verteilt werden Sie Beispiele finden, die aus den Geschichten von Frauen zusammengesetzt sind, mit denen ich gearbeitet habe. Jedes Kapitel enthält eine Vorschau auf die wesentlichen Elemente, die in dem Kapitel vorgestellt werden, und immer wieder sind gezielte Übungen und Techniken eingestreut. Gelegentlich werde ich Sie bitten, zu überprüfen, wie Sie sich gerade fühlen, und Sie auffordern, über das soeben Gelesene nachzudenken. Ihre Aufmerksamkeit zu steigern ist der erste Schritt zur Veränderung Ihres Verhaltens. Wenn Sie die Gewohnheit entwickeln, Ihre Gedanken und Gefühle zu reflektieren, wird Ihnen das auch zustattenkommen, wenn Sie sich mit einem neuen Mann verabreden. Denkanstöße gebe ich unter der Überschrift „Ihr Spiegel" – wie in den Märchen, in denen ja auch oft ein Spiegel benutzt wird, damit die Wahrheit ans Licht kommt.

Den größten Gewinn werden Sie aus diesem Buch ziehen, wenn Sie ein Tagebuch führen und den zurückgelegten Weg schriftlich festhalten, während Sie sich vorwärtsarbeiten. Ich empfehle Ihnen dafür ein Ringbuch oder einen Ordner, damit Sie vor- und zurückblättern und Ihre Fortschritte sehen können.

Ich möchte, dass Sie wissen: Sie brauchen Ihre Hoffnung auf ein Happy End nicht aufzugeben! Sie müssen nicht mehr länger in die Fallen tappen, die Ihnen Ihre unerfüllten Kindheitsbedürfnisse stellen. Durch den hier vorgestellten Prozess, bei dem ich Sie Schritt für Schritt leite, werden Sie Ihre Lebensfallen identifizieren und deren Einfluss auf die Wahl Ihrer Partner kennenlernen. Und Sie werden die Fertigkeiten erwerben, die Sie brauchen, um sich ändern zu können, sodass Sie erstens keine weitere destruktive Beziehung mehr erleben und zweitens Ihre Chancen steigern, den liebenden Partner und die Beziehung zu finden, die Sie sich so verzweifelt wünschen.

Wenn Sie *Nie wieder Prince Charming!* zu Ende gelesen haben, werden Sie wissen, dass es von vornherein nie Ihre Schuld war, dass Sie sich zu Narzissten hingezogen fühlten. Wie Sie sich selbst und die Welt sehen gelernt haben, ist das Ergebnis von Dingen, die sich in Ihrer Kindheit abgespielt haben – von Dingen, über die Sie keine Kontrolle hatten. *Die* haben Sie in die Falle ungesunder Beziehungen gelockt, in die Sie immer wieder getappt sind. Sie können sich ändern, sobald Sie erkennen, dass Sie heute mehr Kontrolle haben, als Ihnen klar ist, nicht über andere, sondern über Ihre eigenen Reaktionen. Im Wesentlichen werden Sie lernen, Ihre eigene gute Fee zu werden (mehr darüber in den Kapiteln 1 und 7) und ein „glückliches Leben bis ans Ende Ihrer Tage" mit einem gesunden Märchenprinzen selbst in die Wege zu leiten. Das geschieht nicht über Nacht, aber wenn Sie sich dem Prozess ernsthaft widmen und die Geduld und den Mut haben, die in diesem Buch angebotenen Schritte zu gehen, finden Sie mit wesentlich größerer Wahrscheinlichkeit wahre und dauerhafte Liebe.

1. Der Märchenprinz oder wieder ein Frosch?

Kurz nach Abschluss ihres Medizinstudiums lernte Jessica Ted kennen. Brillant, sexy und erfolgreich. Ted eroberte Jessica im Sturm. Sie fühlte sich sofort zu ihm hingezogen, und während ihrer ersten gemeinsamen Wochen überschüttete er sie mit Komplimenten und liebevoller Aufmerksamkeit, was ihr das Gefühl schenkte, sie sei eine ganz besondere Frau – und ihr Sicherheit gab. Er sagte oft: „Ich kann einfach nicht genug von dir bekommen!" Das Beste war, dass auch ihre Mutter Ted mochte. Dass etwas vor den Augen ihrer Mutter Gnade fand, war selten, nicht nur in Bezug auf Freunde, sondern auch auf alle anderen Aspekte von Jessicas Leben, daher erschien ihr Ted als idealer Partner.

Als ledige junge Frau, die gerade ihr erstes Berufsjahr als Ärztin begann, verdiente sie endlich ordentlich, aber ihr Vater hatte seine Arbeit verloren, und Jessica fühlte sich verpflichtet, etwas zum Unterhalt ihrer Eltern beizusteuern. Das stellte sich ihrem Ziel in den Weg, bald ihre erste Wohnung zu kaufen. Würde sie Ted heiraten, hätten sie zwei Einkommen, und sie könnte sowohl den Bedürfnissen ihrer Eltern als auch ihren eigenen gerecht werden.

Aber bald nach dem strahlenden Auftakt verdüsterte sich die märchenhafte Beziehung zwischen Jessica und Ted. Ted begann, abfällige Bemerkungen über Jessicas Gewohnheiten, Schwächen und ihren Charakter zu machen. Bald steigerten sie sich zu üblen Beschimpfungen. Ted warf ihr an den Kopf, sie sei fett und langweilig. Wenn sie über irgendetwas anderer Meinung war als er, wurde er wütend, schrie sie an und schüchterte sie ein. Noch schlimmer war, dass er nie die Verantwortung für sein Handeln übernahm und nur die Achseln zuckte, wenn er sie verletzt hatte. Wurde er beim Lügen ertappt oder war nachweislich im Unrecht, stellte er sich als Opfer hin. Sein Benehmen wurde eisig, ganz anders als anfangs, als er noch seine charmante Seite nach außen gekehrt hatte. Wenn Jessica ihm von ihren Erfolgen bei der Arbeit erzählte, freute er sich nicht mit ihr und beglückwünschte sie nicht. Anscheinend konnte er sich einfach weder über ihren Erfolg noch den von irgendjemandem sonst freuen. Wenn sie mit Freunden ausgingen, riss er das Gespräch an sich und schnitt ihr und anderen das Wort ab. Es ging immer nur um ihn, Ted.

Anfangs war Jessica schockiert. Sie konnte nicht fassen, dass ihr liebevoller Märchenprinz – der Mann, der sie schon nach kurzer Bekanntschaft dazu gedrängt hatte, seine Familie kennenzulernen, und erklärt hatte, er sei „familienorientiert" – sich in einen so ekelhaften Gegner verwandeln konnte. Vielleicht lag es an ihr. Vielleicht enthielten seine Kritik und seine Vorwürfe ein Körnchen Wahrheit. Sie wollte sich nicht der Erkenntnis stellen, dass ihre Beziehung nicht so war, wie sie sich das vorgestellt hatte, und versuchte stattdessen, Teds bösartige Angriffe zu ignorieren oder zu rationalisieren. Als sie die Wahrheit nicht mehr länger leugnen konnte, überfielen sie Verwirrung und Angst. Wie hatte sich Ted so drastisch verändern und ein ganz anderer werden können als der, in den sie sich ursprünglich verliebt hatte? War das nur eine schlechte Phase? Sie fürchtete, Ted zu verlieren würde bedeuten, dass sie wieder allein und unglücklich wäre und unter der Last der finanziellen Unterstützung ihrer Eltern ächzen würde. Sie malte sich aus, dass Ted sie besser behandeln würde, wenn sie erst einmal verheiratet wären, und meinte, vielleicht würde ihn einfach die Angst vor einer Bindung dazu veranlassen, sich so schlecht zu benehmen. Also hielt sie durch. Als Ted zwei Jahre später um ihre Hand anhielt, war Jessica voller Hoffnung und auch erleichtert über die Aussicht, dass die Heirat ihre finanzielle Belastung mindern würde. Aber nach drei elenden Jahren, in denen sie verzweifelt versuchte, ihre Ehe aufrechtzuerhalten, beendete sie die Beziehung. Jessica brach fast das Herz. Sie war sicher, dass es ihre Schuld war, und konnte „förmlich spüren", dass ihre Mutter im Stillen dasselbe dachte.

Noch ehe ein Jahr vergangen war, lernte Jessica Ethan kennen. Ihr war sofort klar, dass seine überragenden Qualitäten mühelos den Anforderungen ihrer Mutter genügten: erfolgreich, smart und reich. Aber nach einigen Wochen mit romantischen Abendessen und wunderbarem Sex kam Ethans missbilligende Seite zum Vorschein. „Warum trägst du so unvorteilhafte Kleidung? Und deine Frisur – alles andere als schick. Du musst zu einem besseren Friseur gehen." Ethans Forderungen gingen bald noch mehr ins Detail: Jessica sollte sich sexyer und trendiger anziehen, kürzere, engere Röcke und höhere Absätze tragen. Und Jessicas Aussehen war nicht das Einzige, was umgemodelt werden musste; wenn sie mit Ethans Freunden ausgingen, sollte sie sich auch auf bestimmte Themen beschränken. Ihre Freundinnen und Freunde wiederum waren nicht interessant genug für ihn oder hatten nicht das erwünschte Niveau. Und ihre Familie mochte er auch nicht. Mit anderen Worten erfüllte Jessica in keinem Bereich (ausgenommen die Sexualität) Ethans Ansprüche an eine akzeptable Freundin. Es spielte keine Rolle, dass sie freundlich, umsichtig und sehr gebildet war und dass man ihr eine Stelle und einen Lehrauftrag am besten Krankenhaus der Stadt angeboten hatte. Jessica erfüllte Ethans hohe Anforderungen nicht.

Trotz der Warnsignale hielt Jessica verzweifelt an Ethan fest. Und trotz all seiner Kritik war sie außer sich vor Freude, als er eine gemeinsame Reise nach Venedig plante und ihr in einer E-Mail schrieb, er werde einen Verlobungsring mit einem Drei-Karat-Diamanten für sie kaufen. Logischerweise fiel Jessica aus allen Wolken, als Ethan noch in derselben Woche mit ihr Schluss machte – per SMS. Er informierte sie, er werde ihre Sachen in eine Plastiktüte packen und sie beim Pförtner ihrer Wohnanlage abgeben. Jessica war völlig geschockt. Sie hatte keine Ahnung gehabt, dass etwas nicht stimmte. Ethans Sinneswandel schien aus heiterem Himmel zu kommen. Ihr Selbstwertgefühl sank auf minus unendlich.

Ted und Ethan waren nur zwei der narzisstischen Partner, mit denen Jessica zwischen zwanzig und dreißig liiert war. Es gab noch mehr. Hatte Jessica etwas an sich, das diese Narzissten magnetisch anzog? Oder hatten sie etwas an sich, das sie anlockte? Erst als Jessica die psychologische Dynamik ihrer Familie und deren Einfluss auf ihre Beziehung zu Männern unter die Lupe nahm, begriff sie, warum sie sich systematisch von Narzissten angezogen fühlte und warum diese sie attraktiv fanden.

Jessicas Geschichte spiegelt ihren Wunsch nach einer romantischen Liebe zu einem Märchenprinzen wider, der sie im Nu bezaubern und alle ihre Probleme lösen sollte. Sie war geblendet von ihren unerfüllten Wünschen und Bedürfnissen und konnte nicht den wirklichen Mann hinter dem Märchen sehen, das sie glauben wollte. Ihr Traum vom „glücklichen Leben bis ans Ende ihrer Tage" ging auf die einzig mögliche Weise aus, weil sie schon vor langer Zeit in den Bann ihrer unerfüllten Wünsche und Bedürfnisse geraten war, als sie noch ein Kind war. Das führte zu dem Muster, sich von narzisstischen Männern angezogen zu fühlen und nur das zu sehen, was sie sehen wollte – und in diese Falle tappte Jessica jetzt immer wieder.

Jessicas Geschichte illustriert, wie gefährlich es sein kann, wenn wir blind für die Muster sind, die uns wiederholt in die Falle ungesunder, destruktiver Beziehungen locken und uns schutzlos der dunklen Seite eines vermeintlichen Märchenprinzen ausliefern. Das Ergebnis kann ein gebrochenes Herz sein, wieder … und wieder … und wieder.

1.1 Unsere Suche nach jemandem, mit dem wir glücklich bis ans Ende unserer Tage leben können

Kommt Ihnen Jessicas Suche nach einem Partner, mit dem sie „glücklich bis ans Ende ihrer Tage leben" kann, bekannt vor? Mussten Sie wieder und wieder die Nachwehen einer destruktiven Beziehung durchleiden? Hatten Sie dieselben Gedanken oder Gefühle wie Jessica? Ich habe im geschützten Raum meiner Praxis unzählige Male die gleiche Geschichte gehört. Jede „Jessica" hat viele Male ernsthaft versucht, die Liebe ihres Lebens zu finden, und am Ende festgestellt, dass sie wieder in einer gescheiterten Beziehung gelandet war und das Gefühl hatte, sie könne nur noch aufgeben. Es musste an ihr liegen, dass es nicht klappte. Schließlich war sie der gemeinsame Nenner in all diesen gescheiterten Beziehungen. Die Scham, die mit solchen wiederholten Verlusten einhergeht, wird mit der Zeit unerträglich. Sie fragen sich vielleicht: *Was ist verkehrt mit mir?* Oder wenn Sie sich hoffnungslos und niedergeschlagen fühlen, mögen Sie überlegen: *Warum sollte ich mir das noch einmal antun?* Und am Ende denken Sie womöglich sogar: *Der Traum von einem liebevollen Partner oder Ehemann und einer Familie ist und bleibt eben einfach nur das – ein Traum – zumindest für mich.*

Doch ich versichere Ihnen, dass es für Sie Hoffnung und Hilfe gibt, dieses Muster verunglückter Beziehungen zu überwinden. Wirklich! Ich weiß, dass Sie jetzt denken: *Ach ja? Das klappt ja doch nicht.* Oh doch, es *wird* klappen. Ich habe nicht einfach nur *noch* einen Ratgeber zur Selbsthilfe geschrieben, der Ihnen ausführlich das Problem erklärt, aber keine echten Lösungen oder Werkzeuge oder Fertigkeiten anbietet, die Ihnen helfen, sich zu ändern. Ich kann Ihnen keine schnelle Patentlösung liefern, aber ich biete Ihnen die Chance, eine gesunde Beziehung zu entwickeln, auf die Sie Ihre Zukunft aufbauen können. Sie müssen nur auf ein vorschnelles Urteil verzichten und etwas ausprobieren. Bei der Lektüre des Buches werden Sie nach und nach verstehen, wie Erfahrungen Ihrer Kindheit und Jugend Sie dazu gebracht haben, ungesunde Verhaltensmuster zu wiederholen. Wenn Sie die hier vorgestellten Werkzeuge anwenden, um neue Fertigkeiten zu erwerben, kann Sie das davon befreien, immer wieder ungesunde, narzisstische Beziehungen einzugehen.

Wesentliche Elemente

In diesem Kapitel werden wir unter die Lupe nehmen, warum narzisstische Partner anfangs so anziehend wirken können, warum es denjenigen, die sich auf sie einlassen, oft so schwerfällt, von ihnen loszukommen und bei der nächsten Runde jemanden zu wählen, der anders ist, und warum ihnen die frühzeitigen Warnsignale entgehen. Ich werde Sie mit der *Schematheorie* bekanntmachen, die erklärt, dass und wie die unerfüllten emotionalen Bedürfnisse eines Kindes zur Entwicklung von *Grundüberzeugungen* führen, die die Grundlage von *Lebensfallen* (ungesunden Lebensmustern) bilden, wie etwa, sich immer wieder auf Beziehungen mit Narzissten einzulassen. Sie werden erfahren, welche Grundüberzeugungen den sieben Lebensfallen zugrunde liegen, die am häufigsten bei Frauen wirksam sind, die sich zu narzisstischen Partnern hingezogen fühlen. Eine Kombination mehrerer solcher Fallen kann Ihr Dating-Verhalten beeinflussen. Die verschiedenen Konzepte werden mit Beispielen illustriert. Textabschnitte mit der Überschrift „Ihr Spiegel" geben Ihnen Gelegenheit, über Ihre Kindheitserfahrungen nachzudenken, Ihre Grundüberzeugungen zu identifizieren und zu verstehen, wie sie Sie in die Falle gelockt haben, immer wieder Beziehungen zu Narzissten einzugehen.

1.2 Warum sind wir blind für die Warnsignale narzisstischer Männer?

Um zu verstehen, warum wir narzisstische Partner so attraktiv finden, müssen wir die negativen psychischen Muster verstehen, die wir in der Kindheit entwickeln und die tendenziell unser ganzes Leben lang bestehen bleiben, wenn wir sie nicht bewusst ändern.

Die Schematheorie wurde von dem hervorragenden Psychologen Jeffrey Young entwickelt und erforscht. In seinem ursprünglichen Buch über die Schematheorie, *Sein Leben neu erfinden,* identifizierte er die sogenannten *Lebensfallen,* selbstzerstörerische Verhaltensmuster, die infolge negativer Erfahrungen in der Kindheit gebildet werden.[2] Diese Lebensfallen nehmen wir ins Erwachsenenalter mit, indem wir weiterhin ähnliche Situationen herbeiführen, weil sie sich vertraut anfühlen, selbst wenn sie uns schaden. Frauen mit ganz spezifischen Lebensfallen sind dazu verurteilt, narzisstische Beziehungen zu wiederholen, wenn sie sich ihrer Lebensfallen und der ihnen zugrunde liegenden Grundüberzeugungen nicht bewusst werden (siehe unten) und nicht lernen, sie zu verändern.

Grundüberzeugungen

Grundüberzeugungen sind die Überzeugungen, die ihren Ursprung in der Kindheit haben und die wir in Bezug auf uns selbst und die Welt um uns herum hegen. Sie färben unsere Wahrnehmung von Menschen und Situationen und beeinflussen, wie wir fühlen und reagieren. Wenn ich beispielsweise in einer Familie aufwachse, in der ich ständig kritisiert werde, und meine Eltern mir nie sagen, dass sie mich lieben, werde ich zu der Überzeugung gelangen, ich sei es nicht wert, geliebt zu werden. Der Glaube, ich sei nicht liebenswert, wird zu einer Grundüberzeugung in Bezug auf mich selbst, und diese Überzeugung nehme ich von der Kindheit ins Erwachsenenalter mit. Er beeinflusst dann alle meine Beziehungen, besonders intime Beziehungen, und beeinflusst auch die Wahl meiner Dating-Partner, weil ich verletzlich bin und verzweifelt nach der Zuneigung suche, die ich in der Kindheit nicht erhalten habe. Als Erwachsene vermeide ich intime Beziehungen vielleicht auch ganz, weil ich glaube, dass ich es nicht wert bin, geliebt zu werden, oder ich fühle mich vielleicht zum ersten Mann hingezogen, der mir überhaupt Aufmerksamkeit schenkt. Ich werde Aufmerksamkeit leicht mit Zuneigung verwechseln, was katastrophal sein kann, wenn der andere es nicht ehrlich meint. Wenn er sich als Narzisst entpuppt, ist die Beziehung zum Scheitern verurteilt. Sie wird zerbrechen, und ich werde das als meinen Fehler interpretieren, da ich glaube, ich sei nicht liebenswert. Dabei ist mir nicht klar, dass gerade diese meine Grundüberzeugung und mein verzweifelter Wunsch nach Aufmerksamkeit mich für die Wahl von Dating-Partnern anfällig machen, von denen nichts Gutes zu erwarten ist. Daher durchlaufe ich dieses Muster immer wieder mit Männern, die mir Aufmerksamkeit schenken.

Grundüberzeugungen werden zu narrativen Themen unserer Lebensgeschichte. Unsere Grundüberzeugungen liegen unserer Denkweise und unserem Handeln in der Welt zugrunde und werden mit der Zeit zu Verhaltensmustern, weil wir alle unsere Erfahrungen durch das Prisma unserer Grundüberzeugungen betrachten. Diese Verhaltensmuster nennt man *Lebensfallen,* weil sie uns in die Falle ungesunder Lebensformen und Arten von Beziehung zu anderen Menschen, Situationen und Ereignissen in unserem Leben locken.

Die Schematheorie erklärt das so: Wenn die Grundbedürfnisse eines Kindes – nach nährender Zuwendung (engl. *nurturance*), Empathie, Liebe, Sicherheit und Verlässlichkeit – erfüllt werden, schafft das eine stabile Umgebung für das Kind, die die Entwicklung von Selbstachtung, Individuation, Verantwortungsbewusstsein, Selbstausdruck und Selbstkontrolle fördert. Dieses Kind glaubt, es sei liebenswert und verdiene es, geliebt zu werden. Es kann sich selbst annehmen, hat keine Angst, seine Meinung auszudrücken, und fühlt sich frei, zu erforschen und zu werden, was immer es möchte. Ein anderes Kind hingegen, dessen elementarste Kindheitsbedürfnisse unerfüllt bleiben, kann selbstzerstörerische Verhaltensmuster und Deutungsweisen für die Ereignisse und Situationen seines Lebens entwickeln. Dieses Kind glaubt, es sei nicht liebenswert, sei von Grund auf verkehrt oder habe schwere Fehler. Es wird sich später fortwährend Partner aussuchen, die zu dem passen, was es von sich selbst glaubt. So kommt es, dass wir als Ergebnis unserer Kindheits- und Jugenderfahrungen bestimmte Grundüberzeugungen in Bezug auf uns selbst haben, und diese Überzeugungen verleiten uns dazu, immer wieder ungesunde Beziehungen einzugehen.

Wie Ihre Identität von Ihren Grundüberzeugungen geprägt wird

Unsere Grundüberzeugungen machen einen bedeutenden Teil der Grundlage unserer Identität aus und bleiben unser ganzes Leben lang stark und stabil. Wenn diese Grundüberzeugungen gesund sind (beispielsweise: „Ich bin liebenswert"), spielen sie eine gute und wichtige Rolle in unserem Leben. Sind unsere Grundüberzeugungen aber ungesund (beispielsweise: „Ich bin nicht liebenswert"), dann müssen wir sie identifizieren, als ungesunde Grundüberzeugungen erkennen und bewusst daran arbeiten, sie zu ändern. Ungesunde Grundüberzeugungen könnten etwa so klingen: „Niemand wird für mich da sein", „Alle lassen mich im Stich", „Ich kann auf niemanden zählen" usw.

Ist bei mir etwa die Lebensfalle *Verlassenheit* wirksam, kann meine Grundüberzeugung sein, dass mich immer alle verlassen. (Mehr über spezifische Lebensfallen finden Sie gleich unter „Lebensfallen und Grundüberzeugungen".) Daher bin ich in einer Beziehung vielleicht kontrollierend oder eifersüchtig, weil ich von meiner Überzeugung bedroht werde, mein Partner werde mich um einer anderen Frau willen verlassen. Oder ich stoße vielleicht meinen Partner weg, sodass ich die Beziehung zu meinen Bedingungen beende, ehe er mich verlassen kann. Grundüberzeugungen sind die tief eingewurzelten Glaubenssätze in Bezug auf uns selbst und die Welt.

Lebensfallen und Grundüberzeugungen

Gestützt auf Youngs Arbeit über Schematheorie habe ich sieben Lebensfallen identifiziert, die eindeutig am häufigsten bei Frauen vorhanden sind, die sich von narzisstischen Männern angezogen fühlen. Obwohl es noch weitere Lebensfallen gibt, werden wir uns in diesem Buch auf die sieben gleich aufgelisteten konzentrieren, weil sie im Leben von Frauen, die narzisstische Männer anziehend finden, eine so große Rolle spielen.

Lebensfalle *Verlassenheit*: *Sie fühlen sich vor allem abgelehnt.*
Grundüberzeugung: *Die Menschen verlassen Sie immer.*

Lebensfalle *Misstrauen / Missbrauch*: *Sie fühlen sich verletzt.*
Grundüberzeugung: *Die Menschen verletzen oder manipulieren Sie.*

Lebensfalle *Emotionale Entbehrung*: *Sie fühlen sich missverstanden.*
Grundüberzeugung: *Niemand ist für Sie da.*

Lebensfalle *Unzulänglichkeit / Scham*: *Sie fühlen sich unzulänglich, nicht liebenswert und minderwertig.*
Grundüberzeugung: *Sie sind nicht gut genug, um geliebt zu werden.*

Lebensfalle *Unterwerfung*: *Sie unterdrücken Ihre Wünsche und Bedürfnisse, um jemand anders zu gefallen.*
Grundüberzeugung: *Wenn Sie die Bedürfnisse des anderen nicht erfüllen, wird ihm nichts an Ihnen liegen. Sie haben keine Wahl.*

Lebensfalle *Selbstaufopferung*: *Sie fühlen sich für andere verantwortlich und fühlen sich schuldig, wenn Sie nicht für andere sorgen, aber Sie empfinden auch Groll darüber, für andere sorgen zu sollen.*
Grundüberzeugung: *Sie müssen anderen helfen und ihre Probleme lösen und tun das aus einer eigenen Entscheidung heraus.*

Lebensfalle *Überhöhte Standards:* *Sie haben das Bedürfnis, stets nach Vollkommenheit zu streben, die Beste zu sein oder alles perfekt zu machen oder sich an selbstauferlegte starre Regeln zu halten.*
Grundüberzeugung: *Was immer Sie tun, es wird nie gut genug sein.*

Wenn Sie sich die Charakterisierung jeder dieser sieben Lebensfallen und der damit verbundenen Grundüberzeugungen anschauen, sagen Sie sich vielleicht: *Wow, das bin ich! Mir war gar nicht klar, in welchem Maße ich so denke.* Und genau das ist der Punkt. Unsere Lebensfallen und Grundüberzeugungen führen zu Denk- und Verhaltensweisen, die so automatisch sind, dass wir sie für selbstverständlich halten und nie innehalten und erkennen, wie sie unsere Wahl von Männern steuern.

Wie Ihre Lebensfallen die Wahl Ihrer Dating-Partner beeinflusst haben

Laut der Schematheorie fühlen wir uns von Ereignissen, Situationen und Menschen angezogen, die unsere persönlichen Lebensfallen aktivieren, weil sie sich für uns vertraut anfühlen. Wenn beispielsweise ein narzisstischer Elternteil nicht fähig war, Sie bedingungslos anzunehmen, oder sich nicht auf Ihre emotionalen Bedürfnisse einstellen konnte, suchen Sie sich vielleicht einen narzisstischen Partner aus, der sich in ähnlicher Weise auf Sie bezieht (Ihnen beispielsweise das Gefühl gibt, Sie seien nicht wertvoll oder Sie seien nie gut genug). Das fühlt sich irgendwie vertraut an, wie zu Hause. Sie stellen dann vielleicht fest, dass Sie sich besondere Mühe geben, die Erwartungen und Ansprüche Ihres Partners zu erfüllen, um Ihre Grundüberzeugungen zu kompensieren. Der Clou dabei ist, dass Sie nicht einmal wissen, dass Sie das tun. Es geschieht einfach ganz natürlich.

Denken Sie an Jessicas Geschichte zurück. Was fand sie an diesen Männern anziehend? Welche unerfüllten Kindheitsbedürfnisse könnte sie gehabt haben? Was glauben Sie, welche Grundüberzeugungen sie in die Falle der Wiederholung der immer gleichen Verhaltensweisen mit demselben Typ von Partner geführt haben?

Ehe wir weitergehen, nehmen Sie sich bitte einen Augenblick Zeit, um zu überlegen, was Sie bis hierher gelesen haben, und um über Ihre eigenen Kindheitserfahrungen nachzudenken. Achten Sie darauf, wie Sie sich emotional und körperlich fühlen. Welche Gedanken gehen Ihnen *jetzt gerade* durch den Kopf? Schreiben Sie sie in Ihr Tagebuch. Sie könnten sich beispielsweise traurig, verwirrt, unwohl, verunsichert oder ängstlich fühlen oder es kann Ihnen ein bisschen übel sein. Vielleicht gehen Ihnen Gedanken wie die folgenden durch den Kopf: *Ich habe nie das Gefühl, gut genug zu sein* oder *Ich glaube, Männer werden mich immer wieder verlassen.* Es gibt keine richtigen oder falschen Antworten.

Kehren wir nun zu Jessicas Geschichte zurück und finden heraus, was Narzissten für sie anziehend machte. Verantwortlich dafür war ein Bann, unter den sie schon als Kind geraten war, das in einer gestörten Familie aufwuchs.

1.3 Eltern-Kind-Beziehungen: Wie Lebensfallen und Grundüberzeugungen entstehen

Die meisten Eltern meinen es gut. Sie haben nicht die Absicht, dem Kind Probleme ins Leben mitzugeben. Ich sage den Frauen, mit denen ich arbeite, dass ich Eltern nicht gerne Vorwürfe mache, es sei denn, es liegt ein Missbrauch vor. Wir sprechen über die Eltern, um bestimmte Dinge zu erklären, die viele von uns in Bezug auf sich selbst zu glauben gelernt haben. Vielen Eltern ist nicht bewusst, dass sie ihrem Kind Probleme bereiten, weil sie ihren eigenen Problemen gegenüber blind sind. So war es auch bei Jessica. In ihrer Kindheit beherrschten die Bedürfnisse und Wünsche ihrer Mutter die Familie. Jessica wurde schon sehr früh klar, dass ihre Gefühle für ihre Mutter nicht wirklich wichtig waren. Ihre Mutter war offenbar nur dann mit ihr zufrieden oder schenkte ihr Aufmerksamkeit, wenn sie die Bedürfnisse ihrer Mutter erfüllte oder etwas tat, woran dieser gelegen war.

Jessicas Mutter sagte nie, dass sie stolz auf ihre Tochter sei. Daher war Jessica überrascht, als sie als Erwachsene von einer guten Freundin erfuhr, dass ihre Mutter sich ihren Freundinnen gegenüber stets gerne mit dem gebrüstet hatte, was ihre Tochter alles konnte. Warum sagte ihre Mutter das nicht ihr anstatt anderen? Jessica versuchte, es ihrer Mutter recht zu machen, und wenn sie – selten genug – einmal ihren Wünschen zuwiderhandelte, pflegte die Mutter sie mit Liebesentzug zu bestrafen und zu sagen, sie sei bitter enttäuscht von ihr. Für Jessica war das niederschmetternd, als sie noch ein kleines Mädchen war, und es führte zu der Angst, sie könnte die Liebe ihrer Mutter verlieren.

Jessicas Vater konnte sich seiner Frau gegenüber nicht behaupten. Jessica lernte, nicht mit ihrer Mutter zu streiten, weil die Mutter die ganze Macht hatte und nicht einmal ihr Vater sie schützen konnte. Folglich bewältigte Jessica die Situation, indem sie ihre wahren Gefühle für sich behielt und sich ihrer Mutter fügte – und später auch anderen.

Als Jessica eine junge Frau wurde, begann ihre Mutter, stellvertretend durch sie zu leben, und drängte sie zu einem Leben, das sie selbst gerne gehabt hätte. Jessica sollte einen Beruf mit Prestige ergreifen, eine herausragende Stellung in der Gesellschaft erreichen und einen reichen Mann heiraten. Jessica richtete sich so gut sie konnte nach den Wünschen ihrer Mutter, aber anscheinend gelang es ihr nicht, auch das letzte Kästchen als erledigt abzuhaken, das ihre Mutter besonders glücklich gemacht hätte: einen reichen Mann zu heiraten. Es genügte der Mutter nicht, dass Jessica auf dem besten Weg war, eine tüchtige Internistin mit einer gut gehenden Praxis zu werden, die eng mit einer weltbekannten medizinischen Institution zusammenarbeitete. Nichts schien je zu genügen, um ihre Mutter froh zu machen. Obwohl Jessica souverän wirkte und ruhig sprach, stand sie unter unglaublichem Stress, da sie versuchte, finanziell für ihre Eltern zu sorgen und ihre Mutter emotional zufriedenzustellen. Dabei ignorierte Jessica jedoch ihre eigenen Bedürfnisse und unterdrückte ihren Ärger, weil sie sich sagte, ihre Eltern bräuchten sie. Sie glaubte, Familienmitglieder müssten füreinander einstehen, und es sei ihre Aufgabe, die Eltern finanziell zu unterstützen, da sie ja arbeitete.

Jessicas Lebensfallen

Jessica hatte seit ihrer Kindheit mit mehreren zentralen Lebensfallen zu kämpfen: *Unterwerfung, Selbstaufopferung* und *Überhöhte Standards,* die zu bestimmten Verhaltensweisen führten, wie etwa, die Bedürfnisse anderer an erste Stelle zu setzen, sich selbst dabei zu vernachlässigen und stumm zu leiden. Diese Lebensfallen hatten ihren Ursprung in Grundüberzeugungen wie: „Wenn ich nicht die Bedürfnisse anderer erfülle, wird ihnen nichts an mir liegen", „Ich muss anderen helfen oder ihre Probleme für sie lösen" oder „Ich muss es besser machen". Jessica hat gelernt, den Bedürfnissen anderer Menschen Vorrang zu geben und ihre eigenen zu unterdrücken. Weil die Bedürfnisse ihrer Mutter stets an erster Stelle kamen, fühlte es sich normal an, in die altbekannte Falle zu tappen und jetzt die Bedürfnisse eines narzisstischen Mannes an die erste Stelle zu setzen. Und da narzisstische Männer außerordentlich selbstbezogen sind und von einer Frau verlangen, immer nur an die Bedürfnisse des Partners zu denken, schienen sie perfekt zu Jessica zu passen.

Jessica fand reiche Männer anziehend, weil sie die Anerkennung ihrer Mutter brauchte. Sie war darauf konditioniert worden, wohlhabende Männer zu wählen, weil alles andere nicht gut genug war. Da sie nie das Gefühl hatte, irgendetwas, was sie tat, wäre ihrer Mutter gut genug (Lebensfalle *Überhöhte Standards*), wurde sie arbeitssüchtig. Jessica war auch klar, dass ein zusätzliches Einkommen den Bedürfnissen ihrer Eltern zugutekommen würde, und aufgrund ihrer Lebensfalle *Selbstaufopferung* war sie gewohnt, für diese geradezustehen. Jessica wurde nicht nur vom Geld ihres möglichen künftigen Partners geblendet, sondern auch von seiner anfänglichen Anerkennung (eine Anerkennung, die sie als Kind nie bekommen hatte) und seinem Auftreten als Märchenprinz (das ihr verhieß, dass ihre unerfüllten Kindheitsbedürfnisse endlich gestillt werden würden). Bis es so weit war, dass der „Prinz" sich als Narzisst entpuppte, saß Jessica schon in der Falle. Sie ließ sich die hässlichen Bemerkungen und Verhaltensweisen gefallen, weil sie schon die Erfahrung gemacht hatte, dass das, was sie tat, sowieso nie gut genug war, und diese Grundüberzeugung war zur Lebensfalle geworden. Und sie hatte von ihrer Mutter gelernt, dass jegliche direkte Konfrontation und jeder Widerstand zu einem Liebesentzug führten. Dieses Gefühl war ihr zwar verhasst, aber auch vertraut. Jessica war daran gewöhnt, ihre Bedürfnisse denen unterzuordnen, die ihr am nächsten standen (ihrer Mutter, ihren Liebhabern), also änderte sie ihre Frisur und ihren Kleidungsstil, versuchte abzunehmen und akzeptierte einen Mann, der ihr sagte, ihre Freundinnen und ihre Familie seien nicht intellektuell, trendy oder interessant genug.

Narzisstische Männer sind darauf angewiesen, dass ihre Partnerin ein bestimmtes Aussehen hat und sich auf eine bestimmte Weise verhält, weil ihre Partnerinnen nur ein „Spiegelbild" und eine Verlängerung ihrer selbst sind. Es geht nur um *sie*. Wenn ihre Partnerinnen nicht „perfekt" sind, das heißt, wenn sie nicht die Erwartungen der Narzissten erfüllen, dann wühlt das deren Gefühle von Unzulänglichkeit und Unsicherheit auf. Deshalb können sie nicht bei einer Partnerin bleiben, die ihnen die Stirn bietet oder anderer Meinung ist als sie. Dann legen sie nicht selten kontrollierendes, schikanöses oder einschüchterndes Verhalten an den Tag, um ihre Partnerinnen dazu zu bewegen, dass sie sich ändern. Solange Jessica ganz genau die Forderungen ihrer narzisstischen Partner erfüllte, hielten sie an ihr fest. Wich sie jedoch nur minimal von dem ab, was sie verlangten, duldeten sie das nicht.

Wie viele andere Frauen fühlt sich Jessica ungewollt immer wieder zu narzisstischen Männern hingezogen, weil ihre Grundüberzeugungen sie dafür anfällig machen. Werden ihr diese Grundüberzeugungen bewusst und sie erfährt, wie sie sie verändern kann, ist sie nicht länger dazu verurteilt, das Szenario mit einem Ted oder Ethan zu wiederholen.

Die Grundüberzeugung, die zu Jessicas Lebensfalle *Selbstaufopferung* geführt hat, ist, dass niemand sie lieben und sich um sie kümmern wird, wenn sie anderen nicht hilft oder ihre Probleme löst. Daher fühlte sich Jessica für das Glück und die finanzielle Stabilität ihrer Eltern verantwortlich. Ihre Grundüberzeugung bildete eine dicke Mauer, die ihr den Zugang zur Wahrheit über ihre Partner versperrte. Aber wenn sie ihre Grundüberzeugung erkennt, wird sie anfangen, die Wahrheit über sich selbst und die Partner zu entdecken, die sie sich aussucht. Dieses Wissen wird sie zu gesünderen Beziehungen führen.

Während Jessica immer wieder in narzisstische Beziehungen geriet, zeigt die Geschichte von Tess, die Sie gleich lesen werden, wie man dieses Schicksal überwinden kann, indem man seine Grundüberzeugungen versteht und sein Leben verändert. Tess ist eine Frau, die ihre ungesunden Grundüberzeugungen überwand, ihre eigene

„gute Fee" wurde und zu einem „glücklichen Leben bis ans Ende ihrer Tage" fand. (Seine eigene gute Fee zu sein, bedeutet, dass man sich selbst all das gibt, was einem in der Kindheit gefehlt hat, auch Liebe und nährende Zuwendung. Mehr darüber, wie man zu seiner eigenen guten Fee wird, finden Sie in Kapitel 7.) Wenn man seine eigene gute Fee wird, sorgt man – kurz gesagt – selbst dafür, dass man „glücklich bis ans Ende seiner Tage leben" kann, und steigert damit die Wahrscheinlichkeit, in einer Beziehung mit einem *gesunden* Märchenprinzen zu landen, ganz erheblich. Sie können wirklich das Leben herbeiführen, das Sie sich immer gewünscht haben.

Die Geschichte von Tess

Tess war das einzige Kind von Eltern, die in einer unglücklichen Ehe gefangen waren. Sie waren innerlich voneinander und von Tess getrennt. Sie verstanden sie nicht, hatten keine Empathie für ihre emotionalen Bedürfnisse und beschämten sie, wenn sie den Mut aufbrachte, diese zu äußern. Tess wurde sehr viel allein gelassen, und es gab wenig Interaktion und anregende Erfahrungen zu Hause. Ihr Vater war Alleinverdiener und Alkoholiker, hörte aber schon auf zu arbeiten, ehe er fünfzig wurde, wodurch er die Familie in eine wirtschaftliche Dauerkrise brachte. Tess' Mutter war Hausfrau und fand Trost in der Religion, sodass sie häufig zu Versammlungen ging und sich ausgiebig religiösen Aktivitäten widmete. Aufgrund des ständigen finanziellen Drucks erlebte Tess nie einen Familienurlaub und konnte in der achten Klasse auch nicht am Schulausflug nach Washington teilnehmen. Ihre Eltern versagten ihr alles, was junge Leute gerne möchten, um mit den Gleichaltrigen mithalten zu können – etwa Schulhefte oder einen Schulranzen in bestimmten Farben oder einem bestimmten Stil –, und verspotteten sie dafür, dass sie sich diese Dinge wünschte. Da Tess aus dem Rahmen fiel, schämte sie sich vor den anderen und fühlte sich allein. Obwohl das sehr schmerzhaft war, lernte sie nie, für sich einzutreten oder sich die Hilfe zu holen, die sie brauchte. Sie entwickelte die Grundüberzeugungen, dass sie weder Liebe noch Aufmerksamkeit verdiente, dass sie nichts zu bieten hatte und dass niemand für sie da sein würde (was auf ihren Lebensfallen *Emotionale Entbehrung* und *Unzulänglichkeit / Scham* beruhte).

Mit fünfzehn lernte Tess einen Jungen namens Paul kennen, den sie sehr gernhatte. Schließlich brachte sie den Mut auf, ihn zu sich nach Hause einzuladen, aber ihr Vater war betrunken im Wohnzimmer, schrie herum und führte sich blamabel auf. Tess fühlte sich dadurch so gedemütigt, dass sie Paul nie mehr wiedersah und in der Highschool überhaupt keine Dates mehr hatte. Bei Schulfesten fehlte sie. Mit sechzehn versuchte sie sich umzubringen.

Jetzt spulen wir in Tess' Leben auf vierundvierzig Jahre vor. Da sie als Kind an emotionaler Entbehrung gelitten hatte – weil sie bei Eltern aufwuchs, die ihre emotionalen Bedürfnisse nicht verstanden –, wuchs sie mit dem Gefühl auf, sie müsse sich ihrer selbst schämen. Als Erwachsene überkompensierte sie ihre Schamgefühle durch eine immer höhere Bildung und arbeitete in einem anspruchsvollen und befriedigenden Beruf, nämlich als Designerin in einer angesehenen Innenarchitekturfirma. Weiter bereicherte sie ihr Leben durch Kunst, Musik, Theater und die Einrichtung einer Wohnung mit schönen Dingen, die sie liebte. Jetzt hatte sie alles, was ihr in der Kindheit versagt worden war.

Doch Tess war nicht nur eine gebildete, interessante Frau, die auch geraume Zeit im Ausland gelebt hatte, sondern auch eine exzellente Köchin, eine Weinkennerin und Feinschmeckerin, die oft Gäste einlud. Trotz alledem hatte sie weiterhin das Gefühl, sie passe nicht zu den anderen, sei uninteressant und habe nichts zu bieten – schon gar nicht einem Mann – und würde ganz sicher alleine bleiben.

Mehr als alles andere wünschte sie sich, verheiratet zu sein und Kinder zu haben, aber sie fühlte sich immer wieder zu Männern hingezogen, die einen hohen Status hatten und Geld für sie ausgaben, anstatt zu Männern, denen Liebe und Bindung wichtig war. Sie suchte sich selbstzentrierte, gefühlskalte und distanzierte Männer aus, die sie nicht schätzten und ihre Gefühle nicht ernst nahmen. Aufgrund ihrer tiefen Scham teilte sie anderen nie ihre innersten Gefühle mit und beraubte sich dadurch erfüllender emotionaler Verbindungen mit anderen. Öffentlich hielt sie die Persona eines glücklichen Menschen aufrecht, aber wenn sie allein zu Hause war, griff sie zum Alkohol, um ihren Schmerz und ihre Einsamkeit zu ertränken.

Als Tess zu mir kam, hatte sie schon mehrere gescheiterte Beziehungen hinter sich und war seit fast einem Jahr mit einem Mann befreundet, der oft ausfallend wurde. Obwohl er hochgebildet war, blieb er erfolglos und hatte zahlreiche finanzielle Fehlschläge erlitten. Manchmal ließ er seine schlechte Laune an Tess' Hund aus. Kurz gesagt: Er war ein echter Verlierer. Trotz alledem hatte sie sich zu dem Glauben durchgerungen, sie könnten heiraten und Kinder haben, auch wenn er sagte, er wisse gar nicht, ob er das wolle. Ihre Sehnsucht nach Liebe und Familie war so groß, dass sie die Alarmglocken überhörte, die doch so laut schrillten. Schließlich machte sie mit ihm Schluss, aber dann erlitt er wieder einen finanziellen Misserfolg, und sie kehrte zu ihm zurück, weil er ihr leidtat. Zuerst schien er froh zu sein und das zu würdigen, aber sobald die Krise vorüber war, war er wieder das alte Ekel. Tess konnte die Wahrheit nicht länger leugnen und kam wieder in die Therapie, um ein für alle Mal Klarheit über sich zu gewinnen.

Als wir gemeinsam daran arbeiteten, ihre Grundüberzeugungen und Lebensfallen zu identifizieren, begann sie vorwärtszukommen. Sie beendete diese ungute Beziehung und war bereit, einige Risiken einzugehen und sich ihren Freundinnen gegenüber mehr zu öffnen, bat Menschen um das, was sie sich wünschte, und begann Verabredungen mit einem neuen Typ Mann zu treffen.

Einige Monate später berichtete sie mir, dass Paul, ihre erste Liebe auf der Highschool, sie über soziale Medien kontaktiert hatte. Sein Auftauchen brachte schmerzhafte Erinnerungen an die Schulzeit mit sich – dass sie nicht war wie die anderen, dass ihr Vater bei Pauls Besuch betrunken war und eine peinliche Szene machte –, und sie lehnte seine Bitte um Kontakt sofort ab. Als sie mir das erzählte, ermutigte ich sie dazu, sich das noch einmal zu überlegen und seine Bitte um Freundschaft zu erfüllen. Ihre Freundinnen taten das ebenfalls. In der nächsten Sitzung erzählte sie mir, dass sie seine Bitte positiv beantwortet hatte und dass sie eine erste Begegnung planten. Ein wahrhaft mutiger Schritt! Paul hatte nicht so viel Schliff und wirkte nicht so imposant wie die Männer, mit denen sie sonst ausging – die Männer, die ihr nie Respekt erwiesen oder gar Liebe zeigten. Außerdem war er eng mit seiner Familie verbunden und freute sich darauf, Tess den Seinen vorzustellen. Er mochte ihren Hund, und ihr Hund war ganz vernarrt in ihn.

Tess ging immer wieder mit ihm aus, öffnete sich seiner Wärme und Liebe, aber übereilte nichts und achtete auf ihre Grundüberzeugungen. Tess verliebte sich nicht Hals über Kopf in ihn, wie das früher immer gewesen war. Jetzt ist sie mit einem Mann zusammen, der sie liebt und ihr die umfangreiche Großfamilie bietet, die sie sich immer gewünscht hat, und die beiden sprechen darüber, ob sie nicht eine eigene Familie gründen sollen. Zum ersten Mal ist Tess glücklich. Heute verschließt sie nichts mehr in sich, fühlt sich sozial stärker integriert und erlebt ein beständiges Wachsen ihres Selbstwertgefühls. Dass sie ihre Grundüberzeugungen kennenlernte, half ihr, ihre blinden Flecken zu entdecken, sodass sie schließlich akzeptieren konnte, dass sie gut genug war und dass sie liebenswert war. Allerdings dauerte es seine Zeit, bis diese Gedanken zu ihren neuen Grundüberzeugungen geworden waren. Die Arbeit in der Therapie und die Beziehung zu Paul halfen Tess, sich aus ihren Lebensfallen und von ihren destruktiven Grundüberzeugungen zu befreien und mit der Zeit gesündere Grundüberzeugungen zu entwickeln.

1.4 Wie Sie Ihre Grundüberzeugungen identifizieren

Um zu verstehen, warum wir uns zu narzisstischen Männern hingezogen fühlen, müssen wir in einem Prozess der Selbstreflexion erst einmal uns selbst betrachten. Wie die Spiegel in den Märchen, die den Figuren die Wahrheit über sich selbst und ihr Leben zeigen, ist Selbstreflexion unverzichtbar, denn diese Fähigkeit wird Ihnen helfen, Ihre Grundüberzeugungen zu erkennen, und damit erhellen, was Sie dazu bringt, immer wieder ungesunde Beziehungen mit narzisstischen Partnern einzugehen. Schauen Sie sich in der gleich folgenden Übung 1 die Liste der Aussagen über Ihre Gedanken, Gefühle und Verhaltensweisen an, die auftauchen können, wenn Sie in einer Beziehung sind. Ihre Antworten helfen Ihnen, zu klären, welche Grundüberzeugungen Sie haben und wie sie zu Ihrer Bereitschaft beitragen, diese Beziehung fortzusetzen. In den folgenden Kapiteln werden Sie mehr über den Ursprung Ihrer Grundüberzeugungen sowie darüber erfahren, wie sie vielleicht Ihr Ziel einer gesunden Beziehung behindert haben. Das Wichtigste ist aber, dass Sie Wege kennenlernen werden, sie zu verändern.

ÜBUNG 1

Ihre Grundüberzeugungen

Welche der folgenden Sätze gelten derzeit für Sie oder haben in früheren Beziehungen für Sie gegolten? Sie können sie in Ihrem Tagebuch niederschreiben. Sie können auch den Namen oder die Anfangsbuchstaben früherer Partner dazuschreiben. Beispiel: „Ich habe schreckliche Angst, ihn zu verlieren." John, Dean. Oder J und D.

1. Ich habe schreckliche Angst, ihn zu verlieren.
2. Wenn er mich verlassen würde, könnte ich nicht selbst für mich sorgen.
3. Etwas stimmt ganz und gar nicht mit mir. Ich bin verkehrt.
4. Ich habe nie das Gefühl, irgendwo dazuzupassen.
5. Ich fühle mich oft leer.
6. Ich weiß nicht, wer ich bin.
7. Ich mache mir Sorgen, dass etwas Schreckliches passieren könnte, das ich nicht kontrollieren kann.
8. Ich fühle mich unzulänglich. Ich habe mich schon immer unzulänglich gefühlt.
9. Wenn diese Beziehung scheitert, heißt das, dass ich gescheitert bin.
10. Ich vermeide es, über die negativen Aspekte meines Lebens oder meiner Beziehung nachzudenken.
11. Ich gebe lieber nach, als mich zu streiten.
12. Ich fühle mich egoistisch, wenn ich etwas tun will, was mein Partner nicht tun will.
13. Ich möchte, dass andere denken, mein Leben und meine Beziehung seien wunderbar.
14. Wenn ich nicht perfekt bin, fällt alles auseinander.

15. Ich versuche, alles hinzubekommen, damit ich nicht kritisiert werde.
16. Ich werde nur selten meinen Erwartungen an mich selbst gerecht.
17. Es fällt mir schwer, mich zu entspannen.
18. Ich gehe Konfrontationen lieber aus dem Weg.
19. Ich schäme mich meiner selbst.
20. Ich bin verwirrt.
21. Ich habe Entschuldigungen für ihn vorgebracht.
22. Ich habe das Gefühl, eine Last zu sein.
23. Ich behandle ihn wie ein rohes Ei.
24. Ich glaube, dass er im Kern ein guter Mensch ist.
25. Niemand kennt ihn so gut, wie ich ihn kenne.
26. Ich glaube, wie man sich bettet, so liegt man.
27. Ich teile anderen Menschen nicht mit, was ich für meinen Partner fühle oder wie ich unsere Beziehung empfinde.
28. Ich setze oft seine Bedürfnisse an die erste Stelle, nicht meine eigenen.

Sind Ihnen bei der Überlegung, welche Aussagen auf Sie zutreffen, irgendwelche Muster aufgefallen? Haben Sie beispielsweise bemerkt, dass Sie seinen Bedürfnissen Vorrang geben, Angst vor dem Scheitern haben und perfekt sein müssen? Oder haben Sie das Gefühl, unzulänglich zu sein? Schreiben Sie die Muster, die Sie entdeckt haben, in Ihr Tagebuch. Wenn Sie sich anschauen, was Sie geschrieben haben, überrascht es Sie dann, wie viele Beziehungen Sie hatten, in denen Sie dieselben Grundüberzeugungen hatten oder sich auf dieselbe Weise verhalten haben?

ÜBUNG 2

Ihre Lebensfallen, die mit narzisstischen Partnern zu tun haben

Schauen wir uns noch einmal die Lebensfallen an, die oft bei Frauen wirksam sind, die sich zu narzisstischen Partnern hingezogen fühlen. (Die Liste der Lebensfallen finden Sie unter „Lebensfallen und Grundüberzeugungen" auf Seite 25 f.) Schauen Sie sich noch einmal die Liste in Übung 1 an. Was meinen Sie, welche Sätze, die Sie ausgesucht haben, mit Lebensfallen korrelieren? Denken Sie daran, dass man häufig mehr als eine Lebensfalle hat. Schreiben Sie Ihre Antworten in Ihr Tagebuch.

Gut gemacht! Hatten Sie mehr als eine Lebensfalle? Wenn ja, dann erinnern Sie sich, dass es nicht ungewöhnlich ist, mehr als eine zu haben. Sehen Sie ein Muster, wenn Sie sich Ihre Lebensfallen anschauen? Wenn Sie sich beispielsweise unzulänglich fühlen und sich Ihrer selbst schämen, haben Sie sich möglicherweise überhöhte Standards gesetzt und fühlen sich zu besonderen Leistungen angetrieben, um Ihre Gefühle der Unzulänglichkeit und Scham zu kompensieren.

Ich hoffe, dass Sie bei der Durchführung dieser Übungen begonnen haben, ein Bewusstsein dafür zu entwickeln, wie Sie sich in Beziehungen verhalten, was Sie zu narzisstischen Männern hinzieht und was Sie motiviert, in destruktiven Beziehungen zu verharren. Weiterhin hoffe ich, dass Sie die Lebensfallen wahrnehmen, die Sie zur Wiederholung narzisstischer Beziehungen verleiten. In Kapitel 3 werden Sie lernen, Ihre Lebensfallen noch genauer zu identifizieren.

Fassen wir zusammen

Wenn irgendeines unserer elementaren Kindheitsbedürfnisse – nach nährender Zuwendung, Empathie, Liebe, Sicherheit und Verlässlichkeit – in der Kindheit und Jugend nicht erfüllt wird, entwickeln wir negative Grundüberzeugungen in Bezug auf uns und die Welt. Diese Grundüberzeugungen können zu Verhaltensmustern, sogenannten Lebensfallen, führen, die uns dazu verleiten, ungesunde narzisstische Beziehungen immer wieder zu wiederholen. Als Erwachsene fühlen wir uns tendenziell von Menschen angezogen, die unsere speziellen Lebensfallen aktivieren, weil sich diese Lebensfallen für uns vertraut anfühlen. Das erklärt, warum wir Narzissten so attraktiv finden *(Warum wiederhole ich diese Art von Beziehung bloß immer und immer wieder?)* und warum wir in diesen ungesunden Beziehungen ausharren, obwohl wir wissen, dass sie destruktiv sind *(Warum kann ich nicht gehen?)*.

In Kapitel 2 werden Sie erfahren, was Narzissmus ist und welche Ursprünge er hat, und Sie werden den Unterschied zwischen gesunder Selbstliebe und ungesundem Narzissmus kennenlernen. Wir beginnen mit der Geschichte des Narziss.

2. | Der Frosch: Narzissmus und Narzissten verstehen

Das Wort „Narzissmus" hat seinen Ursprung im griechischen Mythos von Narziss, einem wohlgestalteten jungen Jäger, der für seine Schönheit berühmt war. Nach der bekanntesten Version des Mythos streift Narziss eines Tages durch den Wald und ruht sich an einer vollkommen stillen, silbrigen Quelle aus, an der er auch seinen Durst stillen möchte. Als er am Ufer niederkniet, sieht er sein eigenes Spiegelbild und entbrennt in Liebe zu der Gestalt, die er erblickt. Unfähig, sich von der Schönheit seines eigenen Bildes loszureißen, hört er auf, zu essen und zu trinken. Er verzehrt sich vor Sehnsucht nach dem Erblickten, in den er sich verliebt hat, und stirbt schließlich, worauf er sich in die wunderschöne Blume verwandelt, die wir als Narzisse kennen.

Doch der Mythos von Narziss endet nicht bei unserem selbstverliebten Jäger. Er handelt auch von einer schönen Nymphe, Echo, die sich ebenfalls zu dem hinreißenden, aber mit sich selbst beschäftigten Jäger hingezogen fühlt – natürlich vor seinem Tod! Ist sie ebenfalls dem Untergang geweiht?

2.1 Echo: die Nymphe, die Narziss liebte

Echo, eine schöne Bergnymphe war von einer Göttin bestraft worden, die ihr die Stimme nahm und ihr nur erlaubte, das Ende dessen zu wiederholen, was andere sagten. Eines Tages begegnet ihr im Wald der bildschöne Narziss, und sie ist augenblicklich von seiner Schönheit bezaubert. Sie folgt ihm in der Hoffnung, sich ihm nähern zu können, muss aber auf ein Wort von ihm warten, da sie ihn nicht selbst ansprechen kann. Eines Tages hat er seine Gefährten verloren und fragt, ob jemand hier sei, worauf sie „hier" wiederholt und er weiter sagt: „Komm!" Als sie freudig aus dem Wald tritt und ihn umarmen möchte, flieht er und weist sie mit harschen Worten zurück. Echo ist niedergeschmettert. Sie versteckt sich und welkt dahin, weil ihre Liebe fortbesteht, und am Ende stirbt sie vor Kummer über ihre verschmähte Liebe.

Die Geschichte von Narziss und Echo spiegelt die Dynamik der heutigen narzisstischen Beziehung wider. Narziss ist zu sehr mit sich selbst beschäftigt, um sich auf jemanden einzulassen, der ihn zu lieben versucht. Echo versucht anhaltend, Gehör zu finden, dringt aber nicht zu ihm durch. In einer anderen Version der Geschichte ist Narziss so hochmütig, dass er sich angewidert abwendet, als Echo sich ihm in Liebe nähern will. Wie in dieser mythologischen Erzählung wird ein Mensch, der sich in narzisstischer Weise selbst liebt, für sich selbst und andere, die ihn zu lieben versuchen, destruktiv.

Wesentliche Elemente

Dieses Kapitel handelt von Narzissmus, dem Narzissten und der Frau, die ihn liebt. Sie werden das Kontinuum des Narzissmus von den normalen narzisstischen Bedürfnissen, die wir alle haben – wie dem Wunsch, uns geschätzt und geliebt zu fühlen –, bis zu der pathologischen Form kennenlernen, die die Narzisstische Persönlichkeitsstörung (NPS) ausmacht. Dazu gehören ein exzessives Bedürfnis nach Bewunderung, ein Mangel an Einfühlungsvermögen und die Unfähigkeit, Dinge aus der Perspektive eines anderen zu sehen. Sie werden auch erfahren, wie jemand eine Narzisstische Persönlichkeitsstörung entwickelt, warum er sich nur sehr selten ändert und warum Sie ihn nicht ändern können. Und Sie lernen, was alle Narzissten gemeinsam haben. Durch das Betrachten verschiedener Verhaltensmuster werden Sie lernen, wie Sie narzisstische Züge an Ihrem Partner erkennen können.

2.2 Die alltagssprachliche Definition von Narzissmus

Die alltagssprachliche Definition von Narzissmus spiegelt den Mythos von Narziss wider und bezieht sich auf einen Menschen, der so von seiner eigenen „Selbstliebe" in Anspruch genommen ist, dass ihm wenig oder gar nichts an irgendjemand oder irgendetwas anderem liegt. Diese Person, ob Mann oder Frau, hat keine wirkliche Achtung vor den Gefühlen anderer und kann nichts vom Standpunkt eines anderen her sehen. In diesem Punkt entsteht aber gelegentlich Verwirrung, weil sich die Person vor allem am Anfang manchmal so verhält, als sei ihr am anderen gelegen. Da sie aber auch kein starkes Selbstwertgefühl hat, braucht sie ständige Bewunderung und Bestätigung. Sie ist unfähig, Fehler bei sich selbst zu ertragen, und bringt daher auch keine Toleranz für die Fehler anderer auf. Sie ist anspruchsvoll, kontrollierend und in Beziehungen schwierig. Da sie Tadel nicht akzeptieren kann und keine Verantwortung für ihre Fehler übernimmt, muss sie in einer Beziehung stets an erster Stelle stehen. Heute ist das Wort „Narzisst" ein Synonym für jemanden mit Größenwahn oder Egomanie geworden, der diktatorisch und arrogant ist. Das beschreibt aber nur eine sehr eng gefasste Version von Narzissmus. Im nächsten Abschnitt schauen wir uns die verschiedenen Arten von Narzissten an.

2.3 Wie sieht ein Narzisst aus?

Narzissten gibt es in allen möglichen Variationen. Deshalb ist es für Frauen mitunter so schwierig, gleich von Anfang an zu erkennen, dass sie es schon wieder mit einem Narzissten zu tun haben. Wir alle erkennen mühelos die Männer mit offenkundigen, unausstehlichen narzisstischen Zügen – großtuerische, selbstherrliche oder aufgeblasene Typen –, und die meisten Frauen fühlen sich zu derart plump agierenden Männern und dieser Art von Selbstdarstellung überhaupt nicht hingezogen. Wenn Sie jedoch einen Narzissten nur durch diese Merkmale definieren, werden Sie ahnungslos einem Mann auf den Leim gehen, der ein ebenso waschechter Narzisst ist, aber einen viel subtileren Stil pflegt.

Bei dieser leiseren Variante erscheint Ihnen der Narzisst, den Sie so attraktiv finden, umsichtig, fürsorglich, liebevoll und freundlich – am Anfang. Sie fühlen sich in seiner Gegenwart augenblicklich wohl, als hätten Sie ihn schon immer gekannt. Sie kommen leicht mit ihm ins Gespräch und haben das Gefühl, in seiner Gesellschaft könnten Sie Sie selbst sein. Sie meinen, er versteht Sie, wie Sie noch nie jemand verstanden hat. Auf genau so einen haben Sie gewartet. Er hat alles, was Sie sich von einem Mann je erträumt haben. Er schenkt Ihnen ein in höchstem Maße verführerisches und berauschendes Gefühl. Und ehe Sie recht wissen, wie Ihnen geschieht, stecken Sie bis über beide Ohren in der Beziehung und haben sich ganz auf ihn eingelassen.

Hier sei eine kurze Randbemerkung eingefügt: Bei der Lektüre dieses Buches werden Sie feststellen, dass immer wieder die Themen Schönheit und Reichtum auftauchen. Ich möchte Frauen auf keinen Fall ermuntern, diesen Faktoren bei ihrem Wachstums- und Entwicklungsprozess übermäßig große Aufmerksamkeit zu schenken. Das tut unsere Gesellschaft bereits mehr als genug. Aber ich möchte darauf hinweisen, dass narzisstische Männer oft nach äußerlichen, oberflächlichen Indikatoren für den Wert einer Frau Ausschau halten, wie etwa nach körperlicher Schönheit, die als sozial erwünscht angesehen wird, modischer Kleidung, Reichtum oder persönlichem und beruflichem Erfolg. Und manche Frauen, die für narzisstische Männer anfällig sind, versuchen auch ihren eigenen Mangel an Selbstwertgefühl dadurch zu kompensieren, dass sie körperliche Attraktivität und Reichtum überbetonen.

Narzisstische Männer suchen Bestätigung und Selbstwert außerhalb ihrer selbst in Dingen wie hoher beruflicher Position, Leistung oder einer Vorzeigefrau. Anders gesagt interessieren sie sich mehr für den sozial anerkannten Grad der Attraktivität einer Frau als für ihr authentisches Selbst, denn diese Dinge sind eine Widerspiegelung des „Erfolgs" des Narzissten, der darin besteht, eine erstrebenswerte Frau „gewonnen" zu haben. Andere Narzissten suchen vielleicht eine Frau, die sie bewundert und ihnen das Gefühl gibt, etwas Besonderes zu sein, und wieder andere fühlen sich zu Frauen hingezogen, von denen sie glauben, sie könnten sie kontrollieren. Diese Frauen haben oft ein geringes Selbstwertgefühl und eine geringe Wertschätzung für sich selbst. Solche Frauen können sich aufgrund ihrer speziellen Lebensfallen zu Männern hingezogen fühlen, die die Kontrolle übernehmen oder die erfolgreich sind, weil ihnen das als Weg erscheint, ihre eigenen gefühlten Schwächen zu kompensieren.

Mit der Zeit kommt das wahre Gesicht des Narzissten zum Vorschein, aber Sie sind viel zu sehr mit Ihrer Romanze wie aus dem Märchenbuch beschäftigt, zu sehr in den Mann verliebt, den Sie in ihm sehen *wollen,* statt in den Mann, der er wirklich ist, um die roten Warnlampen zu sehen. Die Figur, die Kate Winslet in dem Film *Liebe braucht keine Ferien* verkörpert, bringt die Sache perfekt auf den Punkt, als sie auf die Frage eines Freundes antwortet, warum er sich zu einer Person hingezogen fühle, von der er wisse, dass sie nicht gut sei. Sie denkt über ihre eigene unerwiderte Liebe nach und sagt: „Du hoffst, dass du dich irrst. Und jedes Mal, wenn sie etwas macht, das dir zeigt, dass sie nicht gut ist, ignorierst du es, und jedes Mal, wenn sie etwas Nettes macht, bist du überrascht und du verwirfst deine eitlen Bedenken, dass sie nicht für dich bestimmt ist."[3] Dieses Zitat sagt alles. Wir wollen etwas glauben. Wir stützen unseren guten Glauben auf die Hoffnung, dass wir unrecht haben, dass er wieder zu dem Mann werden wird, den wir am Anfang gekannt haben. Öfter, als ich zählen kann, bekam ich von Frauen exakt diese Worte zu hören: „Am Anfang war er nicht so." Und dieser Anfang konnte beliebig weit zurückliegen, von Monaten bis zu einunddreißig Jahren.

Menschen mit einer Persönlichkeitsstörung haben ungesunde Denk- und Verhaltensweisen, die rigide sind und alle Aspekte ihres Lebens durchdringen. Sie erkennen nicht, dass sie ein Problem haben, und begeben sich selten in Psychotherapie. Doch wie groß sind überhaupt die Chancen, dass Sie jemanden mit einer Persönlichkeitsstörung, wie etwa der Narzisstischen Persönlichkeitsstörung (NPS), kennenlernen? Hier sind die statistischen Angaben, die wir heute haben (aufgeführt im *Diagnostic and Statistical Manual of Mental Disorders DSM-5;* dt. *Diagnostisches und Statistisches Manual Psychischer Störungen DSM-5*). In den Vereinigten Staaten ist die Rate der Persönlichkeitsstörungen relativ hoch, nämlich durchschnittlich zwischen neun und zehn Prozent. Das heißt, dass je eine von zehn Personen die Kriterien für eine Persönlichkeitsstörung erfüllt. Die derzeitige Rate der NPS in den USA liegt bei einem Prozent der allgemeinen Bevölkerung, wobei 50 bis 75 Prozent der Narzissten Männer sind. Obwohl also die Chance, dass Sie einen Mann mit einer voll ausgeprägten NPS finden und eine Beziehung mit ihm haben, noch nicht einmal bei einem Prozent liegt, lässt die Tatsache, dass Sie jetzt dieses Buch lesen, vermuten, dass Sie vielleicht das Gefühl haben, Sie würden sich just diese Männer aussuchen oder diese würden sich zu Ihnen hingezogen fühlen – und zwar mehr als nur einmal. Ich möchte Ihnen von Eva erzählen, einer gut ausgebildeten jungen Frau, mit der ich gearbeitet habe und die dachte, sie hätte einen Prinzen kennengelernt. Sie achtete nur auf seine äußeren Daten – womit er sein Geld verdiente, wie viel er verdiente, wie er aussah, was für ein Auto er fuhr usw. – und nicht auf seine Werte. Sie fand bald heraus, dass er am Ende doch nicht ihr Märchenprinz war. Sondern ein Frosch.

2.4 Das Rezept für eine Katastrophe: nur sehen, was man sehen will

Eva hatte eine lange Beziehung, die uns als eines von vielen klassischen – und warnenden – Beispielen dienen kann. Michael sprang Eva zum ersten Mal in einem Restaurant ins Auge, als sie abends mit einer Freundin essen ging. Ihr fiel auf, wie selbstsicher er wirkte, als er das Essen und den Wein bestellte. Er und seine Begleiterin schienen sich sehr gut zu unterhalten. Als er später Eva auf dem Rückweg von der Toilette abfing und sie um ihre Telefonnummer bat, fühlte sie sich überrumpelt, aber geschmeichelt. Die Tatsache, dass er bereits mit einer Partnerin gekommen war, registrierte sie gar nicht. Das hätte sie aber tun sollen.

Sobald sie anfingen, miteinander auszugehen, wurde sie schnell in seine Welt hineingezogen. Sie hatte nichts dagegen und war froh, mit einem so kultivierten Mann zusammen zu sein. Obwohl Michael Französisch sprach, sich mit Wein auskannte und Jazz liebte, gab er nie mit seinem Wissen an. Er war höflich, sprach leise, war beherrscht und tat vieles auf seine ganz eigene Weise. So trank er nach der Arbeit immer ein Glas Wein, hörte Musik dazu und las die Zeitung oder eine Zeitschrift. Wenn sie versuchte, ein Gespräch zu beginnen und von ihrem Tag zu erzählen, sah er sie kurz an, lächelte flüchtig und kehrte zu seiner Lektüre zurück. Sie hatte das Gefühl, sie dringe in seine heilige Privatsphäre ein, wenn sie etwas sagte. Sie wollte unbedingt, dass er sie mochte und als Frau mit Niveau ansah, deshalb begann sie ebenfalls zu lesen.

Einen Monat, nachdem sie sich kennengelernt hatten, sagte er, er wolle sie seinen Freunden vorstellen. Sie fühlte sich sehr geehrt. Er arrangierte eine kleine, elegante Abendgesellschaft für sechzehn Personen. Eva war ein wenig eingeschüchtert, denn seine Freunde waren recht imposant. Sie fand es zwar ein wenig merkwürdig, dass er sie nicht fragte, ob sie nicht auch einige von ihren Freunden einladen wolle, aber sie ließ es ihm durchgehen. Schließlich war es *seine* Party und nicht ihre.

Als sie einmal im Skiurlaub waren und sich am Ende des Tages entspannten, schaute er sie an, schüttelte bewundernd den Kopf und sagte, er hätte nie gedacht, er könne einmal mit einer Frau zusammen sein, die so aussah wie sie. Das gab ihr das Gefühl, so attraktiv und begehrenswert zu sein, dass sie es ignorierte, als er wegen Kleinigkeiten launisch zu werden begann, und sich damit beruhigte, dass jeder von Zeit zu Zeit launisch ist. Aber als sie an ihrem Geburtstag wagte, verwundert zu fragen, warum er ihr kein Geschenk mitgebracht hatte, „rastete er aus", trat dicht an sie heran und schrie mit verzerrtem Gesicht: „HAPPY BIRTHDAY!!!" Sie erstarrte und fing dann an zu weinen. Er schaute sie mit Abscheu im Blick an, wurde kalt und distanziert und verließ den Raum. Er versuchte nicht, sie zu trösten. Wohin war der formvollendete Gentleman verschwunden? Das geschah fast auf den Tag genau ein Jahr, nachdem sie begonnen hatten, miteinander auszugehen.

Leider sind Szenarios wie das von Eva nicht ungewöhnlich für eine Frau, die sich zu einem Narzissten hingezogen fühlt. Die Falle, nur dem Aufmerksamkeit zu schenken, was wir möchten und uns wünschen, wird jedes Mal zuverlässig zuschnappen und uns verletzen, weil Narzissten Meister darin sind, zu Beginn der Beziehung so zu sein, wie wir es gerne hätten. Doch selbst Narzissten, die subtilere Varianten vertreten, zeigen mit der Zeit ihr wahres Gesicht. Deshalb müssen Sie die ganze Bandbreite des Narzissmus verstehen, einschließlich der voll ausgeprägten Narzisstischen Persönlichkeitsstörung (NPS), damit Sie nicht versehentlich noch einmal in eine destruktive Beziehung geraten.

2.5 Die klinische Definition einer Narzisstischen Persönlichkeitsstörung (NPS)

Es ist hilfreich, die klinische Definition einer Narzisstischen Persönlichkeitsstörung zu kennen, die im professionellen Bereich verwendet wird. Viele Frauen, mit denen ich gearbeitet habe, empfanden es als eine Erleichterung, etwas über Narzissmus und die Merkmale von Narzissten zu erfahren, fanden es entlastend, dass es einen Namen für die Verhaltensweisen gibt, mit denen sie zu kämpfen hatten, und auch ein Vokabular, mit dessen Hilfe man über das Thema sprechen kann. Zwar haben die Merkmale, die Psychiater und Psychologen zur Diagnose einer NPS heranziehen, Ähnlichkeit mit der alltagssprachlichen Definition von Narzissmus, aber ernsthaft problematisch werden diese erst dann, wenn sie rigide und allgegenwärtig sind. Wenn Sie die folgenden Verhaltensweisen bei einer NPS lesen, denken Sie bitte daran, dass sie sich hier intensiviert haben und wirklich problematisch geworden sind. In der 5. Auflage des *Diagnostischen und Statistischen Manuals Psychischer Störungen (DSM-5)* definiert die *American Psychiatric Association*, dass Menschen mit einer NPS versuchen, ihr Selbstwertgefühl durch das Bemühen um die Aufmerksamkeit und Bewunderung anderer zu erhalten sowie durch entweder offenkundige oder subtile Grandiosität. Damit man von einer voll ausgeprägten NPS sprechen kann, muss jemand mäßige bis starke Schwierigkeiten in mindestens fünf (von den neun im DSM angegebenen) Bereichen des „Funktionierens" der Persönlichkeit haben – das heißt entsprechende Gedanken und Verhaltensweisen haben, die den Umgang einer Person mit Menschen und Situationen beeinflussen.

1. *Identität:* Narzissten schauen ständig auf andere, um zu sehen, wer sie sind, und um ihr Selbstwertgefühl aufrechtzuerhalten. Ihre Selbsteinschätzung ist oft übertrieben, ob sie sich als großartig oder als Opfer sehen, und daher schwankt ihre Stimmung, weil sie davon abhängt, wie sie sich in jedem Moment gedanklich oder gefühlsmäßig im Verhältnis zu anderen einordnen. Anders gesagt haben sie nicht die Fähigkeit, sich selbst zutreffend zu sehen, und müssen auf andere schauen, um ein Gefühl für ihre Identität zu bekommen.

2. *Persönliche Motivation:* Narzissten wählen sich Ziele häufig nur im Hinblick darauf aus, ob ihnen diese Ziele die Anerkennung oder den Applaus anderer einbringen. In ihrem Bedürfnis, als etwas Besonderes angesehen zu werden, können sie sehr hohe Standards für sich selbst setzen, wie etwa, an die Spitze eines Unternehmens zu gelangen, oder sie können niedrige Standards haben, wenn sie glauben, sie sollten sich nicht an die Regeln halten müssen. So gehen sie vielleicht an Arbeitstagen schon vor 17 Uhr nach Hause oder kommen regelmäßig zu spät.

3. *Empathie:* Narzissten haben große Schwierigkeiten, die Gefühle und Bedürfnisse anderer zu erkennen oder sich mit ihnen zu identifizieren, oder lassen diese Fähigkeit gänzlich vermissen. Sie können sich im Übermaß auf die Reaktionen anderer einstellen, aber nur, wenn sie glauben, es wäre für sie wichtig oder von Vorteil. Sie über- oder unterschätzen ihre eigene Wirkung auf andere. So können sie beispielsweise annehmen, andere wären zutiefst beeindruckt von dem, was sie gerade gesagt oder getan haben, oder sie merken nicht, dass sie gerade etwas Grausames und Verletzendes zu jemandem gesagt haben, und meinen, das wäre doch nicht schlimm gewesen. Oft verstehen sie einfach nicht, warum der andere so aufgebracht oder fassungslos ist. Sie können Dinge nicht vom Standpunkt eines anderen her sehen oder mitfühlen, was der Betreffende fühlt, und daher verstehen sie die Wirkung nicht, die sie auf einen anderen haben, besonders, wenn sie negativ ist. Die Gefühle des anderen spielen einfach keine Rolle, falls sie nicht den Interessen des Narzissten dienen.

4. *Intimität:* Die Beziehungen von Narzissten sind weitgehend oberflächlich und dazu da, ihr Selbstwertgefühl im Gleichgewicht zu halten. Beziehungen werden noch dadurch weiter behindert, dass Narzissten wenig echtes Interesse an den Erfahrungen ihres Gegenübers haben, sondern vor allem danach fragen, welchen Vorteil sie aus der Beziehung ziehen können.

Weitere Bereiche, die berücksichtigt werden müssen, sind die Persönlichkeitsmerkmale der Grandiosität und der Suche nach Aufmerksamkeit. Beide müssen für die Diagnose einer NPS vorhanden sein.

1. *Grandiosität:* Narzissten fühlen sich berechtigt, zu tun und zu sagen, was immer ihnen gefällt, entweder ganz offen oder verdeckt. Sie sind der Mittelpunkt ihres Universums. Sie glauben fest, dass sie anderen überlegen sind und behandeln andere aufgrund dieser Überzeugung in herablassender Weise.

2. *Das Verlangen nach Aufmerksamkeit:* Narzissten müssen stets und ständig im Mittelpunkt der Aufmerksamkeit stehen. Sie müssen bewundert und vergöttert werden und wenden sich stets jenen zu, die sie auf den Sockel stellen, auf den sie einen Anspruch zu haben glauben. Ihr Bedürfnis nach Aufmerksamkeit und Bewunderung ist unersättlich und daher suchen sie ständig „neue" Menschen und Situationen auf, um diesen Hunger zu stillen.[4]

Doch die Sache wird noch komplizierter: Wendy Behary, international anerkannte Expertin für Narzissmus und Bestsellerautorin, schreibt in ihrem Buch *Mit Narzissten leben,* dass Narzissten unterschiedliche „Masken" tragen, von denen die häufigsten der Tyrann, der Angeber, der suchtanfällige Selbstberuhiger und der Anmaßende sind. Das nutzen sie als Strategie, um unangenehmen Gefühlen zu entgehen. Diese Narzissten können die Masken jederzeit wechseln, je nachdem, was in der aktuellen Situation erforderlich ist.[5]

Es ist wichtig, zu verstehen, dass die Diagnose einer NPS nur von einem ausgebildeten Psychiater oder Psychotherapeuten gestellt werden kann. Das heißt nicht, dass Sie nicht die pathologischen Verhaltensweisen Ihres Partners erkennen können, aber nur ein Fachmann oder eine Fachfrau können eine einschlägige Diagnose stellen. Wenn mir eine der Frauen, mit denen ich arbeite, ihren Partner schildert, ich ihn aber nie persönlich kennengelernt habe, kann ich allerhöchstens sagen, es *klinge so, als erfülle er die Kriterien für eine NPS.* Wenn Ihr Partner jedoch diese Diagnose nicht tatsächlich von einem Fachmann gestellt bekam, können Sie verantwortungsvollerweise nur sagen, er habe die meisten oder alle Merkmale eines Menschen mit einer NPS. Obwohl viele Menschen narzisstische Züge aufweisen, heißt das noch lange nicht, dass sie eine voll entwickelte Narzisstische Persönlichkeitsstörung haben. Dennoch kann eine Beziehung mit dieser Person – je nachdem, welche Merkmale sie hat und wie ausgeprägt sie sind – schwierig sein und bestenfalls misslingen, schlimmstenfalls destruktiv sein. Und da Narzissten sich nur selten ändern und da es auch selten ist, dass eine solche Beziehung jemals gesundet, ist es vielleicht am besten, sie loszulassen.

Welches Gefühl hat dieser letzte Satz – „ist es vielleicht am besten, sie (Ihre Beziehung) loszulassen" – in Ihnen ausgelöst? Nehmen Sie sich einen Augenblick Zeit, um Ihre Gefühle und Ihre Gedanken in Ihrem Tagebuch festzuhalten.

* * *

Hier folgt, was beispielsweise Eva dazu schrieb:

Ihn loslassen? Das macht mich ängstlich und hoffnungslos. Aber warum? Ich muss einen Narzissten früher erkennen, und so gerne ich auch glauben möchte, dass die Beziehung klappen wird, werde ich mir eine Menge Kummer ersparen, wenn ich sie früher beende. Das heißt nicht, dass ich gleich beim ersten Anzeichen, von dem ich meine, dass es in Richtung Narzissmus zeigt, weg bin, aber ich werde aufmerksam sein, und wenn ich ein Muster sehe oder ein Muster „spüre", dann werde ich ernsthaft darüber nachdenken, Schluss zu machen. Und ich muss darauf achten, wie ich mich fühle, wie ich denke und mich verhalte, wenn ich mit ihm zusammen bin. Was dann in mir vorgeht, ist wichtig.

Ein weiterer Weg, der Ihnen hilft, Narzissmus und die Narzisstische Persönlichkeitsstörung zu verstehen, ist, die narzisstischen Bedürfnisse eines Menschen als Kontinuum von gesunder Selbstliebe bis zu ungesundem Narzissmus anzusehen. Ja, es gibt so etwas wie gesunde Selbstliebe und sie ist nicht deckungsgleich mit Narzissmus. Wenn ich einer Frau schildere, was gesunde Selbstliebe ist, fragt sie mich oft, ob das bedeutet, sie sei narzisstisch, denn sie habe das Gefühl, sie sei selbstsüchtig. Der folgende Abschnitt wird erklären, wie der Unterschied zwischen gesunder Selbstliebe und ungesundem Narzissmus aussieht.

2.6 Gesunde Selbstliebe im Gegensatz zu ungesundem Narzissmus

Gesunde Selbstliebe heißt, sich selbst zu lieben und zu akzeptieren. Wenn Sie sich selbst lieben und akzeptieren können, sind Sie auch dazu fähig, andere zu lieben. Wenn Sie nicht gelernt haben, sich selbst zu lieben, sind Sie dazu verurteilt, sich zu Partnern hingezogen zu fühlen, die Ihnen keine Liebe geben können, und solche Partner auch anzuziehen. Wenn Ihr Partner Sie nicht lieben kann, nährt das Ihre Grundüberzeugungen – beispielsweise, dass Sie unzulänglich und nicht liebenswert sind. Sie werden dann für immer in dem Teufelskreis festhängen, Partner anzuziehen, die nicht dazu fähig sind, Sie zu lieben, weil Sie glauben, dass Sie nicht liebenswert sind oder keine Liebe verdient haben.

Gesunde Selbstliebe ermöglicht uns auch, unsere Fehler ebenso anzunehmen wie unsere Stärken und unsere Bedürfnisse in eine gute Balance mit denen anderer zu bringen. Sie bedeutet, dass wir ein starkes Selbstwertgefühl haben. Das befähigt uns, in unseren Beziehungen zu geben und zu nehmen, unsere Bedürfnisse mit denen anderer in Einklang zu bringen und uns selbst zu verstehen. *Gesunde Selbstliebe unterscheidet sich darin von einer Narzisstischen Persönlichkeitsstörung, dass Menschen mit dieser Störung keine Empathie empfinden oder Dinge nicht aus der Perspektive eines anderen sehen können.*

Eleanor Paysons Kontinuum eines gesunden Selbst

Es kann manchmal eine Herausforderung sein, die Unterschiede zwischen gesunder Selbstliebe und einer NPS zu erkennen. Die Psychotherapeutin Eleanor Payson, die in ihrem Buch *The Wizard of Oz and Other Narcissists* über das gesunde und das ungesunde Maß narzisstischer Bedürfnisse schreibt, bietet ein Kontinuum von einem *gesunden* narzisstischen Selbst über ein *neurotisches* narzisstisches Selbst (einige Probleme) bis hin zur *voll ausgebildeten Charakterstörung* (oder Narzisstischen Persönlichkeitsstörung). Das ist eine schnelle Methode, die Unterschiede zwischen einem gesunden Narzissmus (oder gesunder Selbstliebe) und einer NPS zu sichten.[6]

Gesundes Selbst

- Ausgeprägtes Selbstgefühl
- Fähigkeit zur Selbstreflexion, zum Eingestehen von Problemen und zur Übernahme von Verantwortung
- Flexible Abwehrstrategien
- Umfassende Fähigkeit, Empathie für andere zu empfinden
- Die narzisstischen Bedürfnisse sind im Gleichgewicht mit der Wahrnehmung anderer und ihrer Bedürfnisse
- Voll ausgebildetes Gewissen
- Stabiles Selbstwertgefühl, das widerstandsfähig und dem Auf und Ab des Lebens gewachsen ist

Neurotisches Selbst

- Insgesamt intaktes Selbstgefühl
- Fähigkeit zur Selbstreflexion, zum Erleben des Schmerzes, der in den Problemen steckt, und Motivation, sich zu ändern
- Abwehrstrategien mitunter rigide

- Erhebliche Fähigkeit zur Empathie mit anderen
- Narzisstische Schwierigkeiten im Zusammenhang mit spezifischen emotionalen Problemen
- Häufig geringes Selbstwertgefühl, es wird zerbrechlich, wenn es auf Schwierigkeiten stößt, die mit emotionalen Verletzungen zu tun haben
- Entwickeltes Gewissen mit verzerrten Bereichen

Voll ausgeprägte Charakterstörung (Narzisstische Persönlichkeitsstörung)

- Stark beeinträchtigtes Selbstgefühl
- Wenig oder gar keine Fähigkeit zur Selbstbeobachtung und zum Anerkennen von Problemen
- Abwehrstrategien rigide und brüchig
- Wenig oder nur oberflächliche Fähigkeit zur Empathie mit anderen
- Narzisstische Probleme im Zusammenhang mit primären Arten des Selbsterlebens
- Gewissen nicht voll entwickelt oder nur marginal entwickelt
- Selbstwertgefühl ist mit Grandiosität verschmolzen und mit Abwehrstrategien zur „Abspaltung" des unerwünschten Selbst kombiniert.

Hier beschreibt Payson den Unterschied zwischen jemandem, der eine Charakterstörung hat (eine NPS) und jemandem, der neurotisch ist:

> Ein Mensch mit einer Charakterstörung ist so beeinträchtigt, dass er gar nicht fähig ist, zu sehen, dass er ein Problem hat, während ein Mensch, der mit einer bestimmten Neurose kämpft, insgesamt gesünder ist, aber unfähig, seine Stärken zu erkennen ... Ein Mensch mit neurotischen Schwierigkeiten braucht Hilfe, um seine Stärken und Fähigkeiten zu identifizieren, damit er weitergehen und sich seines Lebens freuen kann ... [Die] Fähigkeit, sich selbst zu beobachten und an den festgestellten Eigenschaften zu arbeiten, ist der entscheidende Unterschied zwischen narzisstischen Zügen und der voll ausgebildeten Störung.[7]

Anders gesagt können Sie zwar psychische Schwierigkeiten haben, aber die Tatsache, dass Sie diese erkennen und sich darüber Sorgen machen können, zeigt, dass Sie gesund und nicht charaktergestört sind. Außerdem schreibt Payson, dass die Fähigkeit zur Selbstreflexion eine Stärke ist, keine Schwäche. Laut Payson gilt: „Individuen mit einer Charakterstörung mangelt es an der Fähigkeit, zu erkennen, dass sie ein Problem haben."[8] Die folgende Geschichte handelt von einem Mann namens David. Schauen Sie einmal, ob Sie einordnen können, wo David auf dem Kontinuum angesiedelt ist.

Kommt Ihnen dieser Mann bekannt vor?

David, 35 Jahre alt, war seit sechs Jahren verheiratet und hatte ein vierjähriges Kind. Er besaß einen *Master of Business Administration* (MBA) und arbeitete seit sieben Jahren im selben Unternehmen. Davids Frau Hilary war sehr intelligent. Sie hatten sich vor zehn Jahren kennengelernt, als er in seinem MBA-Studium war und sie Jura studierte, um Anwältin zu werden. Er war gerne mit ihr zusammen, aber gelegentlich hatte er das Gefühl, sie sei klüger als er, und damit fühlte er sich nicht wohl. Um dieses Unbehagen zu kompensieren, wertete er sie ab, indem er ihre Kleidung und vieles, was sie sagte, kritisierte. Er lud gerne Gäste ein und hielt regelrecht Hof, während seine Frau die Rolle der Gastgeberin übernahm. Oft ging er dabei zu weit, schnitt Gesprächspartnern das Wort ab, hörte nicht zu, wenn andere sprachen, und wartete nervös auf eine Chance, sich wieder selbst in den Mittelpunkt der Aufmerksamkeit zu stellen. Manchmal gab er auf Partys peinliche Geschichten über Hilary zum Besten. Diese Art von Kränkung überspielte er mit der Erklärung, er mache doch nur Spaß. Wenn sie sich beklagte, sagte er, sie sei zu empfindlich und müsse alles leichter nehmen.

Nachdem die Gäste gegangen waren, blieb das Aufräumen an Hilary hängen. Er war immer zu müde, um noch zu helfen. Allerdings pflegte er sie zu umarmen und zu küssen und ihr zu sagen, sie sei ein prima Kumpel, ehe er nach oben ins Bett verschwand. Hilary rationalisierte seine mangelnde Unterstützung damit, dass sie sich sagte, sie sei schneller im Aufräumen und er sei bei solchen Aufgaben sowieso hoffnungslos und wisse nicht, wo die Küchenutensilien ihren Platz hätten. Wenn sie nach einer Party wieder Ordnung schuf, hielt sie sich vor Augen, dass er sie liebte. Schließlich hatte er ihr gesagt, wie beeindruckt die Gäste von ihrem Haus gewesen waren, und dass er es toll finde, wie sie die Party über die Bühne gebracht habe.

Unter der Woche kam er abends erschöpft nach Hause und beklagte sich darüber, wie dumm und inkompetent sein Chef und / oder seine Kollegen seien. Oft brüstete er sich damit, dass er mit seinen Gaben und Talenten eine Situation gerettet habe, die ansonsten katastrophal ausgegangen wäre. Es frustrierte ihn, dass sein Chef diese Leistungen nicht anerkannte, und er hatte seiner Frau oft voller Groll gesagt, er werde seinen Job hinwerfen, weil sein Chef und seine Kollegen ihn nicht genügend schätzten und respektierten. Obwohl es Klagen über Davids Managementstil gegeben hatte und ihm vorgeworfen worden war, er hätte sogar die Verzögerung eines wichtigen Projekts verschuldet, was die Firma beinahe einen Kunden gekostet hätte, übernahm David nie die Verantwortung dafür. Stattdessen wurde er immer defensiver, beschuldigte andere und drohte, er werde gehen. Hilary lernte, ihm nie in irgendetwas zu widersprechen, weil er einen Vorwurf niemals akzeptierte. Und deshalb zu streiten, lohnte sich einfach nicht.

David liebte seinen Sohn, den er als Miniaturausgabe seiner selbst betrachtete. Wenn David nach Hause kam, genoss er entzückt die Bewunderung des Jungen, der bei so gut wie allem, was sein Vater tat, vor Begeisterung quietschte. Versuchte der Junge aber, das Spiel zu ändern, und schlug etwas vor, das ihm gefiel, verlor David schnell das Interesse und versuchte, ihn zu dem zurückzudirigieren, was er mochte, oder erklärte die Spielzeit für beendet. Wenn Hilary die Enttäuschung im Gesicht ihres Sohnes sah, trat sie auf den Plan und übernahm.

Hilary hatte ihre Stelle als Anwältin aufgegeben, als sie ihren Sohn bekam. Sie war auf dem besten Weg gewesen, in ihrer Kanzlei zur Partnerin aufzusteigen, was sie mit 30 Jahren erreicht hätte, aber David überzeugte sie, dass es für die Familie viel besser wäre, wenn sie zu Hause bliebe. Von diesem Arrangement profitierte in erster Linie David, der ein sauberes Haus und ein warmes Abendessen am Ende des Tages wollte, und das würde eine Anwältin mit einer Vollzeitstelle nicht garantieren können. Er wollte auf keinen Fall nach der Arbeit in ein leeres Haus kommen und anfangen müssen, das Abendessen vorzubereiten, oder sich stärker an der Betreuung des Sohnes und an häuslichen Pflichten beteiligen müssen. Ein Neugeborenes hieß auch, dass man nachts nicht durchschlafen konnte, und David hatte das Gefühl, er könne sich in seinem Job nicht leisten, mit Schlafmangel aufzutauchen, deshalb versuchte er Hilary ein schlechtes Gewissen einzureden und sagte, das Baby brauche in dieser frühen Entwicklungsphase seine Mutter mehr als seinen Vater. Und schließlich stille sie ja auch. Außerdem könne sie jederzeit wieder berufstätig werden, wenn das Kind größer sei.

Hilary gab widerstrebend ihre Karriere auf, um eine gute Mutter und eine Ehefrau zu sein, die ihrem Mann den Rücken frei hielt. Zuerst klappte dieses Arrangement gut, aber bald begann David sich zu verändern, wurde in puncto Geld sehr kontrollierend und verlangte von Hilary, ihn um Erlaubnis zu fragen, ehe sie irgendetwas kaufte, und jede Ausgabe zu rechtfertigen. Die Streitereien wegen des Geldes laugten sie aus, deshalb gab sie häufig einfach nach. Er konnte nie ihre Seite einer Auseinandersetzung sehen. Auch in anderen Bereichen ihres Lebens wurde er kontrollierender. Er wurde wütend, wenn das Haus nicht in Ordnung war oder wenn der Sohn mal Theater machte. Und er schmollte, wenn sie wegging, um etwas für sich selbst zu tun. Er beschwerte sich über ihren Körper, nachdem sie das Kind bekommen hatte. Nach und nach hatte sie immer weniger das Gefühl, sie selbst zu sein.

Davids ständige Kritik untergrub ihr Selbstgefühl noch weiter. Sie bemühte sich, eine noch bessere Ehefrau und Mutter zu werden, um seine Anerkennung zu gewinnen und ihr Selbstwertgefühl wieder aufzubauen, aber er gab ihr immer das Gefühl, irgendwie nicht genug getan zu haben. Die tüchtige, kluge Anwältin voller Selbstvertrauen, die in ihrer Kanzlei bald Partnerin werden sollte, war jetzt nur noch eine vage Erinnerung. Sie liebte David noch immer und sehnte sich danach, ihn wieder wie einst am Anfang zu erleben, als sie sich kennengelernt hatten. Er war so aufmerksam und liebevoll gewesen. Jetzt waren sie nur noch selten intim.

Was glauben Sie, wo David auf dem Kontinuum von gesunder Selbstliebe bis zur Narzisstischen Persönlichkeitsstörung angesiedelt ist? Es könnte hilfreich sein, erst einmal einige seiner narzisstischen Merkmale anhand des *Diagnostischen und Statistischen Manuals Psychischer Störungen (DSM-5)* mithilfe von Beispielen zu identifizieren.[9] Sie können noch weitere hinzufügen, wenn Sie wollen.

Neidisch: Er hat das Gefühl, Hilary sei intelligenter als er, daher wertet er sie ab.
Verlangen nach Bewunderung: Er lädt gerne Gäste ein, hält Hof und will im Mittelpunkt der Aufmerksamkeit stehen.
Mangel an Empathie: Schneidet anderen das Wort ab und nimmt die Bedürfnisse seiner Frau und seines Sohnes nicht wahr.
Eigennützig: Er fordert von Hilary, dass sie zu Hause bleibt und Hausfrau und Mutter wird.
Grandiosität: Glaubt, er rette am Arbeitsplatz die Lage.
Kann nicht akzeptieren, dass er ein Problem hat: Beschuldigt andere wie seine Frau, seinen Chef und seine Kollegen.

Wenn Sie sich diese Eigenschaften ansehen, wo würden Sie ihn dann auf dem Kontinuum einordnen? Wenn Sie sagen würden, bei der Charakterstörung am Ende des Kontinuums, dann lägen Sie richtig.

Nachdem Sie das gelesen haben, fragen Sie sich vielleicht, wie David so geworden ist. Wie werden Narzissten zu Narzissten? Dafür gibt es spezifische Gründe, und die haben mit ihren Kindheitserfahrungen zu tun, genauso wie Ihre Lebensfallen.

2.7 Die Ursprünge des Narzissmus

Warum entwickeln sich manche Menschen zu voll ausgeprägten Narzissten, andere jedoch nicht? Sind sie irgendwie von Geburt an dafür prädisponiert? Ist das erblich? Umweltbedingt? Die Forschung hat Erklärungen geliefert, die Ihnen helfen werden, Narzissmus zu identifizieren und zu erkennen, damit Sie sich nicht ahnungslos mit einem Mann zusammentun, der diese Störung aufweist.

Wie ich in Kapitel 1 erläutert habe, entwickeln Kinder negative Reaktionsweisen auf ihre Umgebung, wenn ihre kindlichen Grundbedürfnisse – nach nährender Zuwendung, Empathie, Liebe, Sicherheit und Verlässlichkeit – nicht erfüllt werden. Diese unerfüllten Grundbedürfnisse liegen der Entwicklung von Narzissmus bei einem

Kind zugrunde. Die Schematheorie verweist auf mehrere Erziehungsmodelle, bei denen die Grundbedürfnisse eines Kindes nicht erfüllt werden und die dazu führen können, dass ein Kind narzisstisch wird: verwöhnende Eltern, überbehütende Eltern, nachlässige, distanzierte und / oder missbräuchliche Eltern. Diese Modelle können auf einen Elternteil oder eine Bezugsperson oder aber beide Elternteile oder Bezugspersonen zutreffen. Schauen wir uns ein jedes dieser Erziehungsmodelle näher an.

Verwöhnende Eltern

Diese Eltern setzen keine wirksamen Grenzen und disziplinieren das Kind nicht; dem Kind wird erlaubt, ohne nennenswerte Konsequenzen Regeln zu brechen. Weil man ihm alles durchgehen lässt, lernt es nie, Frustration zu tolerieren, und kann daher nicht mit seinen Emotionen umgehen, wenn seine Erwartungen nicht erfüllt werden. Es wird oft Wut- und Trotzanfälle bekommen, um seinen Willen durchzusetzen.

Als Erwachsener erwartet dieser Mensch weiterhin, dass alle seine Erwartungen erfüllt werden, und als Partner kann er anspruchsvoll und kontrollierend sein und immer das Gefühl haben, es stehe ihm alles und jedes zu. Er kann manipulativ sein, um sich durchzusetzen, und er kann jeden angreifen und entwerten, der ihn frustriert. Oft kann er nicht gut in einem Team arbeiten, weil er nicht die Kunst und den Wert des Gebens und Nehmens gelernt hat. In einer Beziehung kann ein Narzisst mit diesem Erziehungsmodell als Hintergrund sehr kontrollierend werden und sehr hohe Ansprüche an sein Gegenüber stellen. Er hat vielleicht seine eigene Firma, weil er sich niemandem unterordnen oder mit Kollegen zusammenarbeiten kann. Er kann darauf bestehen, dass seine Partnerin und seine Kinder seinen unrealistisch hohen Standards genügen, selbst jedoch seine eigenen Regeln brechen, sooft er will. Beispielsweise kann er sie finanziell sehr knapp halten, aber dann hingehen und sich ein teures Spielzeug kaufen, weil er Lust darauf hat. Er kann es als Rechtfertigung zum Geburtstagsgeschenk für seine Frau erklären, auch wenn sie es gar nicht wollte. Wenn sie sich beschwert, ist er beleidigt, schmollt oder wird wütend auf sie.

Überbehütende Eltern

Diese Eltern tun alles für das Kind und versuchen es vor Enttäuschungen zu bewahren. Trotz dieser anscheinend guten Absichten tun diese Eltern dem Kind keinen Gefallen, weil es mit dem Gefühl aufwächst, es bringe nichts selber fertig, und das ist genau das Gegenteil von dem, was sich die Eltern von dem Kind erhoffen. Diese

Kinder haben Angst vor dem Leben in der weiten Welt oder davor, Fehler zu machen. Sie wachsen in der Erwartung auf, alles werde ihnen abgenommen und sie müssten sich nie der Wirklichkeit stellen.

Als Partner wird das Kind solcher Eltern von Ihnen erwarten, dass Sie ihn versorgen, und wenn Sie das nicht tun, wird er zornig, wertet Sie ab oder bestraft Sie mit Liebesentzug. Im Beruf hat er vielleicht nie eine gute Arbeitsmoral entwickelt, sondern versucht stattdessen, seiner Verantwortung aus dem Weg zu gehen oder Abkürzungen zu nehmen. Andererseits kann er seine Ängste vor der Welt und vor eigenen Fehlern auch damit kompensieren, dass er besonders hart arbeitet, um diese Fehler zu vermeiden. Aber wenn er sie macht, wird er sie in aller Regel anderen zur Last legen. Er kann ein Workaholic sein, nicht, weil er seinen Beruf liebt, sondern weil er alles wissen muss und nie dabei erwischt werden will, dass er einen Fehler gemacht hat. Obwohl er verheiratet ist und Kinder hat, treibt es ihn morgens um halb vier aus dem Bett, damit er zur Arbeit fahren kann. Dann arbeitet er bis spät abends und kommt oft erst nach neun Uhr nach Hause. Obwohl sich seine Frau anhaltend darüber beklagt, macht er mit dieser Routine ungerührt weiter und schlägt ihre Vorhaltungen in den Wind. Wenn seine Frau ihn verlässt und das damit begründet, dass er nie zu Hause ist und dass sie jemanden kennengelernt hat, der sie mit Liebe und Respekt behandelt, fühlt er sich als Opfer. Schließlich arbeitet er ja für seine Frau und seine Kinder so viel. Er ist aufrichtig schockiert, dass er sie verloren hat.

Vernachlässigende, distanzierte und / oder missbräuchliche Eltern

Diese Art von Eltern können dem Kind nicht Liebe, Sicherheit und nährende Zuwendung geben oder bestenfalls unter Bedingungen, also nur dann, wenn das Kind den Eltern etwas „bietet", wie etwa Wohlverhalten, gute Schulnoten, irgendein Talent oder eine Fähigkeit. Solche Eltern, die sich auf einem Spektrum von vernachlässigend, distanziert und / oder missbräuchlich bewegen, ziehen Kinder groß, die als Erwachsene das Gefühl haben, Liebe sei nur durch Manipulation zu erhalten. Sie haben gelernt, keine Liebe zu erwarten. Sie vertrauen anderen vielleicht nicht und können das Gefühl entwickeln, auch in Beziehungen allein zu sein. Als Partner kann ein so großgezogenes Kind leicht kalt und distanziert werden und sich weder erlauben, seinen eigenen Schmerz zu fühlen noch den von irgendjemandem sonst. Er kann ein Overachiever, ein Hochleister, werden, der zum Erfolg getrieben wird, oder ein arbeitssüchtiger Typ-A-Perfektionist, wie besonders prinzipienorientierte und nach Vollkommenheit strebende Perfektionisten genannt werden. Er wird sich anhaltend nicht liebenswert fühlen und Wege suchen, sich durch selbstberuhigende Verhaltensweisen mit Suchtcharakter, etwa mittels Substanzen, Glücksspiel oder riskanten Abenteuern, besser zu fühlen. Oder er kann Börsenhändler werden, was eine legale Form des Glücksspiels ist. Seine Stimmung hängt von seinem täglichen Erfolg im Börsenhandel ab. Oder er hat vielleicht schwere Probleme mit Alkohol und/oder sonstigem Substanzmissbrauch, wie Kokainsucht. Er erwartet von seiner Partnerin, dass sie ständig für ihn da ist, ganz gleich, wie er sich benimmt.

Schauen wir einmal nach: Welche Gefühle sind in Ihnen aufgestiegen, nachdem Sie diesen Abschnitt gelesen hatten? Fällt Ihnen jemand ein, den Sie kennen, der mit einem der gerade besprochenen Erziehungsstile aufgewachsen ist? Wie verändert Ihr Wissen darum Ihre Wahrnehmung der Männer, mit denen Sie zusammen waren? Nehmen Sie sich jetzt Zeit, über diese Fragen nachzudenken, und schreiben Sie Ihre Antworten in Ihr Tagebuch.

* * *

Hier folgt, was Eva schrieb:

Es ist hilfreich, zu wissen, wie Narzissten zu Narzissten werden. Ich hatte noch nie darüber nachgedacht. Ich verstand nicht, wie komplex das war und wie weit es zurückreicht. Es führte dazu, dass ich über meinen letzten Ex nachdachte. Seine Familie war sehr gestört. Seine Mutter war sehr distanziert und sein Vater war Alkoholiker und misshandelte ihn. Er hatte niemanden, der ihm beistand. Ich glaube, deshalb konnte ich so viel von seinem schlechten Benehmen übersehen. Er tat mir leid. Aber so viel ich mich auch darum bemühte, ich konnte ihn nicht ändern oder ihm helfen. Jetzt weiß ich, warum. Ich konnte es wirklich nicht – nicht wegen irgendeines eigenen Fehlers, sondern weil es meine Möglichkeiten überstieg. Es ist notwendig, dass er sich ändert, nicht ich. Es liegt nicht an mir. Das verstehe ich jetzt. Kein Wunder, dass es mir nie gelang, die Beziehung zum Guten zu wenden.

2.8 Gemeinsame Eigenschaften aller Narzissten

Obwohl sich Narzissmus aufgrund einer Vielzahl unerfüllter Kindheitsbedürfnisse entwickelt, geht es letztlich immer um einen unsicheren Kern. Wenn ich in meiner Praxis mit Frauen arbeite, erläutere ich ihnen die beiden Hauptmerkmale, die ich an Narzissten sehe: den unsicheren kleinen Jungen und das Phänomen der emotionalen Wippe.

Der unsichere kleine Junge

Ganz gleich, um welchen Typ von Narzissten es sich äußerlich handeln mag (grandios oder subtil), ist er als Folge seiner Kindheitserfahrungen auf alle Fälle innerlich unsicher. Das ist für viele Menschen angesichts der Selbstsicherheit, die viele Narzissten ausstrahlen, schwer zu verstehen. Aber Narzissten versuchen um jeden Preis, schmerzhafte Gefühle zu vermeiden, und sie haben zur Abwehr einen dicken Panzer entwickelt, um diesen unsicheren kleinen Jungen eisern zu schützen.

Viele Frauen in narzisstischen Beziehungen verstehen sehr wohl, dass das bei ihrem Partner so ist, aber leider hält sie eben dieses Wissen in der Beziehung fest, so destruktiv sie für sie auch sein mag. Sie haben den unsicheren, ängstlichen kleinen Jungen im Inneren ihres Partners gesehen und halten sich daran fest, dass das den Mann widerspiegelt, der er eigentlich ist. Dafür ignorieren sie den Rest seines oft inakzeptablen Verhaltens. Indem sie diesen kleinen Jungen schützen und beruhigen, fühlen sie sich gebraucht und als etwas Besonderes: Nur sie können ihn wirklich verstehen. Oft werden sie das Verhalten ihres Partners gegenüber anderen (und ihnen selbst) verteidigen und sich dabei darauf berufen, dass sie ihn so kennen, wie niemand sonst. Das ist eine Form von Coabhängigkeit, eine Dynamik, die wir uns in Kapitel 3 genauer anschauen werden.

Das Phänomen der emotionalen Wippe

Narzissten müssen sich allen in ihrer Umgebung gleichgestellt oder überlegen fühlen und bei allem mithalten können. Aufgrund ihres tiefen Gefühls der Unsicherheit und Unzulänglichkeit überaus sensibel, überprüfen sie unablässig, wo sie im Verhältnis zu allen anderen stehen. Stellen Sie sich den Narzissten als jemanden vor, der auf einer Wippe sitzt, wie wir sie aus unserer Kinderzeit kennen, mit einer zweiten Person am anderen Ende; der Narzisst muss die Wippe genau in der Balance halten oder seine Seite in der höheren Position haben. Und er ist so empfindlich, dass die kleinste vermutete Bedrohung für dieses Arrangement – so trivial und/oder irrational sie auch sein mag – seine Abwehrmechanismen auslöst und dazu führt, dass er angreift oder entwertet. In der Fachsprache für psychische Störungen bezeichnet man eine solche empfundene Kränkung des Narzissten als *narzisstische Verletzung*, was bedeutet, dass sich der Narzisst psychisch angegriffen fühlt und daher über denjenigen herfällt, der ihm die Verletzung zugefügt hat, um mit dem Schmerz fertigzuwerden oder ihn loszuwerden. Natürlich geschieht all das blitzschnell und im Unbewussten. Schauen wir uns ein paar Beispiele für dieses Verhalten an.

Der Narzisst ist auf einer Party. Jemand schneidet ein Thema an, von dem er nichts versteht, und neckt ihn dann, weil er sich damit nicht auskennt, oder jemand anders erwähnt einen herrlichen Urlaub, den er kürzlich irgendwo verbracht hat, wo der Narzisst noch nie war. Alles, was den Narzissten dazu bringt, sich weniger wert zu fühlen als der andere, wird sein tiefes Gefühl von Unsicherheit und Unzulänglichkeit aufwecken, und er wird augenblicklich angreifen oder entwerten, um das Gefühl zu haben, er sei dem anderen mindestens gleichwertig. Es ist ein Nullsummenspiel: Die wahrgenommene Stärke oder Leistung eines anderen bedeutet eine entsprechende Schwächung für ihn und umgekehrt.

Noch ein Beispiel: Sarah unterstützt ihren Mann in der gemeinsamen Immobilienfirma. Sie war schon immer besonders gut darin, Häuser oder Wohnungen zu finden, die sich renovieren und rasch gewinnbringend wieder verkaufen ließen, und hatte das Talent, sie so geschickt neu herzurichten, dass sie weggingen wie warme Semmeln. Sooft ihr Mann kommt, um ein Objekt zu begutachten, das sie gerade frisch auf Vordermann gebracht hatte, kann er nur etwas bekritteln, was nicht hundertprozentig ist, wie etwa einen leeren Eimer im Flur, den sie beim Weggehen sowieso mitnehmen wollte. Er kann ihr kein Kompliment für ihren großen Einsatz und das bildschöne Ergebnis machen. Wenn er sieht, wie fantastisch sie ihre Sache macht, aktiviert das seine Unsicherheitsgefühle, und er muss ihre Leistung abwerten, damit er sich besser fühlt. Wenn also die Unsicherheiten des Narzissten ausgelöst werden und er offen oder verdeckt angreift, um Unterschiede zu nivellieren, kommt das von seiner narzisstischen Verletzung, seinem Gefühl, seelisch attackiert zu werden.

ÜBUNG 3

Identifizieren Sie Ihre narzisstischen Partner

Nachdem wir jetzt den Narzissmus genauer besprochen haben, möchte ich Sie fragen, ob Ihnen irgendetwas von alledem bekannt vorkommt? Muss Ihr Partner im Mittelpunkt der Aufmerksamkeit stehen? Monopolisiert er beispielsweise Unterhaltungen oder sorgt dafür, dass sich alles nur um ihn dreht? Ist er eingeschnappt oder schmollt, wenn er seinen Willen nicht durchsetzen kann? Ist es für ihn schwierig oder unmöglich, Dinge aus der Perspektive eines anderen zu sehen? Diese Übung wird Ihnen helfen festzustellen, ob Sie je narzisstische Partner hatten oder ob womöglich alle Narzissten waren. Sie wird Ihnen auch herausfinden helfen, ob die Männertypen, die Sie sich als Partner aussuchen, einem bestimmten Muster entsprechen.

Sie können die Übung auf zweierlei Weise durchführen: 1) Sie kringeln die Zahl(en) der Fragen ein, die etwas über Ihre/-n Partner aussagen, schreiben die Zahlen in Ihr Tagebuch und notieren dann den/die Namen des/der Betreffenden hinter der entsprechenden Zahl. 2) Sie schreiben alles in Ihr Tagebuch – erst die Zahl/-en der Fragen, die Ihre/-n Partner charakterisieren, dann den/die Namen des/der Partner/-s, bei dem/denen die Frage relevant ist.

Sein Verhalten Ihnen gegenüber

1. War er über alle Maßen charmant, als Sie ihn kennenlernten? Hat er Sie im Sturm erobert?

2. Hat er bei Verabredungen Ihre Grenzen respektiert? Beispielsweise kam der erste Dating-Partner einer Frau zu ihr nach Hause und öffnete – ohne sie zu fragen – den Kühlschrank, weil er am späten Abend noch Appetit auf einen Happen zu essen hatte!

3. Fanden Sie beunruhigende oder schockierende Fakten über ihn heraus, nachdem Sie schon lange mit ihm zusammen gewesen waren, die er Ihnen verschwiegen hatte? Etwa, dass er schon einmal verheiratet war, ein Kind mit einer anderen Frau hat, eine schlechte Bonität oder Spielschulden hat oder schon einmal im Gefängnis war?

4. Kritisiert er Sie ständig oder macht Sie schlecht? Hat er beispielsweise an kleinen Dingen etwas auszusetzen: Wie Sie sich die Zähne putzen, sich am Telefon melden, sich kleiden, das Haus sauber machen oder die Kinder erziehen? Kritisiert er Ihre berufliche Arbeit, Ihre Familie oder Freundinnen und Freunde? Mäkelt er an etwas herum, von dem Sie dachten, Sie hätten es gut gemacht (etwa, als Sie einen Stuhl neu bezogen hatten)?

5. Hält er seine Versprechen Ihnen gegenüber und sind seine Zusagen verlässlich?

6. Beklagt er sich darüber, dass er sich mit Ihnen oder Ihrer Familie langweilt oder dass ihn Situationen und Ereignisse langweilen? Sagt er etwa, Ihre Familie sei nicht so intelligent, dass er Lust hätte, Zeit mit ihr zu verbringen, oder eine Veranstaltung, zu der Sie gerne hingehen würden, fände er so uninteressant, dass er keine Zeit damit verschwenden möchte, sodass Sie am Ende darauf verzichten oder allein hingehen?

7. Dienen die meisten Dinge, die er tut, seinem Eigennutz, während er behauptet, er tue sie für Sie, die Kinder oder andere? Gibt er etwa Geld für etwas aus, das er möchte, z. B. eine Angelausrüstung, sagt aber, es wäre für Ihren Sohn wertvoll, wenn er angeln lernen würde? Oder kauft er ein schickes neues Fernsehgerät mit einem großen Bildschirm, angeblich, damit sich die ganze Familie daran freuen kann, belegt ihn aber die meiste Zeit mit Beschlag, um die Sportsendungen anzuschauen, die er sehen will?

8. Haben Sie das Gefühl, er sei anderen gegenüber ein anderer Mensch als Ihnen gegenüber? Glauben Sie, andere würden Ihnen glauben, wenn Sie ihnen erzählen würden, wie er zu Hause ist? Beispielsweise hatte eine Frau einen Mann, der auf seinem Fachgebiet sehr renommiert war und eine herausragende Rolle in der Gemeinde spielte. Alle mochten und respektierten ihn. Er war zu jedermann freundlich und aufmerksam – nur nicht ihr gegenüber zu Hause. Dort war er kontrollierend, setzte sie unentwegt herab und schüchterte sie ein.

9. Läuft es immer darauf hinaus, dass Sie sich verteidigen müssen, wenn Sie etwas zu besprechen versuchen, was er falsch gemacht hat? Dreht er dann beispielsweise die Sache so, dass Sie das Problem sind, indem er etwas aufs Tapet bringt, das Sie falsch gemacht haben?

10. Widerspricht er sich, wenn Sie sich über etwas auseinandersetzen? Gibt er Ihnen das Gefühl, Sie seien verrückt? Nur, damit Sie Bescheid wissen: Sie sind nicht verrückt,

wenn Sie feststellen, dass Sie nie eine Diskussion mit ihm gewinnen können. Narzissten sind Experten darin, Sie dahin zu bringen, dass Sie an Ihrer Haltung gegenüber einer Sache zweifeln – letztlich gegenüber allem.

Sein Verhalten im Allgemeinen

1. Kann er Verantwortung für seine Fehler übernehmen oder legt er sie anderen zur Last? Wenn er bei einem Fehler oder einer Lüge ertappt wird, spielt er dann das Opfer?
2. Zeigt er Reue oder Schuldgefühle, wenn er Sie oder jemand anders emotional oder körperlich verletzt oder ihm beruflichen oder finanziellen Schaden zufügt?
3. Geht er verantwortungslos mit Geld um? Beispiele:
   - Hat er eine schlechte Bonität?
   - Geht er unvernünftig mit seinem Geld um?
   - Bezahlt er seine Rechnungen zu spät?
   - Ignoriert er das Haushaltsbudget?
   - Gibt er Geld aus, wie er will, ohne auf die Folgen zu achten?
4. Bekommt er als Erwachsener einen Wutanfall wie ein Kind (schreit, tobt, brüllt, wirft mit Gegenständen oder droht zu gehen), um seinen Willen durchzusetzen?
5. Hat oder hatte er je eine Sucht wie Drogen-, Alkohol- oder Spielsucht?
6. Ist er ein Hitzkopf? Zeigt er Überreaktionen (wird er etwa schnell wütend, wenn ihn jemand auf der Autobahn schneidet, wenn es einen Verkehrsstau gibt oder wenn er wegen einer verspäteten Zahlung eine Gebühr zahlen muss)? Und wenn ja, hat er Schwierigkeiten, sich hinterher wieder zu beruhigen?
7. Bedroht er andere oder schüchtert sie ein, um seinen Willen zu bekommen, besonders Menschen, die er als rangniedriger ansieht, wie etwa Kassierer bei einer Bank oder Parkwächter?
8. Monopolisiert er Gespräche? Muss er alles besser wissen oder im Zentrum der Aufmerksamkeit stehen?
9. Hat er keine stabile Arbeitsbiographie?
10. Fehlt es ihm an realistischen Fernzielen?

Jede dieser Fragen beschreibt jemanden, der wahrscheinlich narzisstisch ist. Sehen Sie sich noch einmal Abschnitt 2.5 („Die klinische Definition einer Narzisstischen Persönlichkeitsstörung") auf Seite 42 an. Trafen bei Ihrem Partner / Ihren Partnern die Merkmale einer Narzisstischen Persönlichkeitsstörung zu? Behalten Sie dabei im Kopf, dass nur ausgebildete Psychiater, Psychologen und Therapeuten eine Persönlichkeitsstörung diagnostizieren können. Diese Übung kann Ihnen aber helfen, narzisstische Merkmale zu identifizieren, die Ihr/-e Partner vielleicht haben, und außerdem festzustellen, ob es bei Ihrer Partnerwahl ein Muster gibt. Wenn viele oder alle Partner, die Sie gewählt haben, narzisstische Züge haben, dann wiederholen Sie ungesunde narzisstische Beziehungen. Dieses Buch wird Ihnen helfen, Ihr Muster der Wiederholung ungesunder narzisstischer Beziehungen zu überwinden.

Überprüfen wir einmal: Welche Gedanken und Gefühle weckt diese Übung bei Ihnen? Schauen Sie sich die Fragen an, die Sie mit einem Kreis markiert haben. Denken Sie über Ihren oder Ihre Partner nach, wenn Sie mehr als einen narzisstischen Partner hatten. Gab es eine narzisstische Verhaltensweise, die sie gemeinsam hatten? Haben sie beispielsweise alle in manchen Situationen überreagiert, oder kritisierten sie Sie alle oder konnten Sie nie ein Problem mit ihnen besprechen, ohne dass sie Sie verbal attackierten oder Sie dazu brachten, an Ihrer Position zu zweifeln? Nehmen Sie sich ein wenig Zeit zum Nachdenken und schreiben Sie Ihre Gedanken und Gefühle in Ihr Tagebuch.

* * *

Eva schrieb Folgendes:

Wow, ich habe einen Namen neben mehr als zwei Drittel der Fragen geschrieben! Viele der Männer, mit denen ich Beziehungen hatte, legten dieselben Verhaltensweisen an den Tag. Ich bin noch nie eine derartige Liste durchgegangen. Ich sehe, dass alle Narzissten waren. Obwohl sie etwas verschieden wirkten, hatten sie doch sehr ähnliche Merkmale. Am Anfang hielt ich alle für außerordentlich charmant. Die Chemie stimmte, und wir fanden sehr schnell zusammen. Ich hatte bei jedem das Gefühl, er würde mich wirklich verstehen – wenigstens am Anfang.

Fassen wir zusammen

In diesem Kapitel haben wir eine Menge wichtige Grundlagen erarbeitet! Sie haben die Definition von Narzissmus gelernt und die Kriterien erfahren, die Fachleute für die Diagnose einer NPS anlegen. Sie haben auch den Unterschied zwischen gesunder und ungesunder Selbstliebe gelernt. Sie haben herausgefunden, welchen Ursprung der Narzissmus hat und wie er in der Kindheit und im Erwachsenenalter aussieht. Sie haben die Verhaltensweisen Ihrer Partner unter die Lupe genommen und Fragen über Ihre Beziehungen beantwortet. Im nächsten Kapitel werden Sie lernen, Erfahrungen in Ihrer eigenen Kindheit zu identifizieren, die zu Ihren speziellen Grundüberzeugungen geführt haben – denjenigen, die Sie dazu gebracht haben, Beziehungen zu Narzissten anzuknüpfen und sie auch aufrechtzuerhalten.

3. | Unerfüllte Kindheitsbedürfnisse: Entdecken Sie Ihre Geschichte

Haben Sie je die Fantasie, dass ein strahlender Märchenprinz kommt, Sie vom Fleck weg heiratet und dass Sie dann gemeinsam glücklich „bis ans Ende Ihrer Tage leben" werden? Wenn ja – und wer von uns hatte nicht irgendwann im Leben einmal eine solche Fantasie –, dann macht Sie das anfällig dafür, in eine Beziehung mit einem Narzissten zu geraten. Er gibt Ihnen das Gefühl, etwas Besonderes zu sein, weil er Sie auserwählt hat, ähnlich wie bei Aschenputtel, dem der Prinz im Märchen den Vorzug vor allen Mädchen in seinem Reich gegeben hat.

Viele Kindheitsbedürfnisse von Aschenputtel, wie das nach nährender Zuwendung, Empathie, Liebe, Sicherheit und Verlässlichkeit, wurden von seiner Stiefmutter nicht erfüllt. Die Geschichte von Aschenputtel illustriert viele der Kindheitsverletzungen, die auch Frauen haben, mit denen ich arbeite, und vielleicht offenbart sie auch die Wunden, die Sie davongetragen haben. Viele Kinder wachsen in Familien auf, in denen die Eltern es gut meinen, aber wegen ihrer eigenen emotionalen Probleme und ihrer Erziehung dennoch ihren Kindern Schaden zufügen. Wie ich schon sagte, gebe ich Eltern nicht gerne die Schuld an den emotionalen Problemen ihrer Kinder, außer wenn Missbrauch im Spiel ist, weil ich glaube, dass Eltern in den meisten Fällen nicht die Absicht haben, ihren Kindern zu schaden. Aber ein Teil Ihres Heilungsprozesses erfordert, dass Sie an die Zeit zurückdenken, als Sie ein Kind waren, und von dieser Perspektive aus – Ihrer Perspektive als Kind – die Gedanken und Gefühle identifizieren, die Sie dazu bewogen haben, bestimmte Grundüberzeugungen und Lebensfallen zu entwickeln. Diese Grundüberzeugungen und Lebensfallen haben Sie noch heute, und sie machen Sie anfällig für Narzissten. Nur, wenn Sie diese Grundüberzeugungen und Lebensfallen identifizieren und ändern, werden Sie lernen, einen gesunden Liebespartner zu erkennen.

Wesentliche Elemente

Dieses Kapitel stellt die Kindheitserfahrungen von Frauen in den Mittelpunkt, die als Erwachsene narzisstische Partner attraktiv finden. Sie werden drei Schlüsselkonzepte kennenlernen, die bei der Entwicklung Ihrer Grundüberzeugungen und Lebensfallen eine Rolle spielen, die ihrerseits Ihre Partnerwahl bei Dates und die sich anschließenden Beziehungen beeinflussen: 1) Scham und Verletzlichkeit, 2) Bewältigung durch Überkompensation, Sichergeben und Vermeiden, was den drei

Reaktionen von Kampf, Flucht und Erstarrung entspricht, und 3) coabhängige Verhaltensweisen. Die unterschwelligen Gefühle von Scham und Verletzlichkeit beeinflussen Ihre Bewältigungsstrategien und Ihr Verhalten.

3.1 Scham und Verletzlichkeit

Scham und Verletzlichkeit sind sehr mächtige Gefühle, die sich entwickeln, wenn unsere Kindheitsbedürfnisse nicht erfüllt werden, wenn man uns sagt, wir seien nicht gut genug, wenn wir ständig kritisiert werden, wenn wir nicht die Dinge bekommen, die andere Kinder haben, oder wenn niemand uns beisteht. So kommen wir zu dem Glauben, wir seien all das, was man uns gesagt hat (sei es direkt oder indirekt) – schlecht, unzulänglich, inkompetent oder mit einem Makel behaftet.

Die Rolle der Scham

Scham ist das schmerzhafte Gefühl, das wir erleben, wenn wir glauben, wir seien unzulänglich oder wertlos. Es ist ein sehr mächtiges Gefühl, das zur Falle wird und uns daran hindert, uns einem anderen vollständig mitzuteilen.

Scham ist im Leben eines kleinen Kindes eine destruktive Kraft. Als Kind sind Sie zu dem Glauben gelangt, dass Ihr „wahres Selbst" Fehler einer Größenordnung hat, die jenseits jeder Erlösung liegt, und dass Sie nie jemandem sagen dürfen, worin sie bestehen. Um mit den schmerzhaften Gefühlen fertigzuwerden, die mit Ihrer Scham verbunden sind, haben Sie sich bestimmte *Bewältigungsstile* angeeignet. Beispielsweise könnten Sie es mit Überkompensation versucht haben, indem Sie danach strebten, das perfekte Kind zu sein, gute Noten zu bekommen oder eine beliebte Cheerleaderin zu werden. Oder Sie mögen vor Ihrer Scham kapituliert haben, indem Sie sich zurückgezogen und isoliert haben. Oder Sie könnten versucht haben, Ihrer Scham auszuweichen, indem Sie sie versteckt hielten. Doch ganz gleich, wie Sie versucht haben, mit Ihrer Scham fertigzuwerden: Sie war immer da und forderte einen Preis von Ihnen. Heute sieht man einen engen Zusammenhang zwischen Scham und Depression, Essstörungen, Süchten, Mobbing und Selbstmord.[10]

Sie wurden nicht mit diesem Schamgefühl geboren. Kein Kind kommt damit zur Welt. Vielmehr haben Sie es über Kindheitserfahrungen erworben, die Sie verletzt haben – Erfahrungen, bei denen Sie stillschweigend oder explizit, durch Worte und/oder Verhaltensweisen von Menschen, die Sie eigentlich lieben und umsorgen sollten, die Botschaft bekommen haben, dass mit Ihnen etwas nicht in Ordnung ist. Beispielsweise wuchsen Sie vielleicht in einer Familie auf, in der Sie ständig kritisiert, zurückgewiesen, missverstanden, verletzt, missbraucht oder vernachlässigt wurden oder in der Sie Ihre Wünsche und Bedürfnisse unterdrücken mussten, um Liebe zu bekommen. Vielleicht hatten Sie einen Elternteil, der kontrollierend war oder sehr hohe Standards hatte, denen Sie niemals genügen konnten, oder vielleicht wurden Sie unentwegt mit einem älteren Geschwisterkind oder einem anderen Kind verglichen, oder vielleicht schenkten Ihnen Ihre Eltern nicht viel Aufmerksamkeit. Jede einzelne dieser Erfahrungen oder eine Kombination davon könnte zu einer tiefen Scham und der Grundüberzeugung geführt haben, dass Sie nicht gut genug oder nicht liebenswert sind.

Diese Scham haben Sie dann ins Erwachsenenalter mitgenommen. Ich habe gesehen, wie Scham aus der Kindheit das Leben von Frauen in meiner Praxis negativ beeinflusst hat, die dann in einer narzisstischen Beziehung endeten. Diese Frauen lassen es zu, dass sie schlecht behandelt, kontrolliert oder kritisiert werden, während sie danach streben, für ihre Partner möglichst perfekt zu sein oder die Wünsche, Bedürfnisse oder Erwartungen ihres Partners zu erfüllen. Sie setzen sich selbst stets an die letzte Stelle und machen nie den Mund auf, weil sie zu dem Glauben gelangt sind, sie seien der Liebe und des Dazugehörens nicht wert – das heißt, von anderen akzeptiert und unterstützt zu werden. Wenn sie jedoch etwas sagen oder ihre eigenen Bedürfnisse vor die ihrer Partner stellen, fühlen sie sich schuldig.

Scham ist nicht dasselbe wie Schuldgefühle. *Schuld* empfindet man wegen etwas, was man getan hat, während Scham das Sein selbst betrifft. Schuld heißt: „Ich habe etwas Schlechtes getan." Scham heißt: „Ich *bin* schlecht."[11] Schuld heißt: „Es tut mir leid, dass ich einen Fehler gemacht habe." Scham heißt: „Ich *bin* der Fehler." Wenn Sie glauben, dass Sie der Fehler sind, werden Sie anderen nicht erlauben, Ihnen nahezukommen. Sie werden sich natürlich sicherer fühlen, wenn Sie geheim halten, wofür Sie sich schämen, aber wenn Sie versuchen, einen liebevollen und fürsorglichen Partner zu finden, mit dem Sie Ihr Leben teilen können, werden Sie große Schwierigkeiten haben, solange Sie einen Teil Ihrer selbst vor Ihrem Partner verborgen halten.

Das Risiko der Verletzlichkeit

Alle Kinder sind von Haus aus verletzlich, weil sie nicht für sich selbst sorgen können, solange sie noch klein sind. Sie sind auf ihre Eltern oder andere Bezugspersonen angewiesen, um Schutz und nährende Zuwendung zu bekommen. Kinder, die in einem Zuhause aufwachsen, wo sie geliebt, beschützt und emotional genährt werden, werden zu Erwachsenen mit einem stabilen Gefühl dafür, wer sie sind, und dazu gehören auch Selbstakzeptanz und Selbstliebe, starke Werte und die Fähigkeit, einen anderen zu lieben. Sie können Risiken eingehen, anderen gegenüber offen sein und sich auch verletzlich zeigen, weil sie eine innere Sicherheit haben.

Aber den bedauernswerten Kindern, die ohne Liebe, Schutz und nährende Zuwendung aufwachsen, fehlt mit großer Wahrscheinlichkeit ein starkes Selbstgefühl, was zu einem geringeren Selbstvertrauen und Selbstwertgefühl führt. Ohne ein starkes Selbstgefühl sind sie anfällig für Ausbeutung und Missbrauch durch andere. Sie haben nicht gelernt, sich zu schützen, und können gefährliche Situationen oder Menschen nicht erkennen. Allerdings haben sie vielleicht gelernt, dass es sicherer ist, passiv zu sein, um emotionale oder körperliche Misshandlung abzuwenden. Aufgrund ihrer Kindheitserfahrungen haben sie nicht gelernt, um das zu bitten, was sie brauchen. Und da sie als Kinder nicht wertgeschätzt wurden, schätzen sie sich auch selber nicht, was dazu führt, dass sie sich ihrer selbst schämen.

Wenn Sie Scham erleben, stehen Sie vor einem Dilemma: Um authentisch zu sein, müssen Sie einem anderen Menschen vertrauen und das offenbaren, wovon Sie ehrlich glauben, dass es dazu führen wird, dass Sie die Liebe dieses Menschen verlieren. Menschen mit tiefen Schamgefühlen sind nicht bereit, sich so verletzlich zu machen. Es ist einfach zu riskant. Als Sie noch ein Kind waren, mag das ein Weg zum Überleben gewesen sein, weil es zu gefährlich war, Ihr wahres Selbst auszudrücken. Als Kind konnten Sie dieses Risiko fast sicher nicht eingehen, also lebten Sie mit der Scham. Dann nahmen Sie sie ins Erwachsenenleben mit. Und jetzt, da Sie erwachsen sind, übt sie einen negativen Einfluss auf alle Ihre Beziehungen aus.

Aber diese Bewältigungsstrategie, einen Teil Ihrer selbst zu verstecken, rettet jetzt nichts mehr. Um als Erwachsene eine gesunde Beziehung leben zu können, müssen Sie das Risiko eingehen, Sie selbst zu sein, mit allen Fehlern und Mängeln. Es erfordert Mut, sich verletzlich zu zeigen, aber es ist das Risiko absolut wert. Sie können sehen, wie Scham und Verletzlichkeit Hand in Hand gehen. Um sich von der Scham zu befreien, müssen Sie dieses Risiko eingehen und sich verletzlich machen, indem Sie Ihr wahres Selbst offenbaren.

Wenn Sie als Erwachsene schließlich das Risiko eingehen, sich verletzlich zu zeigen, Ihre Scham anzuschauen und offenzulegen, werden Sie feststellen, dass die einzige Person, die Sie verurteilt, Sie selbst sind. Sie selbst halten diese Scham immer weiter aufrecht. Und zwar dadurch, dass Sie an Ihrer Scham festhalten, was Sie daran hindert, Ihre Kindheitsverletzungen zu heilen.

Ich hoffe, dass Sie beim Durcharbeiten dieses Buches lernen werden, das Risiko der Verletzlichkeit auf sich zu nehmen. Indem Sie Ihr Schweigen brechen, lüften Sie den Schleier der Scham und Heimlichkeit.[12] Brené Brown, die über Scham und Verletzlichkeit forscht, schreibt: „Deine Geschichte anzuerkennen, kann schwer sein. Es ist jedoch nicht annähernd so schwierig, wie dein ganzes Leben damit zu verbringen, davor wegzulaufen. Deine Verletzlichkeit zu umarmen, ist ein Wagnis, jedoch bei Weitem nicht so gefährlich, wie Liebe, Zugehörigkeit und Freude aufzugeben – die

Erfahrungen, durch die du am verletzlichsten bist. Nur, wenn du mutig die Dunkelheit erforschst, wirst du die unendliche Kraft deines Lichtes entdecken."[13] Ich hoffe, dass Sie mutig sein, Ihre Dunkelheit erforschen und Ihr Licht finden werden. Es ist da und wartet darauf, dass Sie es entdecken.

Ehe wir weitergehen, nehmen Sie sich bitte einen Augenblick Zeit, um über das nachzudenken, was Sie bis hierher über Scham und Verletzlichkeit und Ihre eigenen Kindheitserfahrungen gelesen haben. Achten Sie darauf, wie Sie sich emotional und körperlich fühlen. Welche Gedanken gehen Ihnen *jetzt gerade* durch den Kopf? Schreiben Sie sie in Ihr Tagebuch.

Als Kinder hatten wir zu kämpfen, um mit unseren schmerzhaften Lebensumständen fertigzuwerden. Die Verletzungen, die wir davontrugen, führten zu Grundüberzeugungen und Lebensfallen, die uns schon damals mit Scham erfüllt und bedrückt haben und uns heute noch immer bedrücken. Jetzt wollen wir uns anschauen, wie Kinder mit einer schwierigen Kindheit zurechtkommen. Sie haben vielleicht selbst eine dieser Möglichkeiten – oder alle – genutzt.

3.2 Wie Kinder die Lage bewältigen: Überkompensation, Sichergeben und Vermeiden

In der Schematheorie werden drei Bewältigungsstile beschrieben, die Kinder entwickeln, um schmerzhafte Situationen zu meistern: Überkompensation, Vermeiden und Sichergeben. Wendy Behary hat diese Bewältigungsstile mit den Reaktionen von Kindern verknüpft, wenn sie Angst haben: 1) Kampf (Überkompensation), 2) Flucht (Vermeidung) und 3) Erstarren (Sichergeben).[14] Ironischerweise führt Überkompensation (Kampf) oft dazu, dass wir etwas tun, was in direktem Gegensatz zu unserer Lebensfalle steht. Wenn beispielsweise Ihre Lebensfalle *Unzulänglichkeit* ist (d. h., dass Sie tief in sich das Gefühl haben, Sie seien unzulänglich), können Sie als Kind viel Mühe auf sich genommen haben, um sich in irgendeiner Weise besonders zu fühlen, was das Gegenteil des Gefühls der Unzulänglichkeit ist. Wenn Sie Vermeiden (Flucht) als Bewältigungsweg genutzt haben, haben Sie Menschen und Situationen gemieden, die Ihnen das Gefühl der Unzulänglichkeit gaben. Wenn Sie Sichergeben (Erstarren) eingesetzt haben, haben Sie sich einfach in Ihre Lebensfalle gefügt und sind passiv, aber unglücklich geblieben. So haben Sie sich vielleicht damit abgefunden, dass Sie ständig kritisiert wurden, und haben aufgehört, für sich einzutreten. Damit konnten Sie kurzfristig einen Streit vermeiden, aber auf lange Sicht waren Sie unglücklich, weil Sie fortwährend kritisiert wurden.

Obwohl ein Kind entweder nur eine oder alle drei Bewältigungsstrategien einsetzen kann, ist meistens eine davon die dominante. Kinder, die infolge ihrer Kindheitserfahrungen eine Lebensfalle entwickeln, werden sich zur Bewältigung einen Weg aussuchen, der ihrem Temperament und ihrer Persönlichkeit entspricht: Das eine wird die Lebensfalle *Unzulänglichkeit* mit Vermeiden zu bewältigen suchen, das andere durch Überkompensation. Jede dieser Strategien kann dem Kind zu gegebener Zeit helfen, aber letzten Endes verändern diese Bewältigungsformen nicht die Lebensfallen. Warum? Weil diese Strategien ineffektiv sind.

Die Bewältigungsstrategien, die wir in der Kindheit einsetzen, folgen uns ins Erwachsenenalter. Aber diese Strategien, die damals hilfreich waren, sind im Erwachsenenalter in der Regel nicht mehr hilfreich. Anders gesagt wird ihre Anwendung nicht dazu führen, dass Ihre Bedürfnisse erfüllt werden. Wenn Sie beispielsweise als Kind mit Sichergeben reagiert haben, wenn ein Konflikt in der Luft lag, werden Sie nicht wissen, wie Sie als Erwachsene adäquat mit Konflikten umgehen können, deshalb geben Sie vielleicht jedem gegenüber nach. Wenn Sie als Kind Vermeidung in Form von zu viel essen angewandt haben, stellen Sie vielleicht fest, dass Sie sich als Erwachsene noch immer mit Essen zu beruhigen versuchen, aber jetzt haben Sie ein Gewichtsproblem, das Ihr geringes Selbstwertgefühl aufrechterhält. Oder, noch schlimmer, Sie sind zu Alkohol übergegangen, um Ihren seelischen Schmerz zu betäuben. Häufig ist es so, dass der Bewältigungsstil, der in der Kindheit gut für Sie funktioniert hat, später zu einem Nachteil für Sie wird, aber dennoch hängen Sie darin fest und behalten Ihre Strategie, bis Sie neue und gesündere Wege erlernt haben, Schwierigkeiten zu meistern. Wenn Sie als Erwachsene Narzissten attraktiv finden, ist es wichtig, dass Sie Ihre Bewältigungsstile in der Kindheit erkennen und verstehen, weil es gut sein kann, dass sie Sie blockieren und verhindern, dass Sie bekommen, was Sie wirklich brauchen und verdienen.

 Ehe wir weitergehen, nehmen Sie sich bitte einen Augenblick Zeit, um über das nachzudenken, was Sie bis hierher über die drei Bewältigungsstile gelesen haben – Überkompensation, Vermeiden und Sichergeben –, und um sich auf Ihre eigenen Kindheitserfahrungen zu besinnen. Achten Sie darauf, wie Sie sich emotional und körperlich fühlen. Welche Gedanken gehen Ihnen *jetzt gerade* durch den Kopf? Schreiben Sie sie in Ihr Tagebuch.

Ein weiteres ungesundes Verhalten ist Coabhängigkeit. Coabhängigkeit muss für sich allein erkannt und verstanden werden, weil sie ein so selbstzerstörerisches Verhalten ist und bei Frauen, die narzisstische Beziehungspartner wählen, so häufig ist. Sehen wir uns jetzt die Coabhängigkeit näher an.

Coabhängigkeit

Wenn wir an Coabhängigkeit denken, fallen uns meist Erwachsene und Substanz-missbrauch ein. Der coabhängige Erwachsene versucht, das Substanzmissbrauch-problem eines anderen Menschen zu lösen. Das ist eine geläufige, aber sehr eng ge-fasste Definition von Coabhängigkeit. Weiter ist die Definition von Coabhängigkeit, die die Bestsellerautorin Melody Beattie benutzt, die seit 30 Jahren über Coabhän-gigkeit schreibt. Ihrer Verwendungsweise werde ich mich hier anschließen. In ih-rem berühmten Buch *Die Sucht, gebraucht zu werden* schreibt sie, coabhängig sei ein Mensch, der sich von dem Verhalten eines anderen Menschen habe beeinflussen lassen und der davon besessen sei, das Verhalten dieses Menschen zu kontrollieren.[15] Die Obsession, die Probleme eines anderen Menschen lösen zu wollen, wird zu einer automatisierten Gewohnheit – wir tun das, ohne es überhaupt zu merken.

Coabhängige Verhaltensweisen wie etwa, den Bedürfnissen anderer Menschen Vor-rang vor unseren eigenen zu geben, oder der Versuch, Menschen in unserer Umge-bung zu kontrollieren oder in Ordnung zu bringen, entstehen in der Kindheit als ein Weg, uns zu schützen und unsere Bedürfnisse erfüllt zu bekommen. Das Prob-lem ist, dass wir unsere coabhängigen Verhaltensweisen aus der Kindheit, die uns schützen sollen, ins Erwachsenenalter mitnehmen, wo sie für uns destruktiv werden. Doch trotz ihrer Destruktivität behalten wir sie bei, weil sie zu eingefleischten Ge-wohnheiten geworden sind.

Viele Kinder versuchen sich dadurch zu schützen, dass sie sich auf die Bedürfnisse anderer konzentrieren. Beispielsweise können Kinder aus Angst vor dem Verlassen-werden versuchen, in jeder nur möglichen Weise an einem depressiven Elternteil festzuhalten, damit dieser nicht weggeht. (Diese frühe Angst vor dem Verlassen-werden entwickelt sich später zu einer Lebensfalle.) Diese Kinder versuchen viel-leicht, den betreffenden Elternteil aufzuheitern, und stecken ihre ganze eigene Zeit und Energie in den Versuch, Vater oder Mutter glücklich zu machen. Andere Kinder glauben vielleicht, es sei eine Tugend, anderen etwas zu geben und zu helfen, daher verschenken sie unermüdlich Eigenes an andere. Sie glauben, sie seien selbstlos und hilfreich, auch wenn sie ihre eigenen Wünsche und Bedürfnisse vernachlässigen. (Das wird später zur Lebensfalle *Selbstaufopferung*.) Diese coabhängigen Verhal-tensweisen kann man als eine Form der Bewältigungsstrategie Überkompensation ansehen, weil die Kinder versuchen, ihre Angst vor dem Verlassenwerden überzu-kompensieren, indem sie einem Elternteil helfen, ihn glücklich machen oder sonst etwas unternehmen, das auf die Bedürfnisse des Elternteils ausgerichtet ist statt auf ihre eigenen. Folglich kann coabhängiges Verhalten bei allen sieben Lebensfallen auftreten, die oft bei Frauen wirksam sind, die sich von narzisstischen Partnern an-gezogen fühlen.

Kinder, die auf diese coabhängigen Verhaltensweisen und die daraus folgenden Bewältigungsstile zurückgreifen, um auf diesem Wege die Kindheit zu überleben, werden am Ende als Erwachsene beinahe sicher ausgenutzt. Sie sind die perfekten Opfer für den Narzissten, der nur allzu bereit ist, jemanden auszubeuten, der bereit ist, sich ihm zu widmen, jemanden, der darauf fokussiert ist, möglichst alle seine Bedürfnisse zu erfüllen. Es ist eine unausgewogene, symbiotische Beziehung, in der die coabhängige Frau sich dazu getrieben fühlt, dem narzisstischen Mann bei der Erfüllung seiner Bedürfnisse zu helfen, aber am Ende bekommt die coabhängige Frau niemals ihre *eigenen* Bedürfnisse erfüllt. Sie fühlt sich wiederholt von Menschen angezogen, die sie als bedürftig wahrnimmt. Klingt irgendetwas davon in Ihren Ohren vertraut?

Was ist hier das Problem? Die coabhängige Frau mag sich anstrengen, wie sie will, der narzisstische Mann verändert sich nicht. Oder wenn, dann nur für kurze Zeit, was die Entschlossenheit der coabhängigen Frau, es weiterhin zu versuchen, nur noch verstärkt. Der Kern des Problems liegt in Wirklichkeit bei der coabhängigen Frau, die *alle* ihre Wünsche und Bedürfnisse im Interesse des narzisstischen Mannes opfert. (Dadurch kann eine Frau sogar an den Punkt kommen, an dem sie nicht einmal mehr weiß, was ihre Wünsche und Bedürfnisse überhaupt sind.) Diese coabhängigen Verhaltensweisen, die in der Kindheit erworben wurden, werden zu Gewohnheiten, die Frauen tief in destruktive narzisstische Beziehungen hineinführen, die nicht funktionieren. Und sie wiederholen sie immer wieder.

 Ehe wir weitergehen, nehmen Sie sich bitte einen Augenblick Zeit, um über das nachzudenken, was Sie bis hierher über Coabhängigkeit gelesen haben, und um sich auf Ihre eigenen Kindheitserfahrungen zu besinnen. Achten Sie darauf, wie Sie sich emotional und körperlich fühlen. Welche Gedanken gehen Ihnen *jetzt gerade* durch den Kopf? Schreiben Sie sie in Ihr Tagebuch.

Fassen wir zusammen

In diesem Kapitel haben wir uns auf Ihre Kindheit konzentriert. Scham und Verletzlichkeit haben eine mächtige Wirkung auf Sie, nicht nur in der Kindheit, sondern auch später im Erwachsenenalter. Um mit Ihren schmerzhaften Erfahrungen als Kind umzugehen, haben Sie vielleicht auf Überkompensation, Sichergeben und Vermeiden gesetzt. Alle drei sind Bewältigungsstrategien, die bei Bedrohungen den Reaktionen Kampf, Erstarren und Flucht entsprechen. Diese Wege der Bewältigung können sich in einer Vielzahl von Verhaltensweisen ausdrücken. Als Kind haben Sie vielleicht nur einen Bewältigungsstil oder auch mehrere angewendet, aber wahrscheinlich haben Sie einen als Ihren dominanten Bewältigungsstil ausgewählt. Die

Bewältigungsstrategien, die Sie als Kind genutzt haben, nehmen Sie ins Erwachsenenalter mit, wo sie gegen Sie arbeiten und verhindern können, dass Ihre Bedürfnisse erfüllt werden. Ein weiterer Weg der Bewältigung ist die Coabhängigkeit, die eine negative Wirkung auf Sie hat, weil sie dazu führt, dass Sie sich im Interesse anderer vernachlässigen.

In späteren Kapiteln werden wir Coabhängigkeit bei Erwachsenen gründlicher erörtern und darüber sprechen, wie sie zu ändern ist. Aber jetzt wollen wir uns Kapitel 4 zuwenden. Lesen Sie die verschiedenen Kindheitsgeschichten, die darin vorgestellt werden, und schauen Sie, ob Sie identifizieren können, welche Kinder als Erwachsene das Problem einer Coabhängigkeit haben werden, wie Scham sie beeinflusst hat und welche Wege der Bewältigung sie gewählt haben, um zu überleben.

4. | Lebensfallen näher betrachtet

Die Anziehungskraft, die narzisstische Partner auf Sie ausüben, hat ihre Wurzeln in einer längst vergangenen Zeit, als Ihre elementaren Kindheitsbedürfnisse nach nährender Zuwendung, Empathie, Liebe, Sicherheit und Verlässlichkeit nicht erfüllt wurden. Diese frühe Verletzung in der Kindheit stellte die Weichen dafür, dass Sie Narzissten zum Opfer fallen. Als Sie heranwuchsen, entwickelten Sie bestimmte negative Überzeugungen in Bezug auf sich selbst. Um diesen Überzeugungen etwas entgegenzusetzen und mit schmerzhaften Kindheitserfahrungen fertigzuwerden, haben Sie verschiedene Bewältigungsstrategien und Verhaltensweisen der Welt gegenüber entwickelt, die mit der Zeit zu Lebensfallen wurden. Diese Lebensfallen ermöglichten es dann, dass Sie sich zu narzisstischen Partnern hingezogen fühlten.

Wesentliche Elemente

In diesem Kapitel werden wir uns Beispiele von Kindheitsgeschichten ansehen, die illustrieren, wie unerfüllte Kindheitsbedürfnisse zu negativen Grundüberzeugungen führen. Diese Grundüberzeugungen liegen allen sieben Lebensfallen zugrunde, die bei Frauen wirksam sind, die narzisstische Partner anziehend finden. Für jede der sieben Lebensfallen werden wir die Kindheitsgeschichte von drei verschiedenen Frauen erfahren. Ihre Geschichten veranschaulichen die unterschiedliche Art und Weise, in der sich diese Lebensfallen manifestieren können, je nach den Lebensumständen, der einzigartigen Persönlichkeit und dem Temperament des Kindes.

4.1 Kleine Erinnerungshilfe: die sieben Lebensfallen mit den dazugehörigen Grundüberzeugungen

Ehe wir weitergehen, wollen wir uns einen Augenblick Zeit nehmen, Ihre Erinnerung an die sieben häufigsten Lebensfallen von Frauen aufzufrischen, die selbstverliebte Männer lieben. Denken Sie daran, dass diese Lebensfallen in jeder beliebigen Kombination vorhanden sein können.

Lebensfalle *Verlassenheit*: *Sie fühlen sich vor allem abgelehnt.*
Grundüberzeugung: *Die Menschen verlassen Sie immer.*

Lebensfalle *Misstrauen / Missbrauch*: *Sie fühlen sich verletzt.*
Grundüberzeugung: *Die Menschen verletzen oder manipulieren Sie.*

Lebensfalle *Emotionale Entbehrung*: *Sie fühlen sich missverstanden.*
Grundüberzeugung: *Niemand ist für Sie da.*

Lebensfalle *Unzulänglichkeit / Scham*: *Sie fühlen sich unzulänglich, nicht liebenswert und minderwertig.*
Grundüberzeugung: *Sie sind nicht gut genug, um geliebt zu werden.*

Lebensfalle *Unterwerfung*: *Sie unterdrücken Ihre Wünsche und Bedürfnisse, um jemand anders zu gefallen.*
Grundüberzeugung: *Wenn Sie die Bedürfnisse des anderen nicht erfüllen, wird ihm nichts an Ihnen liegen. Sie haben keine Wahl.*

Lebensfalle *Selbstaufopferung*: *Sie fühlen sich für andere verantwortlich und fühlen sich schuldig, wenn Sie nicht für andere sorgen, aber Sie empfinden auch Groll darüber, für andere sorgen zu sollen.*
Grundüberzeugung: *Sie müssen anderen helfen und ihre Probleme lösen und tun das aus einer eigenen Entscheidung heraus.*

Lebensfalle *Überhöhte Standards*: *Sie haben das Bedürfnis, stets nach Vollkommenheit zu streben, die Beste zu sein oder alles perfekt zu machen oder sich an selbstauferlegte starre Regeln zu halten.*
Grundüberzeugung: *Was immer du tust, es wird nie gut genug sein.*

Während Sie die Geschichten über die verschiedenen Lebensfallen lesen, die ihren Ursprung in der Kindheit haben, behalten Sie bitte im Kopf, dass Sie sich in mehr als einer wiedererkennen können. Es ist nicht ungewöhnlich, mehrere Lebensfallen zu haben. Außerdem überschneiden sich Lebensfallen tendenziell, deshalb beachten Sie bitte beim Lesen der Erfahrungen dieser Kinder, dass sie mehr als eine Lebensfalle haben können. Zudem werden Sie Ähnlichkeiten zwischen den verschiedenen Geschichten erkennen. Sicherlich hätte ein und dasselbe Kind aufgrund der erwähnten Überschneidungen auch eine andere Lebensfalle entwickeln können. So kann jemand, der unter emotionaler Entbehrung litt, auch überhöhte Standards ausbilden, um das Gefühl zu kompensieren, nicht gut genug zu sein. Wie Sie im nächsten Kapitel erfahren werden, können die Lebensfallen, die Ihnen in der Kindheit die meisten Schwierigkeiten gemacht haben, im Erwachsenenalter in den Hintergrund treten, während andere in den Vordergrund rücken. So könnten Sie als Kind die Lebensfallen *Emotionale Entbehrung* und *Überhöhte Standards* gehabt haben. In der Kindheit ist die emotionale Entbehrung das Schwierigste für Sie, weil Ihre Eltern nicht für Sie da sind, aber im Erwachsenenalter kann Ihnen das ständige Streben danach, Ihren überhöhten Standards zu entsprechen, die meisten Probleme bereiten, weil Sie arbeitssüchtig werden und ständig unter Druck stehen, was Ihre Gesundheit und Ihre Beziehungen beeinträchtigt.

Wie bereits erwähnt, habe ich drei Fallskizzen für jede der sieben Lebensfallen ausgewählt, um zu illustrieren, wie Kinder mit einem ganz unterschiedlichen Lebens-
hintergrund am Ende dieselbe Lebensfalle entwickeln können. Zwar sollten alle
diese Beispiele unterschiedlich aussehen, aber Sie müssen wissen, dass es einfach
beträchtliche Überschneidungen zwischen den Lebensfallen gibt. Wenn Sie an Ihre
eigenen Lebensfallen denken, versuchen Sie bitte zu entscheiden, welche Falle Ihnen
in der Kindheit die größten Schwierigkeiten bereitet hat.

4.2 Verlassenheit: Clare, Kirsten und Lynette

Die Grundüberzeugung bei dieser Lebensfalle ist, dass die Menschen Sie immer verlassen. Sie hatten mehr als andere Kinder mit Trennungen zu kämpfen, weil Sie früh
den Verlust signifikanter Bezugspersonen erlebt haben, meist den eines Elternteils.
Der Verlust kann an der emotionalen Unverfügbarkeit, einer Krankheit oder Behin-
derung des Elternteils gelegen haben oder auch an einer Scheidung oder am Tod des
Betreffenden.

Clare

Clares Eltern führten ein arbeitsreiches Leben. Ihr Vater gehörte zur Konzernleitung
eines großen Unternehmens für Medizintechnik, ihre Mutter widmete sich intensiv
verschiedenen Wohlfahrtsverbänden und dem gesellschaftlichen Leben. Um Clare
kümmerten sich Kindermädchen. Der Höhepunkt des Tages kam für Clare, wenn
sie abends ihre Eltern sah, wie kurz auch immer. Als Ausgleich für ihre Abwesenheit gaben die Eltern Clare und ihrem Bruder alles, was sie haben wollten. Als Clare
zwölf Jahre alt war, kam sie in ein Internat. Das war in ihrer Familie die Regel, denn
auch ihre Eltern waren schon früh in Internate geschickt worden. Clare war ein lie-
bes, sensibles und schüchternes kleines Mädchen, das nicht von zu Hause wegwollte.
Aber soviel sie auch protestierte, die Entscheidung ihrer Eltern war unumstößlich.

Clare bekam gleich am ersten Tag im Internat heftigen Durchfall, sobald ihre Eltern
abgefahren waren. Schon bald hatte sie nach allen Ferien und nach jedem Besuch zu
Hause mit chronischem Durchfall zu kämpfen. Im Sommer wurde Clare in Ferien-
lager geschickt. Doch Clare bat ihre Eltern weiter anhaltend darum, sie nicht wegzu-
schicken. Obwohl die Eltern der Meinung waren, sie täten das Beste für sie, impften
sie ihr, ohne es zu wissen, die Grundüberzeugung ein, die Menschen, die sie liebte,
würden sie verlassen.

Kirsten

Kirstens Vater war Alkoholiker und schlug ihre Mutter, wenn er betrunken war. Mehr als einmal erlebte Kirsten mit, wie ihr Vater eine Schusswaffe auf ihre Mutter richtete und drohte, er werde sie erschießen. Dann schrie ihre Mutter zurück: „Los, erschieß mich doch!" Kirsten schaute voller Schrecken zu und wünschte sich im Stillen verzweifelt, ihre Mutter würde den Mund halten. Kirsten hatte panische Angst davor, dass ihre Mutter umgebracht und ihr Vater ins Gefängnis gesteckt würde, sodass sie ganz allein zurückbliebe. Jedes Mal, wenn ihre Eltern sich stritten, hatte sie das Gefühl, das könnte das Ende ihrer Welt sein. Ihr häusliches Leben war ein einziges Chaos. Kirsten war voller Angst und fürchtete ständig, sie würde verlassen.

Lynette

Lynettes Mutter hatte schwere Depressionen. Lynette erinnert sich, dass sie weinend gegen die abgeschlossene Schlafzimmertür ihrer Mutter hämmerte und bettelte, ihre Mutter solle aufmachen. Es half nichts. Lynette sagte, sie hätte jedes Mal „Schrecken und dann Hilflosigkeit" empfunden, wenn ihre Mutter den Flur in Richtung Schlafzimmer entlanggegangen sei. Die Hilflosigkeit verwandelte sich in Resignation, sobald klar war, dass ihre Mutter nicht wieder herauskommen würde. Dann machte Lynette sich Frühstück, zog sich an und ging in die Schule. Aber letztlich entwickelte sie sich zu einem ängstlichen, anklammernden Kind, das Schwierigkeiten mit jeder Art von Ende, Abschluss oder Trennung hatte.

> **Verständnisfragen zu *Verlassenheit***
>
> Beantworten Sie die folgenden Fragen zu diesen Kindern:
> 1. Wer nutzt Überkompensation als Bewältigungsstil?
> 2. Was glauben Sie, wer im Erwachsenenalter am meisten klammern wird?
>
> (Vergleichen Sie Ihre Antworten mit den Antworten am Ende des Kapitels.)

4.3 Misstrauen / Missbrauch: Monica, Maggie und Kelli

Die Grundüberzeugung bei dieser Lebensfalle ist, dass Menschen, die Sie eigentlich lieben und für Sie sorgen sollten, Sie stattdessen verletzen oder manipulieren. Manche Kinder mit dieser Lebensfalle glauben, sie hätten das Problem selbst verursacht, sodass sie es verdienen, schlecht behandelt oder missbraucht zu werden. Natürlich stimmt das nie. Es ist niemals *Ihr* Fehler, wenn Sie missbraucht oder misshandelt wurden. Doch Missbrauch oder Misshandlung sind nicht die einzigen Quellen von Misstrauen. Kinder können auch Misstrauen entwickeln, wenn sie überbehütende Eltern haben, die ihnen die Botschaft geben, dass die Welt kein sicherer Ort sei.

Monica

Monica war sieben Jahre alt und ihre Schwester fünf. Ein Cousin, der siebzehn Jahre alt war, lebte mit ihrer Tante zusammen in der Nähe. Da Monicas Eltern den ganzen Tag arbeiteten, bezahlten sie den Cousin dafür, dass er nach der Schule auf die Mädchen aufpasste. Statt sie zu hüten, schlug er sie. Sie mussten seine „Sklavinnen" sein, und er erteilte ihnen Befehle: Sie mussten etwas zu essen machen, Getränke holen, sich neben den Fernseher stellen, um auf Kommando das Programm zu wechseln – alles, was er anordnete. Sie mussten in allem nach seiner Pfeife tanzen, und wenn sie sich wehrten, schlug er sie. Monica fürchtete sich am meisten vor seinen Schlägen. Wenn sie versuchte, sich unter dem Bett zu verstecken, zog er sie an den Haaren wieder hervor. Es gefiel ihm, wenn sie sich zu verstecken versuchte, und es machte ihm Spaß, ihr nachzulaufen, sie zu fangen und zu schlagen. Manchmal driftete sie, kurz ehe sie geschlagen wurde, im Geiste weg. Er sagte ihr, sie dürfe nie ihren Eltern etwas erzählen, sonst würde er ihrem Hund wehtun. Monica konnte sich in der Schule nicht konzentrieren, weil sie wusste, was sie zu Hause erwartete. Immer öfter bekam sie in der Schule Magenschmerzen und lag stundenlang im Zimmer der Krankenschwester mit einer Wärmflasche auf der Liege. Doch sie sagte nie ein Wort zu irgendjemandem. Ihr Cousin hörte mit diesem Verhalten nicht auf, bis ihre Eltern in einen anderen Staat umzogen, als Monica zehn war. Monica vertraute anderen nicht und hatte das Gefühl, sich nicht vor Misshandlung anderer schützen zu können, sodass sie keine engen Beziehungen einging.

Maggie

Maggie litt als Kind unter einer leichten Hörschwäche. Die anderen Familienmitglieder hänselten sie unentwegt dafür, dass sie so oft „Wie bitte?" sagen musste. Sie nannten sie dumm. Manchmal sprachen sie absichtlich leise, sodass sie „Wie bitte?"

fragen musste und sie sich über sie lustig machen konnten. Das taten sie oft auch vor Freunden und Verwandten. Wenn sie sich darüber aufregte, wurde ihr vorgeworfen, sie würde überreagieren. Versuchte sie ihre Mutter dazu zu bewegen, dass sie einschritt, hieß es, das sei alles nur Spaß und sie sei überempfindlich. Maggie wurde wegen ihrer Hörschwäche sehr befangen. Sie versuchte sie in der Schule dadurch zu verbergen, dass sie anderen nicht nahekam, nicht mehr nachfragte und immer zustimmend nickte, wenn andere etwas zu ihr sagten. Sie lebte in ständiger Angst, vor ihren Schulkameradinnen gedemütigt zu werden. Sie brachte nie Freundinnen mit nach Hause, weil sie fürchtete, ihre Familie würde sich über sie lustig machen. Maggie erwartete schließlich, dass sich alle über sie lustig machen würden.

Kelli

Kellis Eltern waren überfürsorglich. Als kleines Kind bekam sie nicht die Gelegenheit, ihre Umgebung zu erkunden, ohne dabei ständig vom wachsamen Blick ihrer Mutter beobachtet zu werden. Ihre Eltern flößten ihr den Glauben ein, die Welt sei kein sicherer Ort. Sie sagten ihr, sicher und vertrauenswürdig seien nur die Familie und die Kirche. Die Antworten ihrer Mutter auf alle Fragen kamen aus der Bibel. Ihre Eltern unterrichteten sie zu Hause, um sie vor der gefährlichen Welt zu schützen. Sie erklärten ihr, die Menschen seien darauf aus, sie auszunutzen, und sie würde diejenigen, die sie übervorteilen wollten, nicht von denen unterscheiden können, die das nicht taten. Kelli wurde ängstlich und misstrauisch gegenüber allem und allen außerhalb der Familie und der Kirche.

Verständnisfragen zu *Misstrauen / Missbrauch*

Beantworten Sie die folgenden Fragen zu diesen Kindern:
1. Wer nutzt Vermeiden als Bewältigungsstil?
2. Was glauben Sie, wer sich im Erwachsenenalter am meisten seiner selbst schämen wird?

(Vergleichen Sie Ihre Antworten mit den Antworten am Ende des Kapitels.)

4.4 Emotionale Entbehrung: Anita, Kathryn und Vivienne

Die Grundüberzeugung bei dieser Lebensfalle ist: „Niemand ist für mich da." Diese Kinder haben das Gefühl, dass ihnen etwas fehlt, und sie haben recht. Sehr häufig fehlt ihnen nährende Zuwendung, Liebe, Verständnis, Empathie, Führung und / oder Schutz. Deshalb fühlen sie sich einsam und missverstanden. Sie haben ein Gefühl der Leere und glauben, dass sie immer allein sein werden.

Anita

Anita war das Nesthäkchen der Familie. Sie hatte drei ältere Brüder. Als Anita zur Welt kam, war ihre Mutter ganz vernarrt in sie. Sie hatte sich immer eine Tochter gewünscht und war entzückt, als sie Anita bekam. Sie steckte Anita in hübsche Kleider und zeigte sie voller Stolz überall herum. Anita entwickelte sich zu einem sehr attraktiven kleinen Mädchen, und ihre Mutter liebte es, wenn sie von allen Seiten – von der Familie ebenso wie von Fremden – zu hören bekam, wie hübsch ihre kleine Tochter sei. Aber als Anita älter wurde, reichte die Bewunderung ihrer Mutter nach wie vor nur so weit, dass sie sie hübsch anzog und mit ihr angab. Anita sehnte sich nach etwas anderem, wusste aber nicht recht, wonach. Selbst wenn ihre Mutter sie umarmte, hatte sie das Gefühl, es fehle etwas. Nie konnte die Mutter Anita über ihre körperliche Erscheinung hinaus „sehen". Anita wuchs mit dem Gefühl auf, ihre Mutter kenne oder verstehe sie nicht wirklich und es liege ihr auch nicht ernstlich etwas an ihr. Ihre Mutter tat sämtliche Ideen, Wünsche und Sehnsüchte ab, wenn sie nicht mit ihren eigenen übereinstimmten.

Als die Familie in ein neues Haus zog, bat Anita darum, dass ihr Zimmer zartlila gestrichen würde. Ihre Mutter verabscheute diese Farbe und zwang Anita ein hellgelbes Zimmer auf, weil sie Gelb liebte. Anita wollte Flöte spielen, aber ihre Mutter bestand darauf, dass Anita Klavier spielt, weil sie ebenfalls Klavier spielte. Als Anita dagegen protestierte, wurde ihre Mutter wütend und warf ihr vor, sie sei ein undankbares Gör. Anita empfand eine große Wut auf ihre Mutter und war oft sehr frustriert. Sie gab nicht auf, aber sie konnte ihre Wünsche auch nie durchsetzen. Sie stritten die ganze Zeit miteinander. Anita wurde allen gegenüber sehr defensiv – Geschwistern, Schulfreundinnen und Lehrkräften. Und sie gelangte zu dem Glauben, sie würde immer kämpfen müssen, damit ihre Bedürfnisse erfüllt würden. Sie ging davon aus, niemand würde sie je verstehen.

Kathryn

Kathryn wuchs als jüngstes von fünf Kindern auf dem Land auf. Ihr Vater arbeitete hart und ihre Mutter nahm Wäsche zum Waschen an. Als Kathryn geboren wurde, war ihre Mutter schon verbraucht und müde. Die Eltern gaben ihren Kindern ein Zuhause, aber wenig darüber hinaus. Sie selbst waren mit ihrer Schulbildung nicht über die sechste Klasse hinausgekommen, daher legten sie auch keinen großen Wert auf mehr Bildung bei ihren Kindern. Aber Kathryn war ein neugieriges Kind, das gern lernte. Niemand in ihrer Familie verstand oder schätzte ihre Liebe zu Büchern und Wissen. Ihrer Neugier wurde keine bereichernde Nahrung geboten. Kathryn fühlte sich oft zutiefst einsam. Sie sagte, sie hätte häufig auf ihrem Bett gesessen, aus dem Fenster auf die leeren Felder nebenan geschaut und gedacht: Es fehlt etwas. Kathryn glaubte mit der Zeit, sie würde sich immer leer, einsam und missverstanden fühlen.

Vivienne

Viviennes Mutter war kalt und distanziert. Vivienne konnte versuchen, wie sie wollte, mit ihrer Mutter in Kontakt zu kommen, es gelang ihr nicht. Ihre Mutter war an nichts interessiert, was Vivienne sagte oder tat, aber dennoch suchte Vivienne ihre Nähe. Sie liebte es, ins Schlafzimmer ihrer Mutter zu gehen, sich still auf ihr Bett zu setzen und zuzuschauen, wie ihre Mutter sich schminkte und ankleidete. Sie fand ihre Mutter wunderschön. Ihre Mutter fand ihre Anwesenheit irritierend und schickte sie weg, weil sie ihr im Weg war, während sie sich zum Ausgehen fertig machte. Ihre Mutter war geschieden, hatte aber häufig Dates. Ihre Freunde waren ihr wichtiger als ihre Kinder. Vivienne und ihre Geschwister blieben sich selbst überlassen, solange ihre Mutter bei einem Date war. Die Mutter ließ ihnen dann einen Blankoscheck zurück, damit sie sich ein Abendessen ins Haus kommen lassen konnten. Vivienne kann sich nicht an ein einziges Familiendinner mit allen zusammen erinnern. Sie wuchs mit Fastfood auf. Sie tröstete sich mit Essen und versuchte die innere Leere damit zu füllen. Dennoch stellte ihre Mutter die Familie als perfekt hin und zeigte allen Leuten Fotos von den vielen Orten, an die sie ihre Kinder mitnahm. Ihre Mutter hatte von ihrer Familie Geld geerbt. Sie kaufte den Kindern großzügige Geschenke und fuhr mit ihnen in Ferien, verbrachte aber keine Zeit mit ihnen. Vivienne fühlte sich ungeliebt und einsam und rechnete schließlich damit, dass niemand sie je lieben würde und dass sie letztlich immer allein bleiben würde.

Verständnisfragen zu *Emotionale Entbehrung*

Beantworten Sie die folgenden Fragen zu diesen Kindern:
1. Was glauben Sie, wer Sichergeben als Bewältigungsstil nutzt?
2. Wer wird wahrscheinlich als Erwachsene ein Essproblem haben?

(Vergleichen Sie Ihre Antworten mit den Antworten am Ende des Kapitels.)

4.5 Unzulänglichkeit: Pat, Kimberly und Trisha

Kinder mit dieser Lebensfalle glauben, sie seien nie gut genug, um geliebt zu werden. Sie fühlen sich unzulänglich und nicht der Liebe wert. Sie glauben, das liege daran, dass etwas mit ihnen verkehrt sei. Sie sind in irgendeiner Weise fehlerhaft. Unzulänglichkeit ist etwas anderes als emotionaler Mangel, bei dem das Kind glaubt, das Problem liege an anderen außerhalb seiner selbst, wie etwa einem Elternteil. Bei Unzulänglichkeit glaubt das Kind, das Problem liege in ihm, es selbst sei irgendwie mangelhaft.

Pat

Pat wuchs in einem Zuhause mit einer außerordentlich kritischen Mutter auf. Sie gab ihr das Gefühl, nie gut genug zu sein. Die Enttäuschung ihrer Mutter über sie war leicht an Grimassen und Seufzern abzulesen. Pats Mutter legte Wert auf ihre Erscheinung und verstand nicht, warum ihre Tochter das nicht tat. Im Gegensatz zu ihrer damenhaften, eleganten Mutter war Pat ihre Kleidung egal, sie war ein Wildfang und spielte lieber draußen im Wald, als eine Teeparty mit ihren Puppen zu veranstalten. Infolge der ständigen Kritik und offenkundigen Enttäuschung ihrer Mutter wurde Pat unsicher und schüchtern. Einmal rief die Mutter sie vom Spielen von draußen herein. Zu ihrem Entsetzen erklärte ihr ihre Mutter, sie sehe aus wie ein Tier, so wie sie draußen herumlaufe. Dann imitierte ihre Mutter ein Tier, das sich in Sprüngen vorwärtsbewegte. Sie sagte, Pat sei das Gespött der Nachbarschaft. Pat spürte, wie ihr die Schamesröte ins Gesicht stieg. Pat konnte später nie Komplimente annehmen. Wenn jemand ihr ein Kompliment machte, dachte sie, insgeheim würde er sich über sie lustig machen, oder es handele sich um einen Scherz auf ihre Kosten. Sie war unsicher und hatte kein Selbstbewusstsein. Sie fühlte sich unzulänglich und nicht liebenswert.

Kimberly

Kimberly war neun Jahre alt, als ein Freund der Familie, der in ihrem Haus ein Zimmer gemietet hatte, eines Nachts in ihr Zimmer kam. Sie verstand nicht, was dann geschah. Hinterher sagte er, ihre Eltern würden sehr böse auf sie werden, wenn sie wüssten, was sie tat, und würden sie wahrscheinlich wegschicken. Er versicherte ihr, sie hätten sie dann nicht mehr lieb. Er sagte, sie müsse es unbedingt verheimlichen. Das tat sie.

Ihre Mutter war Krankenschwester und arbeitete in der Nacht, und die Familie brauchte das Einkommen von den Nachtdiensten. Ihr Vater war Lkw-Fahrer und jeweils lange von zu Hause weg. Das Schlafzimmer ihrer Eltern war im Erdgeschoss des Hauses, das von Kimberly im Obergeschoss. Ihre Eltern schöpften nie Verdacht.

Kimberly hoffte oft, ihre Mutter würde es irgendwie einfach mitbekommen. Sie dachte, sie gebe ihnen genug Hinweise: Ihr Appetit schwand, selbst der auf ihren Lieblingsnachtisch, ihre Noten verschlechterten sich, sie war frech und gereizt. Ihren Eltern schien nichts aufzufallen. Niemand hegte den Verdacht, es könne ein sexueller Missbrauch vorliegen, nicht einmal ihr Kinderarzt. Als ihre Mutter mit ihm über Kimberlys geschwundenen Appetit und den Gewichtsverlust sprach, sagte er, das sei eine vorübergehende Phase, aus der sie herauswachsen würde, die Mutter solle sich keine Sorgen machen. Kimberlys Frustration und Reizbarkeit verwandelten sich schließlich in Verzweiflung. Kimberly fühlte sich zu Hause nicht mehr sicher. Sie wusste nicht, wie sie sich vor dem Missbrauch schützen konnte. Ihre Eltern, die ihr Sicherheit und Schutz hätten bieten sollen, hatten keine Ahnung, dass ihre Tochter unter ihrem eigenen Dach missbraucht wurde. Aber je länger der Missbrauch andauerte, desto weniger fühlte sich Kimberly der Liebe ihrer Eltern wert. Scham überflutete sie. Sie zog sich in sich selbst zurück. Als ihre Menstruation einsetzte, hörte der Freund der Familie abrupt auf, in ihr Schlafzimmer zu kommen. Sie war erleichtert, hatte aber immer noch das Geheimnis auf dem Herzen. Selbst nachdem er ausgezogen war, konnte sie das Gefühl der Scham und des Abscheus vor sich selbst nicht abschütteln. Sie kam zu der Überzeugung, sie müsse etwas fundamental Schlechtes an sich haben, dass ihr das passiert war. Sie sagte es nie ihren Eltern oder sonst jemandem. Kimberly glaubte, sie habe einen Makel und lebte schweigend mit ihrer Scham.

Trisha

Trisha hat ihren Vater nie kennengelernt, weil er die Familie verließ, als sie noch ein Baby war. In der Familie wird erzählt, dass Trisha ein Kind mit Verdauungsproblemen war, das oft Koliken hatte und unentwegt schrie. Ihr Vater war hitzköpfig und ungeduldig und konnte das Geschrei nicht ertragen. Er war dann gereizt, brüllte ihre Mutter und die beiden älteren Geschwister an und forderte, sie sollten Trisha zum Schweigen bringen. Ihre Mutter fürchtete, er könnte das Kind am Ende schlagen, und ging zum Schutz mit ihm in den Keller. Trishas Vater drohte, er werde gehen, wenn das Baby nicht aufhöre zu schreien. Die Familie konnte es sich nicht leisten, ihn gehen zu lassen. Es hätte ihre Existenz bedroht, da er der Alleinverdiener war, wenn auch kein sehr erfolgreicher. Er war Arbeiter, konnte aber nie lange an einer Arbeitsstelle bleiben, weil er so aufbrausend war. Trishas Mutter hatte die Highschool nicht beendet, weil sie mit ihrem ersten Kind schwanger geworden war. Obwohl die Mutter alles versuchte, damit Trisha nicht mehr schrie, hielt diese Phase beinahe 14 Wochen lang an. Gegen Ende dieser Zeitspanne ging der Vater weg, was die Familie ins Schleudern brachte.

Trishas Mutter war völlig verstört und die anderen Kinder traurig und wütend. Die Familie musste nun von Sozialhilfe leben. Trishas älteren Geschwistern war es peinlich, Lebensmittel bei der Tafel zu holen, Mahlzeiten in Vesperkirchen einzunehmen und Kleidung im Sozialkaufhaus oder bei der Heilsarmee zu kaufen. Die Geschwister gaben dem Baby die Schuld daran. Als Trisha alt genug war, um zu verstehen, was geschehen war, sagten sie ihr, es sei ihre Schuld, dass ihr Vater weggegangen und die Familie in Armut geraten war. Sie wuchs in dem Glauben auf, es sei wirklich ihre Schuld, was ihr aufgrund der Wut ihrer Geschwister auf sie und der finanziellen Nöte der Familie bei jeder Gelegenheit wieder neu aufs Butterbrot geschmiert wurde. Sie hatte Schuldgefühle, empfand Scham wegen der Lebensweise der Familie und machte sich deshalb Vorwürfe. Außerdem hatte sie das Gefühl, irgendetwas müsse mit ihr schrecklich verkehrt sein, wenn ihr Vater ihretwegen weggegangen war, mal ganz abgesehen von den Koliken in der Babyzeit. Sie fragte sich immer wieder: *Das kann doch nicht nur daran gelegen haben, dass ich geweint habe, oder?*

Verständnisfragen zu *Unzulänglichkeit*

Beantworten Sie die folgenden Fragen zu diesen Kindern:
1. Was glauben Sie, wer als Erwachsene Missbrauch durch andere akzeptieren wird?
2. Wer wird als Erwachsene nicht erkennen können, welche Menschen es ehrlich mit ihr meinen?

(Vergleichen Sie Ihre Antworten mit den Antworten am Ende des Kapitels.)

4.6 Unterwerfung: Alice, Petra und Marty

Die Grundüberzeugung bei dieser Lebensfalle ist: Wenn Sie die Bedürfnisse anderer nicht erfüllen, wird ihnen nichts an Ihnen liegen. Kinder mit dieser Lebensfalle geben den Bedürfnissen anderer Menschen Vorrang vor ihren eigenen. Sie haben das Gefühl, es bleibe ihnen nichts anderes übrig. Das kann sie bedrücken und ihnen das Gefühl geben, in der Falle zu sitzen. Diese Kinder erleben, dass sie Liebe nur unter der Bedingung bekommen, dass sie den Wünschen und Vorstellungen ihrer Eltern entsprechen. Wenn sie das nicht tun, führt das zu Liebesentzug. Diese Kinder können überwach für die Wünsche und Bedürfnisse anderer werden. Sie können zu Menschen werden, die es allen recht machen wollen.

Alice

Alice war ein stilles, nettes und sensibles kleines Mädchen. Ihre Mutter war eine starke Frau, die genau wusste, was sie wollte und wie sie es wollte, und dafür sorgte, dass sie es auch bekam. Solange Alice mit ihrer Mutter einer Meinung war, war alles gut, aber wenn sie gegen sie aufbegehrte, weckte sie den Zorn ihrer Mutter und erlebte, dass diese ihr ihre Zuneigung entzog. Alice liebte ihre Mutter und sehnte sich nach ihrer Anerkennung. Daher lernte sie früh im Leben, dass es besser war, ihre Wünsche aufzugeben und dafür eine Mutter zu haben, die sie abgöttisch liebte, als für ihre eigenen Bedürfnisse einzutreten und die Zuneigung ihrer Mutter zu verlieren. Wenn Alice mit Freundinnen zusammen war, machte sie alles mit, was diese wollten. Sie schlug nie etwas anderes vor oder äußerte eine andere Meinung. Alice war bei ihren Altersgenossen und bei ihren Lehrern sehr beliebt. Alice machte sich eine Menge Sorgen darüber, was andere über sie dachten und ob sie irgendjemanden verletzt hatte.

Petra

Petra wuchs in einer streng religiösen Familie auf. Man trichterte ihr ein, Selbstlosigkeit sei eine Tugend. Für seine eigenen Sehnsüchte, Wünsche und Bedürfnisse einzutreten, war selbstsüchtig. Ihre Mutter wurde in ihrer Kirche als Heilige und Märtyrerin angesehen. Ihr Vater bestand darauf, dass die Familie dreimal in der Woche in die Kirche ging und außerdem den ganzen Sonntag dort verbrachte. Die Bibel wurde als das einzige Buch angesehen, das es wert war, gelesen zu werden. Die Kinder durften nicht fernsehen, nicht tanzen und keine Belletristik oder Zeitschriften lesen. Vom Internet war gar nicht erst die Rede. Petra ging mit anderen Kindern ihrer Kirchengemeinde in eine kleine Schule. Wenn sie sich je beklagte, oder, was noch schlimmer war, die Autorität ihres Vaters infrage stellte, wurde sie scharf getadelt und bekam zu hören, sie sei undankbar und selbstsüchtig. Petra liebte Kunst. Sie zeichnete ständig, verbarg aber ihre Zeichnungen, nachdem ihr Vater eine gefunden und zerrissen hatte. Er nannte Zeichnen eine frivole Beschäftigung, die nicht gottgefällig sei. Petra fühlte sich durch das diktatorische Verhalten ihres Vaters unterdrückt. Sie hatte nicht das Gefühl, sie hätte eine Wahl. Petra gelangte zu der Überzeugung, sie sei selbstsüchtig, wenn sie für ihre Bedürfnisse eintrete. Sie fühlte sich dazu verpflichtet, die Bedürfnisse anderer an die erste Stelle zu setzen, nicht ihre eigenen.

Marty

Marty war ein Zwillingskind, das in einer liebevollen, aber strengen Familie aufwuchs. Ihre Eltern waren schon in vorgerücktem Alter, als sie die Kinder bekamen. Ihre Mutter war 28 und ihr Vater war 44, als die Eltern heirateten. Ihre Mutter war Immobilienhändlerin, und ihr Vater hatte beim Militär Karriere gemacht. Er hielt körperliche Züchtigung für richtig. Als kleines Kind wagte Marty ihm nicht zu widersprechen, weil sie schon mehr als einmal Schläge bekommen hatte. Sie bemühte sich, immer brav zu sein, um seinen Zorn nicht zu wecken, weil sie dann das Gefühl hatte, er liebe sie nicht mehr. Ihr Vater ging in den Ruhestand, als Marty in der Highschool war. Danach wurde er noch kontrollierender. Sie musste ihn um Erlaubnis fragen, sooft sie mit Freundinnen weggehen oder zu einem Date wollte. Einmal kam sie ein paar Minuten nach der festgesetzten Zeit nach Hause, und ihr Vater nahm ihr für zwei Wochen ihre Fahrerlaubnis weg. Marty war häufig frustriert über das Ausmaß der Kontrolle, das ihr Vater ausübte. Sie fühlte sich stark eingeengt und empfand deswegen Groll, aber er hatte die Macht und nicht sie, deshalb konnte sie nichts dagegen unternehmen. Marty mied generell jeden Konflikt mit anderen Menschen.

Verständnisfragen zu *Unterwerfung*

Beantworten Sie die folgenden Fragen zu diesen Kindern:

1. Was glauben Sie, wer als Erwachsene am meisten danach streben wird, es allen recht zu machen?
2. Wer wird als Erwachsene am wahrscheinlichsten Probleme mit Autoritätsfiguren haben?

(Vergleichen Sie Ihre Antworten mit den Antworten am Ende des Kapitels.)

4.7 Selbstaufopferung: Dianne, Marlene und Lily

Die Grundüberzeugung bei dieser Lebensfalle ist, dass Sie anderen helfen und ihre Probleme lösen müssen. Sie haben das Gefühl, das sei ihre Pflicht. Kinder mit dieser Lebensfalle sind sehr sensibel für die Wünsche anderer. Sie können nicht mit ansehen, wie andere leiden, sei es an körperlichen oder an seelischen Schmerzen. Sie sind so sehr darauf ausgerichtet, anderen zu helfen, dass sie ihre eigenen Bedürfnisse hintanstellen. Manchmal empfinden sie Groll darüber, dass sie ihre eigenen Bedürfnisse zurückstellen, aber dann fühlen sie sich schuldig, weil sie so denken, deshalb ignorieren sie ihren Groll. Selbstaufopferung unterscheidet sich von Unterwerfung darin, dass Sie mit der Falle *Selbstaufopferung* selbst die Entscheidung treffen, den Bedürfnissen anderer Vorrang vor Ihren eigenen zu geben, während Sie bei der Lebensfalle *Unterwerfung* glauben, keine Wahl zu haben. Anders gesagt fühlt sich *Unterwerfung* unfreiwillig an und *Selbstaufopferung* freiwillig.

Dianne

Dianne war elf Jahre alt, als ihre Mutter die Diagnose Multiple Sklerose (MS) bekam. Sie hatte drei jüngere Geschwister. Dianne war schon immer sensibel gewesen und hatte sich um andere gekümmert. Als der Zustand ihrer Mutter sich immer weiter verschlechterte, packte Dianne noch mehr an, um zu helfen. Sie liebte ihre Mutter und wollte ihr das bestmögliche Leben ermöglichen. Ihrem Vater, der bisher ein wunderbarer Vater gewesen war, gelang es nicht, sich der Krankheit seiner Frau zu stellen. Er war so viel wie möglich außer Haus, arbeitete oder war sonst irgendwie unterwegs. Dianne begann, mehr und mehr Haushaltspflichten zu übernehmen: Sie machte das Abendessen, putzte, half ihren Geschwistern, sich für die Schule zu richten, half ihnen bei den Hausaufgaben, sorgte dafür, dass sie duschten und brachte sie ins Bett. Als sie in die Highschool kam, hatte sie kein eigenes Leben mehr. Sie nahm an keiner Aktivität außerhalb des Unterrichts teil und hatte nie ein Date, weil sie nach Hause gehen und ihrer Mutter helfen musste. Ihr Vater schien mit diesem Arrangement sehr zufrieden zu sein. Gelegentlich empfand Dianne Groll darüber, dass ihre Mutter MS hatte und dass sie auf so viele Freuden der Kindheit und Jugend verzichten musste, aber dann bekam sie Schuldgefühle, weil sie wusste, dass ihre Mutter ja nichts dafür konnte. Dianne bekam in allen Beziehungen Gewissensbisse, wenn sie sich an die erste Stelle setzte.

Marlene

Marlenes Vater starb plötzlich an einem Herzinfarkt, als er Anfang vierzig war. Ihre Mutter wurde daraufhin eine traurige und depressive Frau. Marlene hasste es, ihre Mutter unglücklich zu sehen. Sie wünschte sich mehr als alles andere, ihrer Mutter den Schmerz abnehmen zu können. Obwohl Marlene erst elf Jahre alt war, wurde sie bald zur Vertrauten ihrer Mutter und zum Partnerersatz. Marlene saß stundenlang bei ihrer Mutter, wenn diese von Kummer überwältigt wurde, hörte sich ihre Ängste und Sorgen an, ermutigte sie, als es Zeit war, sich nach einer Arbeit umzuschauen, und begleitete sie, wenn sie nicht allein irgendwo hingehen wollte. Marlene wusste, dass sie ihrer Mutter in dieser schwierigen Zeit eine ungeheure Stütze war, und das gab ihr ein gutes Gefühl. Marlene dachte nie darüber nach, dass auch sie einen Verlust erlitten hatte, als ihr Vater starb. Im Mittelpunkt ihrer Aufmerksamkeit standen allein Kummer und Schmerz ihrer Mutter, nicht ihr eigenes Empfinden. Sooft sie selbst traurig wurde oder Groll empfand, tröstete sie sich damit, dass sie eine gute Tochter war. Außerdem war es eine Tugend, anderen zu helfen.

Lily

Lily hatte einen jüngeren Bruder, der mit Achondroplasie, einer Form von Kleinwuchs geboren wurde. Er wurde viele Male operiert und hatte zahlreiche gesundheitliche Probleme. Lilys Vater war Alkoholiker, der nicht damit umgehen konnte, dass er ein Kind mit besonderen Bedürfnissen hatte, und er konnte auch nicht akzeptieren, dass er einen solchen Sohn hatte. Er stritt sich oft mit Lilys Mutter, aufgestachelt durch seinen Alkoholkonsum. Er ließ sich von seiner Frau scheiden, und danach sah Lily ihren Vater nur noch selten. Für ihre Mutter war es schwierig, sich ans Alleinsein zu gewöhnen und alles ohne ihren Mann geregelt zu bekommen. Sie war immer darauf angewiesen gewesen, dass ihr Mann alles Wichtige erledigte. Als er ging, fühlte sie sich überwältigt und hilflos. An dieser Stelle sprang Lily ein. Da sie sah, wie schwer sich ihre Mutter auf die neue Situation einstellen konnte, übernahm sie so viele Aufgaben im Haus, wie sie konnte, um ihre Mutter zu entlasten. Sie hatte Mitleid mit ihrer Mutter, machte sich aber auch Sorgen, ihre Mutter könnte ebenfalls gehen, wenn ihr die Dinge über den Kopf wuchsen. Also reinigte Lily das Haus, machte die Wäsche und bereitete einfache Mahlzeiten zu. Sie stand früh auf, um das Frühstück zu machen und dann ihren Bruder anzuziehen und zu füttern. Dinge selbst in die Hand zu nehmen, um Druck von ihrer Mutter zu nehmen, gab ihr Sicherheit, dass ihre Mutter dableiben würde. Die Mutter versprach Lily jeden Tag, ihr morgen mehr zu helfen, aber dieses Versprechen hielt sie nie. Manchmal wurde Lily ärgerlich auf ihre Mutter, weil sie ihr Versprechen nicht hielt und nicht die Mutterrolle übernahm. Aber sie mochte diese Gefühle nicht, weil sie sie an die Wut ihres

Vaters erinnerten. In diesen Momenten gab sich Lily noch mehr Mühe, Mitgefühl für ihre Mutter aufzubringen und noch mehr im Haus zu erledigen. Lily kam zu dem Glauben, es sei ihre Pflicht, anderen zu helfen und ihnen Last von den Schultern zu nehmen. Außerdem glaubte sie, wenn sie anderen nicht helfe, würde sie einen geliebten Menschen verlieren. Lily wurde ein Kind, das stets als Erstes freiwillig Hilfe in jeglicher Notlage anbot. Sie setzte sich dann unermüdlich ein und klagte nicht. Aber sie fühlte sich nie wohl damit, Hilfe von anderen anzunehmen.

> **Verständnisfragen zu *Selbstaufopferung***
>
> Beantworten Sie die folgenden Fragen zu diesen Kindern:
> 1. Wer wird als Erwachsene coabhängiges Verhalten aufweisen?
> 2. Wer wird Unterwerfung als Bewältigungsstrategie einsetzen?
>
> (Vergleichen Sie Ihre Antworten mit den Antworten am Ende des Kapitels.)

4.8 Überhöhte Standards: Jennifer, Chelsea und Elsbeth

Die Grundüberzeugung bei dieser Lebensfalle ist: Was immer du tust, es ist nicht gut genug. Menschen mit dieser Lebensfalle sind erfolgreich, aber sie haben stets das Gefühl, sie hätten besser sein können. Sie streben ständig danach, ihren unrealistischen Vorstellungen gerecht zu werden, und sie werden wütend auf sich, wenn ihnen das nicht gelingt. Als Kinder stehen sie dauernd unter dem Druck, gute Leistungen zu bringen und ihre Ziele zu erreichen, haben aber immer das Gefühl, sie hätten nicht genug Zeit dafür. Die Lebensfalle *Überhöhte Standards* unterscheidet sich von der Lebensfalle *Unzulänglichkeit* darin, dass sich Kinder mit der Lebensfalle *Unzulänglichkeit* nicht wertvoll fühlen und daher meinen, sie seien nicht gut genug, geliebt oder wertgeschätzt zu werden. Kinder mit der Lebensfalle *Überhöhte Standards* wissen, dass sie in Ordnung sind, sie denken nur, sie könnten in allem, was sie zu erreichen suchen, besser sein oder ihre Sache besser machen. Die Schematheorie hat drei Arten von überhöhten Standards identifiziert: Leistungsorientiert (Workaholic), statusorientiert (muss das Beste von allem haben oder der / die Beste in allem sein) und zwangsorientiert (versklavt an Perfektion und perfekte Ordnung). Die folgenden Fallskizzen illustrieren alle drei Arten.

Jennifer: leistungsorientiert

Jennifer wuchs mit einem Vater auf, der von vornherein klarstellte, dass es keinen Platz für Fehler gab. Wenn sie ihr Zimmer nicht perfekt in Ordnung hielt, nannte er sie faul und erklärte, er sei tief enttäuscht von ihr. Wenn sie bei einem Test keine Eins bekam, warf er ihr ärgerlich vor, sie habe nicht ihr Bestes gegeben, und hielt ihr einen Vortrag darüber, wie wichtig es sei, immer und überall sein Bestes zu geben. Er sagte, wenn sie das jetzt, als Kind, nicht schaffe, würde sie später im Leben niemals Erfolg haben, und malte ihr anschließend ihre Zukunft in den düstersten Farben aus. Sie liebte ihren Vater über alles und wünschte sich seine Anerkennung mehr als alles andere. Sie bekam *nur* Aufmerksamkeit von ihm, wenn sie eine Auszeichnung erhielt oder irgendetwas Besonderes erreicht hatte. Dann war sie glückselig. Er war dann so liebevoll zu ihr und so glücklich über sie. Jennifer wurde bald ein sehr ängstliches Kind, das immer fürchtete, die Erwartungen des Vaters an sie nicht erfüllen zu können. Sie setzte sich derart unter Leistungsdruck, um seinen Erwartungen gerecht zu werden, dass sie oft schreckliche Kopfschmerzen bekam und später Migräne.

Chelsea: statusorientiert

Chelsea wuchs in einer Familie auf, in der Geld und Status wichtig waren. Ihre Mutter war im Vorstand zahlreicher Wohlfahrtsverbände. Ihr Vater war ein prominenter Chirurg. Ihr Haus war ein Schmuckstück. Es war von einem berühmten Architekten gebaut und vom besten Innenarchitekten weit und breit ausgestattet worden. Dass man stets das Beste von allem hatte und in allem am besten war, wurde erwartet und als selbstverständlich angesehen. Weil Chelseas Eltern so viel an Geld und Status lag, übernahm Chelsea diese Werte. Sie wollte unbedingt Anerkennung bekommen und mit allem, was sie tat, einen hohen Status erreichen.

Chelsea liebte Pferde und ritt gerne. Ihre Eltern kauften ihr ein Pferd, um das die meisten Erwachsenen sie beneidet hätten. Chelsea ritt im besten Reitstall beim besten Reitlehrer, der zu haben war, und sie verlangte energisch die beste Reitkleidung, den besten Sattel und das beste Zaumzeug. Sie trug eine Rolex und hatte nur ein gutes Gefühl, wenn sie Designerkleidung trug, die dem letzten Schrei entsprach. Als sie in die Oberstufe der Highschool kam, bekam sie ein SUV-Modell von Lexus. Im ersten Jahr auf dem College suchte sich Chelsea die angesehenste Studentinnenverbindung aus, in der nur Mädchen aus den „besten" Familien verkehrten, um sicherzustellen, dass sie die Männer kennenlernte, die die erstrebenswertesten Heiratskandidaten waren. Chelsea ging keinerlei Risiko ein. Sie suchte die Gesellschaft und Freundschaft von Mädchen, die bereits in der Verbindung waren, und sorgte dafür, dass sie von ihrem freiwilligen Engagement auf dem Campus und ihren eindrucksvollen

Sommeraktivitäten erfuhren. Ihr Einsatz lohnte sich, und sie wurde eingeladen, der Verbindung beizutreten. Ihr Streben nach weiteren Statussymbolen kam nie an ein Ende. Es gab immer noch etwas, etwas Besseres, das sie brauchte, um sich gut genug zu fühlen. Dieses Gefühl trieb sie dazu an, ständig danach zu streben, noch mehr Anerkennung und Status zu gewinnen.

Elsbeth: zwangsorientiert

Aufgrund ihrer Kindheitserfahrungen wurde Elsbeth zwanghaft. Elsbeths Vater war Teilhaber einer angesehenen Anwaltskanzlei, ihre Mutter stand an der Spitze einer landesweit operierenden Non-Profit-Organisation. Beide erwarteten von ihren Kindern, dass sie ihren hohen Standards ebenfalls gerecht wurden. Die Kinder hatten einen engen Zeitplan, und die Eltern forderten, dass sie sich auch daran hielten. Das Haus war makellos und sollte auch so bleiben. Elsbeth musste ihr Zimmer peinlich in Ordnung halten. Eine ihrer frühesten Erinnerungen ist, dass sie ihre Stofftiere auf dem Bett arrangierte und immer wieder umgruppierte, um sie genau richtig zu platzieren. Sie lernte mit Farben malen, indem sie ein Bild zuerst umrandete und dann die Flächen mit Farbe ausfüllte. Sie ärgerte sich über sich selbst, wenn sie über die Linien hinausmalte.

Sie war nie mit irgendetwas zufrieden, was sie tat. Wenn sie einen kleinen Fehler machte oder eine Kleinigkeit nicht in Ordnung war, konzentrierte sie sich genau darauf, nicht auf die Tatsache, dass sie gerade etwas Hervorragendes fertiggebracht hatte. In der Grundschule holte sie einmal beim Fußball die meisten Punkte, verfehlte aber ein einziges Tor. Ihr Team gewann trotzdem. Statt sich am Sieg und ihrer exzellenten Leistung zu freuen, hielt sie sich unablässig vor, dass sie das eine Tor verfehlt hatte. Als das Team hinterher feierte, hatte sie kein gutes Gefühl in Bezug auf sich selbst, weil sie nicht gut genug abgeschnitten hatte. Am nächsten Tag ging sie schon früh auf das Spielfeld hinaus und übte stundenlang, um beim nächsten Mal möglichst kein Tor mehr zu verfehlen. Bei allem, was sie tat, fokussierte sich Elsbeth zwanghaft auf jedes Detail, das misslang.

Verständnisfragen zu *Überhöhte Standards*

Beantworten Sie die folgenden Fragen zu diesen Kindern:
1. Was glauben Sie, wer die größte emotionale Leere empfindet?
2. Wer ist die Perfektionistin?

(Vergleichen Sie Ihre Antworten mit den Antworten am Ende des Kapitels.)

Ich hoffe, durch die Lektüre dieser Fallskizzen haben Sie jetzt ein besseres Verständnis davon, wie Kindheitsverletzungen sich in den sieben Lebensfallen manifestieren und wie es kommt, dass Kinder aus den unterschiedlichsten Familienverhältnissen dieselben Lebensfallen entwickeln können. Haben Sie auch sich selbst in einer oder mehreren dieser Fallen gesehen? Nachdem Sie jetzt die Fallskizzen alle gelesen haben, nehmen Sie bitte Ihr Tagebuch zur Hand und führen Sie die folgenden Übungen durch.

ÜBUNG 4

Die Ursprünge Ihrer Lebensfallen in der Kindheit

Gehen Sie die Fallskizzen noch einmal durch und halten Sie in Ihrem Tagebuch fest, welche Lebensfalle sich für Sie als Kind am wichtigsten angefühlt hat. Versetzen Sie sich in Ihre Kindheit und Ihre damalige Art zu fühlen und zu denken zurück, betrachten Sie Ihre Kindheit nicht aus Ihrer heutigen Erwachsenenperspektive. Schreiben Sie die Kindheitserfahrungen auf, die Ihre Lebensfalle verursacht haben, und beantworten Sie die folgenden Fragen:

- Welche Grundüberzeugungen haben Sie in Bezug auf sich selbst entwickelt?
- Welche Rolle haben Scham und Verletzlichkeit in Ihrer Kindheit und beim Zustandekommen Ihrer Grundüberzeugung(en) gespielt?
- Welchen Bewältigungsstil – Überkompensation, Sichergeben oder Vermeiden – haben Sie am häufigsten angewendet und wann und wo (zu Hause, in der Schule usw.)? Überlegen Sie, warum Sie diesen Bewältigungsstil gewählt haben. Anders gefragt, wie passte dieser Bewältigungsstil zu Ihrer Persönlichkeit?
- Welche coabhängigen Verhaltensweisen haben Sie als Kind an den Tag gelegt, falls Sie welche entwickelt haben?

Wenn Sie diese Fragen hilfreich für Ihre primäre Lebensfalle fanden, dann beantworten Sie sie bitte auch für die anderen Lebensfallen, die bei Ihnen vorhanden sind. Schreiben Sie Ihre Antworten in Ihr Tagebuch.

ÜBUNG 5

Schreiben Sie Ihre Kindheitsgeschichte

Schreiben Sie Ihre eigene Kindheitsgeschichte aus Ihrer Perspektive als Kind in Ihr Tagebuch (in ein bis drei Abschnitten). (Nutzen Sie die gleich folgenden Anregungen als Hilfe für die Strukturierung Ihrer Geschichte). Es ist wichtig, dass Sie bei der kindlichen Perspektive bleiben. Sagen wir beispielsweise, dass Sie als Kind in die Lebensfalle *Emotionale Entbehrung* gerieten. Vielleicht würden Sie gerne schreiben: „Weil ich das jüngste von sieben Kindern war, fiel es meiner Mutter schwer, mir Aufmerksamkeit zu schenken. Sie muss sich von all den vielen Anforderungen ziemlich überwältigt gefühlt haben. Sie hatte einfach nicht genügend Zeit." Verbinden Sie sich stattdessen damit, wie Sie sich als Kind gefühlt haben. Zum Beispiel: „Wenn meine Mutter meinen Geschwistern Aufmerksamkeit schenkte, fühlte ich mich gleichzeitig ausgeschlossen und traurig und war eifersüchtig. Ich wünschte mir, dass sie mich ebenso in den Arm nehmen und trösten sollte, wie sie das mit meinen Geschwistern tat." (Außer, dass Sie aus Ihrer Perspektive als Kind schreiben, können Sie beim Nachdenken über die folgenden Fragen entweder über einen Elternteil oder jede andere *primäre* Bezugsperson schreiben, etwa über den Großvater oder die Großmutter, eine Tante oder einen Nachbarn / eine Nachbarin – einfach über die Person, die in Ihrer Kindheit den größten Einfluss auf Ihr Leben hatte.)

- *Schildern Sie Ihre Beziehung zu Ihrer Mutter und zu Ihrem Vater.* Fehlte ein Elternteil aufgrund einer Scheidung oder weil er gestorben war? Mit welchen Adjektiven würden Sie Ihre beiden Eltern jeweils beschreiben? Fürsorglich, kalt, desinteressiert, schenkend, anstrengend? Und denken Sie daran, in Ihrer Rolle als Kind zu bleiben! Es kann eine große Versuchung sein, Nachsicht mit ihnen zu üben, weil wir vielleicht Empathie für ihre Aufgabe als Eltern entwickelt haben, als wir reifer wurden.
- *Wählen Sie eine oder zwei Kindheitserfahrungen aus, die Sie besonders gut in Erinnerung haben.* Normalerweise sind diese bedeutsam und klingen etwa so: „Ich kam von der Schule nach Hause und erzählte meiner Mutter, wie gemein ein anderes Kind zu mir gewesen war, und das Einzige, was sie dazu zu sagen hatte, war: ‚Und was hast du getan, damit dieses Kind so böse auf dich wurde?' Ich fühlte mich unverstanden und zu Unrecht beschuldigt."
- *Überlegen Sie, wie Sie mit Ihren schmerzhaften Gefühlen fertiggeworden sind.* Haben Sie einen der beschriebenen Bewältigungsstile eingesetzt? War einer mehr im Vordergrund als andere? Haben Sie mehr als einen genutzt?

ÜBUNG 6

Schlüsselwörter

Wenn Sie lieber keine Geschichte schreiben möchten, dann notieren Sie in Ihrem Tagebuch einige Schlüsselwörter, die für Ihre Situation und Sie als Kind zutreffen – beispielsweise einsam, unglücklich, elend, ängstlich usw. Folgen Sie dabei den kursiv gedruckten Anregungen in Übung 5.

ÜBUNG 7

Vervollständigen Sie den Satz

Falls Sie das lieber tun, schreiben Sie die unten aufgeführten Sätze in Ihr Tagebuch und vervollständigen dann die einzelnen Sätze so, dass sie ausdrücken, wie Sie Ihre Eltern gerne gehabt hätten.

- Ich wollte, dass meine Mutter ...

Oder lassen Sie sich als Kind direkt mit der primären Bezugsperson sprechen, wie etwa

- „Mama, ich möchte, dass du ...“

Fragen Sie sich, ob es unter Ihrer Antwort noch eine tiefere Schicht gibt. So könnten Sie beispielsweise zuerst einmal sagen, Sie wollten die *Aufmerksamkeit* Ihrer Mutter, aber in einer tieferen Schicht wünschten Sie sich die *Zuneigung* Ihrer Mutter.

Fassen wir zusammen

In diesem Kapitel haben wir uns mit Lebensfallen in der Kindheit und den verschiedenen Möglichkeiten befasst, wie sich diese Fallen manifestieren können, je nach den Lebensumständen und dem Temperament des einzelnen Kindes. Sie bekamen auch die Gelegenheit, Ihre eigenen Grundüberzeugungen und Lebensfallen unter die Lupe zu nehmen, die aus Ihren Kindheitsverletzungen entstanden sind, mitsamt den dazugehörigen Gefühlen, Bewältigungsstilen und Verhaltensweisen. Im nächsten Kapitel werden Fallskizzen zeigen, wie Lebensfallen aus der Kindheit sich im Erwachsenenalter ausdrücken und wie Scham, Verletzlichkeit, Bewältigungsstile und Coabhängigkeit aus der Kindheit die Wahl von Dating-Partnern beeinflussen können.

Antworten auf die Verständnisfragen

Verlassenheit:
1. Clare (kämpft darum, zu Hause bleiben zu dürfen)
2. Lynette (klammert schon jetzt)

Misstrauen / Missbrauch:
1. Monica („driftet weg")
2. Maggie (weil ihre Familie sie wegen ihrer Schwerhörigkeit hänselt)

Emotionale Entbehrung:
1. Kathryn (nimmt ihre Lebensumstände an) und Vivienne (akzeptiert, dass sie nie geliebt werden würde)
2. Vivienne (setzt Essen als Trost ein)

Unzulänglichkeit / Scham:
1. Kimberly (wurde missbraucht, fühlt sich ohnmächtig und hilflos)
2. Pat (kann keine Komplimente annehmen)

Unterwerfung:
1. Alice (macht sich Sorgen darüber, was andere über sie denken)
2. Marty (empfindet Verärgerung wegen der Kontrolle ihres Vaters)

Selbstaufopferung:
1. Alle drei
2. Alle drei

Überhöhte Standards:
1. Chelsea (hat nichts als Status und Objekte, keine emotionalen Verbindungen mit anderen)
2. Elsbeth (ist nie mit sich zufrieden, registriert jeden kleinen Fehler)

5. | Für immer gefangen? Ihre Lebensfallen im Erwachsenenalter

Werden Sie Ihr Leben lang in der Falle sitzen? Ihre Erfahrungen in der Kindheit haben zu Grundüberzeugungen geführt, die ihrerseits Ihre spezifischen Lebensfallen zur Folge hatten. Diese Lebensfallen haben Sie ins Erwachsenenalter mitgenommen. Sie sind durch Ihre Grundüberzeugungen fest in Ihrer Psyche verankert. Das Problem ist, dass Ihre Lebensfallen nun nicht mehr hilfreich sind, aber das merken Sie nicht. Für Sie ist das damit verbundene Verhalten einfach Ihre normale Art zu denken und sich in der Welt zu bewegen. Es fühlt sich für Sie so natürlich an wie das Atmen. Deshalb erkennen Sie oft einen narzisstischen Partner nicht und landen immer wieder in destruktiven, ungesunden, narzisstischen Beziehungen. Sie werfen sich vielleicht vor, Sie seien dumm, weil Sie sich immerfort narzisstische Männer aussuchen, aber in Wirklichkeit ist das nicht Ihre Schuld. Sie haben die negativen Kindheitserfahrungen ja nicht selbst verursacht, die Ihre Denk- und Verhaltensmuster geprägt haben. Vielmehr haben Sie einfach Ihr Bestes getan, um zu überleben. Ich habe dieses Buch geschrieben, um Ihnen zu helfen, Ihre Selbstvorwürfe wegen der wiederholten narzisstischen Beziehungen abzustellen und etwas über die Kräfte zu lernen, die Ihr Leben gelenkt haben. Es ist Zeit, dass Sie das Steuer wieder selbst in die Hand nehmen und eine eigene Richtung einschlagen, die Sie auf den Weg zu einer gesunden Beziehung bringen wird. Fangen wir an.

Wesentliche Elemente

Im Mittelpunkt dieses Kapitel steht, wie Ihre Lebensfallen aus der Kindheit sich im Erwachsenenalter manifestieren und welche Auswirkungen sie auf die Wahl Ihrer Dating-Partner haben. Wir werden auf die Kinder zurückkommen, die in den Fallskizzen in Kapitel 4 vorgestellt wurden, um zu sehen, wie sich ihre Kindheitsverletzungen im Erwachsenenleben zeigen. Manche Lebensfallen aus der Kindheit behalten auch im Erwachsenenalter große Bedeutung, andere treten in den Hintergrund. Außerdem werden Sie sehen, dass Scham, Verletzlichkeit, Bewältigungsstile und Coabhängigkeit von der Kindheit bis ins Erwachsenenalter weiterbestehen und ebenfalls die Wahl Ihrer Dating-Partner und Ihre Beziehungen beeinflussen.

5.1 Lebensfallen im Erwachsenenalter

Sie werden nun erfahren, wie es einem jeden der Mädchen aus den Fallskizzen in Kapitel 4 im Erwachsenenalter erging. Obwohl ihre Kindheitserfahrungen unterschiedlich waren, wurden sie später allesamt empfänglich für den Charme narzisstischer Partner. Diese Frauen fühlten sich zu narzisstischen Männern hingezogen, weil diese Männer ihr Bedürfnis erfüllten, negative Gefühle in Bezug auf sie selbst zu kompensieren, die aus ihren Kindheitserfahrungen hervorgegangen waren. Schauen wir uns diese inzwischen erwachsenen Mädchen und Ihre Wahl beim Dating der Reihe nach an.

Verlassenheit: Clare, Kirsten und Lynette

Frauen, bei denen in der Kindheit die Lebensfalle *Verlassenheit* bestand, haben die Grundüberzeugung: *Die Menschen verlassen mich immer.* Als Erwachsene fühlen sie sich zu Männern hingezogen, die ihnen das Gefühl der Sicherheit geben. Narzisstische Männer richten sich mit der Zielgenauigkeit eines Laserstrahls auf die Bedürfnisse von Frauen aus. Sie flößen Ihnen den Glauben ein, bei ihnen wären Sie sicher und geborgen und sie würden Sie nie verlassen. Aber wenn sie Sie erst einmal am Haken haben, kommt ihr wahres Wesen zum Vorschein, und dann ist es zu spät. Sie fürchten voller Schrecken, Sie könnten verlassen werden, und klammern sich verzweifelt an der ungesunden, destruktiven, narzisstischen Beziehung fest.

Clare

Clares Bewältigungsstile in der Kindheit: Überkompensation und Vermeiden.

Clares Kindheit: Clare stammte aus einer privilegierten Familie und brauchte sich um nichts Sorgen zu machen, aber ihre Eltern waren nie da. Sie wurde gegen ihren Willen in ein Internat geschickt.

Clare als Erwachsene: Clare war naiv, besonders, wenn es um Männer ging. Im College hatte sie eine Reihe von Freunden, die allesamt Schnösel waren. Sie fühlte sich zu Angebertypen hingezogen, weil sie so unsicher war, aber die waren nichts für etwas Ernsthaftes. Da sie so klammerte, verließen sie sie bald wieder. In einer Studentinnenverbindung an ihrem College lernte sie den Mann kennen, den sie später heiraten sollte. Er war ein Mann voller Selbstvertrauen, der die Dinge in die Hand nahm. Sie fand ihn auf der Stelle attraktiv. Er war charmant und gebildet, und sie wusste, er würde Erfolg haben. Sie dachte, er könne so für sie sorgen, wie es ihr Vater immer getan hatte. Sie gingen miteinander aus, aber jedes Mal, wenn er wegging, geriet sie in Panik und fürchtete, er könne eine andere kennenlernen oder es würde ihm etwas Schreckliches zustoßen. Sie verlangte, dass er sie sofort anrief, wenn er an seinem Ziel angekommen war. War er erst einmal weg, vergaß er aber meist, dass er versprochen hatte, sie anzurufen. Doch ihre panischen Kurznachrichten oder Anrufe erinnerten ihn wieder daran, und dann war er ärgerlich, dass sie ihn störte und ihm Zeit stahl. Oft reagierte er kurz und barsch. Wenn er nicht erklären konnte, was er während seiner Abwesenheit tat, bekam sie Angst und beschuldigte ihn, er treffe sich mit einer anderen Frau. Er seinerseits warf ihr dann vor, sie sei kleinlich und eifersüchtig.

Clare hielt eisern an ihm fest, und schließlich heirateten sie. Doch sie war todunglücklich in der Ehe. Er war oft distanziert und abweisend. Er war beruflich viel unterwegs, und sie machte sich weiterhin Sorgen, es würde ihm etwas Schreckliches zustoßen. Als sie herausfand, dass er eine Affäre hatte, war sie außer sich, aber ihre Angst davor, ihn zu verlieren, war übermächtig. Als er sie um Entschuldigung bat, verzieh sie ihm und ertrug jahrelang, dass er sie betrog. Nach zweiundzwanzig Jahren Ehe ließ er sich von ihr scheiden und nahm eine Jüngere. Sie war am Boden zerstört.

Kirsten

Kirstens Bewältigungsstil in der Kindheit: Sichergeben.

Kirstens Kindheit: Ihr Vater war Alkoholiker und oft tagelang nicht ansprechbar. Sie hatte eine instabile Kindheit und niemand war für sie da. Ihr Vater schlug ihre Mutter und hätte sie beinahe umgebracht – zumindest drohte er ihr mit einer Schusswaffe und Kirsten schaute zu und fürchtete voller Schrecken, alle beide zu verlieren. Sie konnte es kaum erwarten, von ihren Eltern wegzukommen.

Kirsten als Erwachsene: Kirsten heiratete den ersten Jungen, den sie kennenlernte, einfach, um aus dem Elternhaus herauszukommen. Sie liebte ihn nicht. Er war wie ein großes Kind. Selbst, als sie schon jahrelang verheiratet waren und Kinder hatten, ging er am Wochenende noch mit seinen Kumpels aus, trank und schaute sich Sportveranstaltungen an. Er kam oft betrunken nach Hause und verlor im Wohnzimmer das Bewusstsein. Wenn er am nächsten Tag einen Kater hatte, half er nicht bei den Kindern und der Hausarbeit. Kirsten war damit zwar unglücklich, aber seine Unzuverlässigkeit und das Trinken hatten für sie etwas Vertrautes. Sosehr sie das Verhalten ihres Mannes auch hasste, brachte sie es doch nicht über sich, ihn zu verlassen. Sie konnte sich nicht vorstellen, allein zu leben, obwohl sie eine gut bezahlte Arbeit hatte. Sie leugnete hartnäckig, wie schlimm die Lage war. Sie erkannte, dass sie mit diesem Leugnen schon vor Jahren begonnen hatte, als er nicht zur Geburt ihres ersten Kindes erschienen war. Er war auf einem Angeltrip, den er nicht absagen wollte, obwohl klar war, dass er im Zeitraum des errechneten Geburtstermins lag. Er erklärte, er wisse, dass sie tapfer sein werde, und er werde alles wieder gutmachen und ausgleichen, sobald er zurück sei.

Doch anschließend änderte sich nichts in ihrer Ehe. Sie war unglücklich, aber erlaubte sich nicht, darüber nachzudenken. Sie litt unter Ängsten und einem Reizdarmsyndrom. Wenn es akut wurde, kam sie ins Krankenhaus, aber noch immer ertrug sie die Vorstellung nicht, ihre Ehe würde scheitern und sie müsste allein bleiben. Sie dachte darüber nach, noch ein Kind zu bekommen, weil sie hoffte, das würde ihren Mann dazu veranlassen, an der Ehe festzuhalten.

Lynette

Lynettes Bewältigungsstile in der Kindheit: Sichergeben, Vermeiden und Überkompensation

Lynettes Kindheit: Lynette wuchs mit einer Mutter auf, die schwere Depressionen hatte. Ihre Mutter blieb oft tagelang im Bett, schloss die Schlafzimmertür ab und stand ihrer Tochter nicht zur Verfügung.

Lynette als Erwachsene: Als Lynette 28 Jahre alt war, lernte sie einen Mann kennen, der 31 war. Sie ignorierte die Warnsignale, die darin bestanden, dass er noch zu Hause bei seiner Mutter lebte und noch nie eine Vollzeit- oder auch nur Teilzeitstelle für länger als drei Wochen am Stück gehabt hatte. Er wurde immer wieder gefeuert, weil er zu spät kam oder gar nicht erst erschien. Lynette erklärte er, sein Chef sei ein Trottel und hätte ihn auf dem Kieker. Er übernahm nie die Verantwortung für sein Tun. Lynette nahm ihm seine Ausreden ab. Er beschimpfte sie manchmal übel und wusste genau, welche wunden Punkte er bei ihr angreifen konnte. Sie wusste, dass ihr die Beziehung nicht guttat, und ihre Freunde und die Familie sagten ihr das unentwegt, aber sie hatte sich irgendwie die Idee eingeredet, es liege vielleicht alles nur an ihr. Schließlich war an allem, was er über sie sagte, ein Körnchen Wahrheit – gerade genug, dass sie an sich zweifelte. Und wenn das Problem auf ihrer Seite lag, konnte sie es auch beheben. Sie verbrachte eine Menge Zeit damit, Bücher zu lesen, Sport zu treiben und Diät zu machen. Sie hörte auf, ihren Freundinnen zu erzählen, wie er sie behandelte. Sie schämte sich, dass sie seine Beschimpfungen hinnahm, und konnte ihn doch nicht verlassen.

Ihre Beziehung war wie eine Achterbahnfahrt, über die sie keine Kontrolle hatte. Eine Zeit lang ging alles gut, dann begann er ihr aus heiterem Himmel Vorwürfe zu machen, die sie verletzten, wohl wissend, dass sie dann in Panik geriet. Wenn die Panik ihren Höhepunkt erreicht hatte, sagte er immer, sie müssten sich trennen. Er hatte ein sadistisches Vergnügen daran, zu sehen, wie sie dann in sich zusammensank. Anschließend bettelte sie, er solle sie doch behalten. Nachdem sie lange genug zu Kreuze gekrochen war und alle Vorwürfe, sie sei an seinem Unglück schuld, akzeptiert hatte, willigte er widerstrebend ein, und alles fing wieder von vorne an.

Ehe wir weitergehen, nehmen Sie sich bitte einen Augenblick Zeit, um über das nachzudenken, was Sie bis hierher über diese drei Frauen gelesen haben. Erkennen Sie sich in ihren Geschichten wieder? Achten Sie darauf, wie Sie sich emotional und körperlich fühlen. Welche Gedanken gehen Ihnen *jetzt gerade* durch den Kopf? Schreiben Sie sie in Ihr Tagebuch.

Verständnisfragen zu *Verlassenheit*

Kreuzen Sie jeweils das Kästchen für den Bewältigungsstil an, der bei Clare, Kirsten und Lynette im Erwachsenenalter noch immer vorherrschend ist, bei mehreren Strategien auch mehrere Kästchen.

	Überkompensation	Vermeiden	Sichergeben
Clare	☐	☐	☐
Kirsten	☐	☐	☐
Lynette	☐	☐	☐

Jetzt holen Sie Ihr Tagebuch hervor und machen Sie sich ein paar Notizen über Clare, Kirsten und Lynette. Wo in ihrem Leben sehen Sie ihre Bewältigungsstrategie(n) in Aktion?

(Die Antworten finden Sie am Ende des Kapitels.)

Misstrauen / Missbrauch: Monica, Maggie und Kelli

Frauen, die in der Kindheit in die Lebensfalle *Misstrauen / Missbrauch* gerieten, haben die Grundüberzeugung: *Die Menschen verletzen oder manipulieren mich.* Diese Frauen fühlen sich zu narzisstischen Männern hingezogen, von denen sie fälschlicherweise glauben, sie seien vertrauenswürdig und würden sie nicht verletzen oder misshandeln bzw. missbrauchen. Diese Frauen haben nicht die Kraft, den Narzissten zu verlassen, wenn er sie emotional und / oder körperlich misshandelt, weil sein Verhalten zu ihrer Grundüberzeugung passt, die Menschen würden sie verletzen oder manipulieren und sie würden das auch verdienen.

Monica

Monicas Bewältigungsstil in der Kindheit: Vermeiden

Monicas Kindheit: Monica wurde von ihrem Cousin körperlich misshandelt. Sie fürchtete sich davor, aus der Schule nach Hause zu kommen. Monica sagte ihren Eltern nie etwas von dem, was vorging.

Monica als Erwachsene: Monica war überwachsam gegenüber allem, was in ihrer Umgebung geschah. Sie achtete auf die Körpersprache der Menschen, den Augenkontakt mit ihnen, die Stimme. Ganz besonders galt das bei Verabredungen mit Männern. Bei einem Date konnte sie sich nie entspannen, deshalb genoss sie diese Abende auch nicht.

Ihre Dating-Partner schienen samt und sonders zornige, rachsüchtige Männer zu sein, die von allen anderen Respekt verlangten, aber nur selten selbst respektvoll waren. Einer ihrer Dating-Partner wurde einmal wütend auf einen Parkwächter und schrie ihn an. Dann versuchte er sogar zu erreichen, dass der Parkwächter entlassen wurde. Ein anderer kritisierte den Jungen am Popcornschalter in einem Kino, weil er zu langsam war. Während er in der Warteschlange stand, blaffte er den Jungen immer wieder an. Monica wurde ganz verlegen, weil die Leute sich umdrehten und sie beide anstarrten. Im Laufe der Zeit stellte Monica fest, dass jeder Mann, mit dem sie ausging, irgendwann anfing, sie zu kritisieren. Die Männer bekamen oft einen Wutanfall, wenn sie dagegen protestierte, und machten etwas Wertvolles kaputt, das ihr gehörte, oder strichen ein geplantes Vorhaben wie ein gemeinsames Abendessen. Es wurde für Monica immer schwieriger, sich überhaupt zu einem Date durchzuringen, weil sie allmählich glaubte, alle Männer seien gleich: unbeständig, bösartig und rachsüchtig. Ihre Partner sagten Dinge, die Monica vermuten ließen, sie neigten zu Tätlichkeiten, und dann war Monica weg. Schließlich fasste sie den Entschluss, sich nicht mehr mit Männern zu verabreden. Sie dachte, dann würde sie eben allein bleiben, und das war ihr lieber, als zu riskieren, was sie befürchtete – dass sie wieder in einer verletzenden Beziehung mit irgendeinem üblen Burschen landete.

Maggie

Maggies Bewältigungsstil in der Kindheit: Vermeiden

Maggies Kindheit: Maggie hatte als Heranwachsende eine leichte Hörschwäche. Ihre Familie hänselte sie deswegen. Wenn sie sich darüber beklagte, hieß es, sie sei überempfindlich. Maggie wurde sehr befangen und brachte keine Freundinnen mit nach Hause, weil sie Angst hatte, vor ihnen gehänselt zu werden.

Maggie als Erwachsene: Bis Maggie erwachsen war, hatte sich ihr Hörproblem gelöst, aber sie war zu einem Menschen geworden, der es allen recht machen wollte. Sie wurde Bibliothekarin und musste einerseits mit einem Team, andererseits mit einer Verwaltung zusammenarbeiten. Der Umgang mit anderen Menschen war für sie immer schwierig, aber sie stellte fest, dass sie mit Freundlichkeit gegenüber anderen gut klarkam. Maggie begann mit einem Verkäufer auszugehen. Er hatte eine hinreißende Persönlichkeit und zahlreiche Freunde, ganz anders als die schweigsamen, grüblerischen Typen, mit denen sie bis dahin Dates gehabt hatte. Sie fühlte sich sofort zu ihm hingezogen und konnte ihr Glück kaum fassen, dass ein richtig cooler Typ sie mochte. Zum ersten Mal hatte sie ein gutes Gefühl in Bezug auf sich selbst. Sie war stolz darauf, mit ihm zusammen gesehen zu werden. Aber manchmal neckte er sie auf eine Weise, die Gefühle aus ihrer Kindheit wachrief. Er zog sie wegen ihrer Aussprache bestimmter Wörter auf, die als Überrest von ihrer früheren Hörschwäche zurückgeblieben war. So konnte sie das Wort „Nicaragua" nicht deutlich aussprechen, und er liebte es, wenn sie es sagte, weil er sie dann damit aufziehen konnte. Er neckte sie auch wegen mancher Dinge, an denen sie Freude hatte, wie Bücher, Filme und Hobbys. Seine Sticheleien fühlten sich wie persönliche Angriffe an. Wenn sie erzürnt auf seine Neckerei reagierte, war er beleidigt und bestrafte sie damit, dass er nicht mehr mit ihr redete. Dann entschuldigte sie sich dafür, dass sie so empfindlich war. Sie wollte ihm gerne in jeder Weise gefallen, und das nutzte er aus.

Sie heiratete ihn, und mit der Zeit wurde ihr Selbstwertgefühl von seiner Anerkennung abhängig. Wenn er guter Stimmung war, fühlte sie sich wunderbar, aber wenn er eine seiner kritischen Phasen hatte, fühlte sie sich wertlos. Schließlich begann er sie auch außerhalb der eigenen vier Wände zu hänseln. Bei Abendessen mit Freunden brachte er Maggies Fehler zur Sprache, als fände er sie besonders liebenswert, aber Maggie fühlte sich verletzt. Wenn sie das auf dem Heimweg ansprach, entgegnete er, sie sei unsäglich unreif, sie sei ein Kind und er wisse gar nicht, warum er überhaupt bei ihr bleibe. Er verglich sie mit Frauen, mit denen er zusammenarbeitete, und fragte, warum sie nicht mehr so sein könne wie sie – reifer, intelligent und sexy. Er überlegte sogar laut, wie eine von ihnen wohl im Bett sei. Zeigte sie sich eifersüchtig, kritisierte er sie dafür und erklärte, er denke doch lediglich laut. Maggie strengte sich noch mehr an, um ihm zu gefallen. Sie kaufte sexy Dessous und war bereit, mit ihm zusammen Pornofilme anzuschauen, obwohl sie das nicht mochte.

Schritt für Schritt wurde ihr Selbstwertgefühl durch seine grausamen emotionalen Misshandlungen untergraben. Schließlich erkannte sie sich selbst nicht mehr wieder. Maggie gab es nicht mehr, und an ihre Stelle war der Schatten einer Frau getreten, die ihr Leben dem Versuch widmete, einem grausamen Mann zu gefallen.

Kelli

Kellis Bewältigungsstil in der Kindheit: Sichergeben

Kellis Kindheit: Ihre Eltern waren überfürsorglich. Sie flößten ihr das Gefühl und den Glauben ein, die Welt sei kein sicherer Ort.

Kelli als Erwachsene: Als Erwachsene fürchtete Kelli sich vor allem und jedem, aber wenn es um Männer ging, fühlte sie sich zu solchen hingezogen, die in Machtpositionen waren und Autorität hatten. Im College fand sie ihre Professoren attraktiv, später in der Arbeitswelt ihre Vorgesetzten. Kelli glaubte an die Heiligkeit der Ehe und wollte keinen vorehelichen Sex. Als ihr Chef, zu dem sie sich sehr hingezogen fühlte, mit ihr ausgehen wollte, konnte sie nicht Nein sagen. Sie war völlig hingerissen von seinem gewinnenden Auftreten. Sie trafen sich heimlich, „um einen Skandal im Büro zu vermeiden". In Wirklichkeit aber, weil er gerade dabei war, eine Affäre mit einer anderen Frau im Büro zu beenden. Kelli ahnte davon nichts. Obwohl sie noch nie etwas getan hatte, das gegen ihre Werte verstieß, konnte sie jetzt nicht widerstehen. Als er zum ersten Mal ihre Brüste berührte, fühlte sie sich wie elektrisiert. Er drängte sie zum Sex. Anfangs weigerte sie sich, aber dann konnte sie nicht mehr ablehnen. Der Sex mit ihm war wunderbar. Zum ersten Mal war sie in einen Mann verliebt und liebte ihn auch körperlich. Bald verlangte er sexuelle Praktiken von ihr, von denen sie noch nie etwas gehört hatte. Kelli fühlte sich damit unwohl und fand sie peinlich, aber sie machte mit. Er war ihr Beschützer, und sie fühlte sich bei ihm sicher.

Nach einiger Zeit bat er sie, außerhalb der Arbeitszeit Aufgaben für ihn zu erledigen, und bezahlte sie dafür bar. Er bezahlte auch für alles, was sie gemeinsam unternahmen. Oft reichte er ihr lächelnd einen Fünfzigdollarschein. Dann nahm er sie in Swingerclubs mit und forderte sie auf, einfach zuzuschauen. Doch bald sagte er, sie solle Sex mit anderen Männern haben, damit er Sex mit anderen Frauen haben könne. Sie fügte sich, fühlte sich dabei aber sehr unwohl.

Bald darauf begann er sich von ihr zu distanzieren. Was immer Kelli unternahm, um sein Interesse zu wecken, er blieb gleichgültig. Sie fürchtete, sie sei langweilig für ihn und hätte ihm nichts Wertvolles zu bieten. Als er sich auch im Büro von ihr distanzierte, bekam sie Angst. Ihr Beschützer war nicht mehr für sie da. Sie fühlte sich sehr verletzlich. Als sie ihn zur Rede stellen wollte, entzog er sich und wurde bei der

Arbeit sehr feindselig. Kelli wusste, dass sie Schluss machen sollte, aber das brachte sie nicht fertig. Sie hielt sein unmögliches Verhalten bei der Arbeit einfach aus. Bald stellte sie fest, dass er an einer anderen Frau in der Firma interessiert war. Kelli fühlte sich benutzt und weggeworfen, wie ein gebrauchtes Taschentuch. Sie verglich sich unablässig mit seiner neuen Freundin.

Ehe wir weitergehen, nehmen Sie sich bitte einen Augenblick Zeit, um über das nachzudenken, was Sie bis hierher über das Leben dieser drei Frauen im Erwachsenenalter gelesen haben. Erkennen Sie sich in ihren Geschichten wieder? Achten Sie darauf, wie Sie sich emotional und körperlich fühlen. Welche Gedanken gehen Ihnen *jetzt gerade* durch den Kopf? Schreiben Sie sie in Ihr Tagebuch.

Verständnisfragen zu *Misstrauen / Missbrauch*

Kreuzen Sie jeweils das Kästchen für den Bewältigungsstil an, der bei Monica, Maggie und Kelli im Erwachsenenalter noch immer vorherrschend ist, bei mehreren Strategien auch mehrere Kästchen.

	Überkompensation	Vermeiden	Sichergeben
Monica	☐	☐	☐
Maggie	☐	☐	☐
Kelli	☐	☐	☐

Jetzt holen Sie Ihr Tagebuch hervor und machen Sie sich ein paar Notizen über Monica, Maggie und Kelli. Wo in ihrem Leben sehen Sie ihre Bewältigungsstrategie(n) in Aktion? Spielt Coabhängigkeit und / oder Scham eine Rolle in ihrem Erwachsenenleben? Denken Sie daran, dass ein Bewältigungsstil vorherrschend sein kann und dass sie mehr als einen anwenden können.

(Die Antworten finden Sie am Ende des Kapitels.)

Emotionale Entbehrung: Anita, Kathryn und Vivienne

Frauen, die in der Kindheit in die Lebensfalle *Emotionale Entbehrung* gerieten, haben die Grundüberzeugung: *Niemand ist für mich da.* Als Kinder wurden sie von anderen enttäuscht oder im Stich gelassen, die sie nicht verstanden haben, und/oder die nie Versprechen oder Zusagen einhielten, die sie ihnen gegeben hatten; sie waren ausgehungert nach Liebe und nährender Zuwendung. Als Erwachsene hungern sie noch immer danach. Narzisstische Männer verstehen es meisterhaft, ihnen das Gefühl zu geben, sie würden geliebt und seien wertvoll. Eine Frau hat bei einem Narzissten oft ein extrem starkes Gefühl, dass die Chemie stimmt, sodass sie ihn unmöglich ignorieren kann. Wenn eine Frau mit *Emotionaler Entbehrung* diesen Typ von narzisstischem Mann kennenlernt, glaubt sie, jetzt sei endlich jemand für sie da und verstehe sie und sie brauche sich nun nie mehr einsam zu fühlen.

Anita

Anitas Bewältigungsstil in der Kindheit: Überkompensation

Anitas Kindheit: Anitas Mutter verstand ihre Tochter nie und wusste nicht, wer sie eigentlich war. Sie war narzisstisch, und ihre Bedürfnisse gewannen immer die Oberhand über die von Anita. Anita war frustriert und wütend auf ihre Mutter. Sie stritten sich oft.

Anita als Erwachsene: Anita kompensierte ihr Gefühl, dass nie jemand ihre Bedürfnisse erfüllt hatte, indem sie mit Männern ausging, von denen sie glaubte, sie könne sie kontrollieren. Nette Männer fühlten sich zu ihr hingezogen, aber Anita trat ihnen gegenüber sehr fordernd auf. Wenn sie ihre Forderungen nicht erfüllten, war sie enttäuscht und beendete die Beziehung, oder die Männer wurden ihrer Forderungen müde und verließen sie. Sie gab diesen Männern nie eine echte Chance. Ihr Bedürfnis nach jemandem, der ihr das Gefühl gab, sie hundertprozentig zu verstehen, prädestinierte sie für eine narzisstische Beziehung. Der charmante Narzisst sagte ihr alles, was sie hören wollte. Sie fühlte sich ihm auf der Stelle nahe, als wäre er der erste Mensch, der sie wirklich begriff. Das war sehr verführerisch. Aber mit der Zeit verwandelte sich sein ach so charmantes Auftreten in eisige Kälte. Seine wache Aufmerksamkeit für sie verwandelte sich in Schweigsamkeit. Sie rief ihn an, aber er war selten zu sprechen. Wenn sie ihn endlich erreichte, war er distanziert. Statt der wunderbaren langen Telefonate, die sie immer mit ihm geführt hatte und bei denen sie sich ihm so nahe gefühlt hatte, gab es jetzt nur noch ein kurzes „Hmm" und lange Pausen. Als ihr endlich klar geworden war, dass er kein Interesse mehr hatte, war sie am Boden zerstört. Es verstärkte ihre Überzeugung, dass niemand für sie da sei, dass alle sie enttäuschen und dass sie wahrscheinlich immer allein bleiben würde.

Kathryn

Kathryns Bewältigungsstil in der Kindheit: Sichergeben

Kathryns Kindheit: Kathryn wuchs als jüngstes von fünf Kindern auf dem Land auf. Sie war ein aufgewecktes Kind, bekam aber wenig geistige Anregung und nährende Zuwendung. Ihre Eltern meinten es gut, waren aber arm, hatten wenig Bildung und verstanden die Bedürfnisse eines neugierigen, intelligenten Kindes über Nahrung und Kleidung hinaus nicht.

Kathryn als Erwachsene: Nach der Highschool wurde Kathryn von einem ihrer Lehrer dazu ermutigt, ihre Bildung am Junior College ihrer Stadt weiter auszubauen. Ihr Lehrer konnte ein kleines Stipendium für sie erwirken, aber es deckte nur die Kosten für ein Jahr, und sie konnte es sich nicht leisten, danach noch weiterzulernen. Kathryn nahm in der nächstgelegenen Stadt eine Stelle als Büroassistentin an, bei der sie tippen und Akten ablegen musste, was sie auf der Highschool gelernt hatte. Sie hatte vor, irgendwann wieder an das College zurückzukehren. Sie lernte rasch und managte bald das Büro, wobei sie mehr Geld verdiente als ihre Eltern, denen sie dann finanziell unter die Arme griff. Sie fand ehrgeizige Männer attraktiv, die Ziele hatten und auch wussten, wie sie zu erreichen waren. Obwohl sie ihre eigenen Ziele nicht weiterverfolgen konnte, sah sie einen Sinn darin, ihnen zu helfen, die ihrigen zu erreichen. Aber die Männer, für die sie sich interessierte, waren ganz anders gestrickt als sie: Sie waren nur an sich selbst und ihrer Zukunft interessiert, nicht an ihren Plänen oder Zielen. Sie gab immer viel und bekam wenig zurück. Sie heiratete einen dieser Männer und kehrte nie aufs College zurück. Sie widmete sich ganz ihm. Er erreichte seine Ziele – und er überzeugte sie, dass seine Ziele auch die ihren seien. Nach eigener Aussage tat er alles für sie. Doch es stellte sich heraus, dass der Mann, den sie heiratete und von dem sie dachte, er würde ihr Liebe und einen Sinn im Leben geben, ausschließlich an sich selbst dachte. Wieder war sie einsam.

Vivienne

Viviennes Bewältigungsstile in der Kindheit: Sichergeben und Vermeiden

Viviennes Kindheit: Ihre Mutter war kalt und distanziert und ganz von den verschiedenen Männern in ihrem Leben in Anspruch genommen. Vivienne mochte versuchen, wie sie wollte, mit ihrer Mutter in Kontakt zu kommen: Es gelang ihr nicht. Vivienne fühlte sich oft allein.

Vivienne als Erwachsene: Vivienne hatte Dates mit Männern, die für sie unerreichbar waren, weil sie verheiratet waren oder eine Freundin hatten; die unpassend waren, weil sie ungebildet, arbeitslos oder beides waren, oder die nur hinter ihrem Geld her waren. Sie bezahlte immer für alles und rationalisierte das damit, dass sie es sich leisten konnte, die Männer jedoch nicht. Sie sprachen ihr dann auch viel Anerkennung aus, was ihr das Gefühl gab, besonders zu sein. Tatsächlich aber kaufte sie Liebe und wollte sicherstellen, dass jemand für sie da war, aber sie selbst sah das nie so. Sie konnte nicht glauben, dass jemand sie um ihrer selbst willen liebte. Auf alle Fälle empfand sie sich nicht als wertvoll. Sie setzte weiterhin auf Essen als Trostquelle, um ihren schmerzhaften Gefühlen auszuweichen. Dadurch wurde sie schwerer, als ihr lieb war, was ihre Überzeugung weiter steigerte, sie sei nicht liebenswert und nicht wertvoll. Wenn ein Mann nett zu ihr war, fühlte sie sich sofort zu ihm hingezogen. Ihre Beziehungen endeten immer mit einer Enttäuschung. Dennoch wählte sie stets den gleichen Typ von Dating-Partner: einen, der unerreichbar war und sich nicht für sie interessierte.

 Ehe wir weitergehen, nehmen Sie sich bitte einen Augenblick Zeit, um über das nachzudenken, was Sie bis hierher über das Leben dieser drei Frauen im Erwachsenenalter gelesen haben. Erkennen Sie sich in ihren Geschichten wieder? Achten Sie darauf, wie Sie sich emotional und körperlich fühlen. Welche Gedanken gehen Ihnen *jetzt gerade* durch den Kopf? Schreiben Sie sie in Ihr Tagebuch.

Verständnisfragen zu *Emotionale Entbehrung*

Kreuzen Sie jeweils das Kästchen für den Bewältigungsstil an, der bei Anita, Kathryn und Vivienne im Erwachsenenalter noch immer vorherrschend ist, bei mehreren Strategien auch mehrere Kästchen.

	Überkompensation	Vermeiden	Sichergeben
Anita	☐	☐	☐
Kathryn	☐	☐	☐
Vivienne	☐	☐	☐

Jetzt holen Sie Ihr Tagebuch hervor und machen Sie sich ein paar Notizen über Anita, Kathryn und Vivienne. Wo in ihrem Leben sehen Sie ihre Bewältigungsstrategie(n) in Aktion? Spielt Coabhängigkeit und / oder Scham eine Rolle in ihrem Erwachsenenleben? Denken Sie daran, dass ein Bewältigungsstil vorherrschend sein kann und dass sie mehr als einen anwenden können.

(Die Antworten finden Sie am Ende des Kapitels.)

Unzulänglichkeit / Scham: Pat, Kimberly und Trisha

Frauen, die in der Kindheit in die Lebensfalle *Unzulänglichkeit / Scham* gerieten, haben die Grundüberzeugung: *Ich bin nicht gut genug, um geliebt zu werden.* Sie sind von einer tiefen Scham erfüllt, weil sie glauben, dass mit ihnen etwas so grundsätzlich nicht in Ordnung sei, dass niemand sie je lieben könne. Sie fühlen sich oft zu einem narzisstischen Mann hingezogen, der ihnen das Gefühl gibt, wertvoll und geschätzt zu sein – und sich dann ändert. Sie bleiben jedoch in dieser ungesunden Beziehung mit dem Narzissten und lassen sich kritisieren und schlecht behandeln, weil sie ein so schlechtes Gefühl in Bezug auf sich selbst haben.

Pat

Pats Bewältigungsstil in der Kindheit: Sichergeben

Pats Kindheit: Pat wuchs als Wildfang mit einer kritischen Mutter auf, die sehr großen Wert auf Status und Mode legte. Ihr wurde das Gefühl eingeflößt, sie sei nie gut genug und ihre Mutter müsse sich ihrer schämen.

Pat als Erwachsene: Pat bemühte sich, ihrer Mutter zu gefallen, und fühlte sich zu auffallenden, gut aussehenden Männern hingezogen, die aber wenig Interesse an ihr hatten. Irgendwann machten sie immer mit ihr Schluss. Sie hatte genug von dieser Art Mann. Sie wollte einen, der anders war. Dann lernte sie einen Mann kennen, der charmant und sehr freundlich zu ihr war. Er hielt gerne Händchen, wenn sie draußen unterwegs waren, und kuschelte gerne, wenn sie auf dem Sofa saßen und einen Film anschauten. Diese Gesten gaben ihr das Gefühl, sehr gemocht zu werden. Er war still und reserviert, und ganz und gar kein angeberischer Typ. Sie sagte sich, sie würde sich nie mehr einen Blender aussuchen.

Er leistete wichtige Arbeit in Wohlfahrtsverbänden für Kinder und hatte schon viele Auszeichnungen dafür erhalten. Diese „wichtige Arbeit" erfüllte ihn mit Selbstgerechtigkeit. Und er gab Pat oft das Gefühl, dass die Dinge, an denen sie interessiert war, nicht so wertvoll waren wie seine Arbeit. Dann fühlte sie sich unbedeutend und nicht geschätzt. Niemand hätte ihr geglaubt, wenn sie jemandem erzählt hätte, dass dieser stille, zurückhaltende Mann, der allem Anschein nach Kindern und anderen Menschen ganz allgemein in so selbstloser Weise so viel gab, selbstsüchtig und vorenthaltend sein konnte, wenn er mit ihr allein war. Manchmal verwandelte sich seine stille Zurückhaltung in eisige Kälte ihr gegenüber, wenn sie allein waren. Mit der Zeit wurde sie immer unsicherer und unglücklicher. Sie konnte nicht begreifen, wie sie schon wieder in eine miese Beziehung hineingeraten war, denn er schien doch so verschieden von den anderen Männern zu sein, mit denen sie Dates gehabt hatte.

Kimberly

Kimberlys Bewältigungsstil in der Kindheit: Sichergeben

Kimberlys Kindheit: Kimberly war erst neun Jahre alt, als ein Freund der Eltern, der ein Zimmer in ihrem Haus gemietet hatte, eines Nachts in ihr Zimmer kam und sie missbrauchte. Das tat er mehrere Jahre lang. Weder ihre Eltern noch ihr Kinderarzt erkannten die Hinweise, die sie ihnen so verzweifelt zu geben versuchte.

Kimberly als Erwachsene: Kimberly fand jeden Verlierer im Umkreis von fünfzig Meilen. Sie hatte ein so geringes Selbstwertgefühl, dass sie nicht glaubte, sie habe irgendjemandem etwas zu bieten. Aufgrund ihrer Scham und ihrer Überzeugung, sie habe einen Makel, ließ sie zu, dass sie schlecht behandelt wurde. Ihr letzter Partner war der schlimmste. Anfangs sah alles gut aus. Er war interessant und intelligent, und sie hegten eine gemeinsame Liebe zur Musik, aber er war auch dickköpfig und kritisch. Wenn sie anderer Meinung war als er, stritt er mit ihr, bis sie erschöpft war und ihm zustimmte. Eines Abends begannen sie zu streiten. Die Sache eskalierte, er packte sie an den Haaren und zerrte sie ins Schlafzimmer, wo er sie gegen die Wand warf. Ein anderes Mal hielt er ihr die Faust vor die Nase und drohte sie zu schlagen. Sie zog das Genick ein und wartete auf den Schlag, aber dann schlug er gegen die Wand statt ihr ins Gesicht und brach sich die Hand. Gemeinsam gingen sie in die Notaufnahme, wo sie ebenso log wie er und dem Arzt eine ganz andere Geschichte erzählte. Wie auch in ihrer Familie zweifelte im Krankenhaus niemand an ihrer Geschichte.

Trisha

Trishas Bewältigungsstil in der Kindheit: Sichergeben

Trishas Kindheit: Trisha war ein Baby, das oft unter Koliken litt, und das war angeblich der Grund dafür, dass der Vater die Familie kurz nach Trishas Geburt verließ. Damit verließ er jedoch zugleich auch seine Frau und die beiden älteren Kinder, und sie wurden dadurch bettelarm. Alle gaben Trisha die Schuld an der Armut der Familie, nicht dem verantwortungslosen Vater.

Trisha als Erwachsene: Eines Tages lernte Trisha in einem Fitnessstudio einen Mann kennen, der abfällige Bemerkungen über alle und alles machte, aber es waren witzige, wenn auch sehr subjektive Kommentare. Seine frechen Sprüche brachten sie zum Lachen. Was sie als Selbstbewusstsein interpretierte, war in Wirklichkeit reine Angeberei, eine Überkompensation für seine tiefe Unsicherheit. Er warb intensiv um sie und gab ihr das Gefühl, wertvoll und ganz besonders zu sein. Er wollte alles über ihre Gedanken, Gefühle und Meinungen wissen. Zum ersten Mal im Leben fühlte sie sich verstanden. Sie hatte nie eine solche Art von Verbundenheit mit jemandem erfahren, daher ignorierte sie die Warnsignale, wie etwa die Tatsache, dass er ein Alkoholproblem hatte und schon viele Beziehungen gehabt, aber nie geheiratet hatte. Er sagte, er hätte einfach nie die richtige Frau getroffen, und sie nahm es ihm unbesehen ab. Als er ihr den ganzen Tag hindurch SMS schickte, deutete sie das als heiße Liebe zu ihr, nicht als kontrollierendes Verhalten. Trotz ihrer Grundüberzeugung, sie würde nie gut genug sein, um geliebt zu werden, gab er ihr das Gefühl, geliebt zu sein. Doch sobald er sie fest an der Angel hatte, kamen all seine schlechten Seiten zum Vorschein.

Er wollte über jeden ihrer Schritte Bescheid wissen. Wenn sie ihn nicht anrief, sobald sie irgendwo ankam, warf er ihr vor, sie treffe sich mit jemandem. Er bestand darauf, sie zur Arbeit zu fahren und sie dort wieder abzuholen. Sie dachte, das sei seine Weise, ihr seine Liebe zu zeigen, aber tatsächlich war auch das nur ein Weg der Kontrolle. Er hing an der Rezeption herum und wartete darauf, dass Trisha mit der Arbeit fertig war. Ihr Chef sagte ihr, sie müsse ihm sagen, er solle nicht täglich dort warten. Er begann auch mehr zu trinken. Wenn er getrunken hatte, machte er ihr hässliche Vorwürfe oder wollte Sex mit ihr haben. Wenn sie seine Avancen ablehnte, gab er ihr das Gefühl, sie mache sich schuldig. Als es so weit gekommen war, hatte sie schon nicht mehr die Kraft, ihn zu verlassen. Ihr Wunsch, geliebt zu werden, siegte über ihre Vernunft.

Ehe wir weitergehen, nehmen Sie sich bitte einen Augenblick Zeit, um über das nach-zudenken, was Sie bis hierher über das Leben dieser drei Frauen im Erwachsenen-alter gelesen haben. Erkennen Sie sich in ihren Geschichten wieder? Achten Sie da-rauf, wie Sie sich emotional und körperlich fühlen. Welche Gedanken gehen Ihnen *jetzt gerade* durch den Kopf? Schreiben Sie sie in Ihr Tagebuch.

Verständnisfragen zu *Unzulänglichkeit / Scham*

Kreuzen Sie jeweils das Kästchen für den Bewältigungsstil an, der bei Pat, Kimberly und Trisha im Erwachsenenalter noch immer vorherrschend ist, bei mehreren Strategien auch mehrere Kästchen.

	Überkompensation	Vermeiden	Sichergeben
Pat	☐	☐	☐
Kimberly	☐	☐	☐
Trisha	☐	☐	☐

Jetzt holen Sie Ihr Tagebuch hervor und machen Sie sich ein paar Notizen über Pat, Kimberly und Trisha. Wo in ihrem Leben sehen Sie ihre Bewältigungsstrategie(n) in Aktion? Spielt Coabhängigkeit und / oder Scham eine Rolle in ihrem Erwachsenenleben? Denken Sie daran, dass ein Bewältigungsstil vorherrschend sein kann und dass sie mehr als einen anwenden können.

(Die Antworten finden Sie am Ende des Kapitels.)

Unterwerfung: Alice, Petra und Marty

Frauen, die in der Kindheit in die Lebensfalle *Unterwerfung* gerieten, haben die Grundüberzeugung: *Wenn ich die Bedürfnisse anderer nicht erfülle, wird ihnen nichts an mir liegen.* Als Erwachsene versuchen diese Frauen, es allen recht zu machen. Sie glauben, es bleibe ihnen nichts anderes übrig, als sämtliche Wünsche einer Person zu erfüllen, und sie dürften nie ihre eigene Meinung, ihre Wünsche oder ihre Bedürfnisse vorbringen, weil sie dann fürchten müssten, der andere würde zornig, oder – noch schlimmer – sie würden die Zuneigung des anderen verlieren. Sie fühlen sich zu narzisstischen Männern hingezogen, die ihnen anfangs das Gefühl geben, sie würden geliebt und umhegt, aber wenn der Narzisst sich dann ändert, sind diese Frauen die perfekten Partnerinnen für einen egoistischen, fordernden und kontrollierenden Mann.

Alice

Alices Bewältigungsstil in der Kindheit: Sichergeben

Alices Kindheit: Alice war ein schüchternes, stilles kleines Mädchen, das leise sprach. Ihre Mutter war dominant und kontrollierend.

Alice als Erwachsene: Alice wählte ihrem Muster entsprechend auch bei Verabredungen Partner, die ihre Bedürfnisse nicht erfüllten. Wenn sie in einer Beziehung war, stellte sie die Bedürfnisse und Wünsche ihres Partners über ihre eigenen, weil sie fürchtete, sonst seine Liebe zu verlieren. So landete sie bei selbstsüchtigen und kontrollierenden Männern. Wenn sie etwa mit ihrem Freund ausging, beherrschte er das Gespräch beim Abendessen und erzählte ihr Geschichten von dem, was er an diesem Tag erlebt hatte, fragte jedoch nie, wie ihr Tag gewesen sei. Alice hörte dann stets aufmerksam zu und sprach nie über sich selbst. An einem Valentinstag hoffte Alice, die eine Feinschmeckerin war und gerne in die neuesten und trendigsten Restaurants ging, ihr Freund würde sie in ein bestimmtes Restaurant ausführen, von dem sie ihm erzählt hatte, sie würde es gerne ausprobieren. Sie war enttäuscht, dass er sie stattdessen in sein Lieblingssteakhouse einlud, aber sie ließ sich diese Enttäuschung nicht anmerken. Sie ertrug das schlechte Benehmen des Narzissten, weil sie so gewohnt war, auf seine Forderungen einzugehen.

Sie gestattete sich selten, Ärger oder Groll zu empfinden, aber wenn sie gelegentlich einmal ihre Frustration überkochen ließ, entzog ihr Partner ihr sofort seine Zuneigung, genau wie einst ihre Mutter. Als sie einmal ins Kino gehen wollten, konnten sie sich nicht auf einen Film einigen. Er bestand auf seiner Wahl. Da ging Alice ausnahmsweise ein Risiko ein und weigerte sich, mitzukommen. Alice merkte, dass er wütend war, aber er sagte nichts, sondern ging einfach. Sie blieb auf und wartete auf ihn, aber er kam erst sehr spät und ging dann einfach ins Bett, ohne ein Wort zu sagen. Alice hatte solche Angst, er könnte sich von ihr trennen, dass sie sich am folgenden Tag entschuldigte. Alice ertrug eine Menge forderndes und kontrollierendes Verhalten ihres Partners. Schließlich beendete er die Beziehung, aber bald hatte sie eine neue mit genau demselben Typ Mann.

Petra

Petras Bewältigungsstile in der Kindheit: Sichergeben und Überkompensation

Petras Kindheit: Petra wuchs in einer streng religiösen Familie auf. Ihr wurde der Glaube eingeimpft, dass es tugendhaft sei, andere immer an die erste Stelle zu setzen, und selbstsüchtig, für die eigenen Sehnsüchte, Wünsche und Bedürfnisse einzutreten.

Petra als Erwachsene: Petra zog in eine Großstadt, wo ihr eine Stelle als Kunsterzieherin an einer Grundschule angeboten wurde. Ihre Eltern waren unglücklich darüber, weil es keine Konfessionsschule war. Da sie nie gelernt hatte, sich zu behaupten, konnten Männer sie leicht ausnutzen und kontrollieren. Ein Freund lieh sich etwa häufig Geld von ihr und zahlte es nie zurück. Er versprach es regelmäßig, fand dann aber immer wieder eine Ausrede. Ein anderer bat sie, ihm zu helfen, seine Wohnung in Ordnung zu bringen, wenn sie zu Besuch kam, dann ging er weg, um „schnell etwas zu erledigen", und kam erst nach zwei Stunden wieder zurück, sodass sie allein seine ganze Wohnung putzte. Ein anderer Partner, der einer ihrer Kollegen war, kam immer mit der Korrektur von Klassenarbeiten in Verzug, weil er lieber Computerspiele machte. Petra kam ihm stets zu Hilfe, plante seine Unterrichtsstunden für ihn und korrigierte seine Klassenarbeiten. Er saß vor dem Fernseher oder spielte am Computer, während sie seine Arbeit machte. Sie hatte das Gefühl, sie sei egoistisch, wenn sie um irgendetwas bat. Sie versuchte stets, diese Männer mit einem wohlwollenden Blick zu sehen, und rationalisierte ihr Verhalten damit, dass ihre Interessen wichtiger seien als ihre eigenen. Manchmal war sie sehr unglücklich, aber das gestand sie nicht einmal sich selbst ein. Vielleicht war das ja Gottes Vorsehung und sie sollte dabei etwas lernen – möglicherweise Demut?

Marty

Martys Bewältigungsstile in der Kindheit: Sichergeben und Vermeiden

Martys Kindheit: Ihr Vater war ein außerordentlich kontrollierender Mann, der beim Militär arbeitete. Bei ihm hieß es: Friss, Vogel, oder stirb.

Marty als Erwachsene: Marty suchte sich Männer aus, die fürsorglich wirkten, aber zugleich kontrollierend und autoritär waren, wie ihr Vater. Sie forderten auch viel von ihr und waren dominierend. Wenn sie nicht ihren Erwartungen oder Bedürfnissen entsprach, reagierten sie gereizt. Marty fühlte sich unbehaglich, wenn sie wütend wurden, weil sie fürchtete, sie hätte einen Fehler gemacht und käme in Schwierigkeiten. Weil Marty dieses Gefühl hasste, vermied sie Konflikte und war ein braves Mädchen, wie in ihrer Kindheit. Sie wünschte sich mehr als alles andere, dass Frieden herrsche, und wollte unbedingt eine gute Freundin oder Ehefrau sein.

Der Mann, den sie heiratete, hatte nicht gerne Gesellschaft. Er war zynisch und misanthropisch. Er glaubte, er sei allen Menschen überlegen, die er kennenlernte. Marty hatte Freude an Geselligkeit und wollte Gäste einladen, aber er sorgte dafür, dass diese sich unwohl fühlten, weil er besserwisserisch über Themen sprach, die sie anschnitten, oder Fragen zu Dingen stellte, von denen er wusste, dass nur die Wenigsten eine Antwort darauf geben konnten. Daraufhin lud Marty niemanden mehr ein, weil sie unter diesen Umständen keinen Spaß mehr daran hatte. Ihr Mann plante auch gerne ausgedehnte Reisen. Marty wäre lieber in einem hübschen Badeort geblieben, aber ihr Mann bestand darauf, dass sie Offroadtouren machten und zelteten. Marty hatte das Gefühl, es bleibe ihr nichts anderes übrig, als sich ihrem Mann zu fügen, also marschierte sie tapfer als braves Mädchen und gute Ehefrau weiter und tat, was ihr Mann verlangte. Sie hatte dasselbe Gefühl von Ohnmacht, das sie auch als Kind gehabt hatte.

Ehe wir weitergehen, nehmen Sie sich bitte einen Augenblick Zeit, um über das nachzudenken, was Sie bis hierher über diese drei Frauen gelesen haben. Erkennen Sie sich in ihren Geschichten wieder? Achten Sie darauf, wie Sie sich emotional und körperlich fühlen. Welche Gedanken gehen Ihnen *jetzt gerade* durch den Kopf? Schreiben Sie sie in Ihr Tagebuch.

Verständnisfragen zu *Unterwerfung*

Kreuzen Sie jeweils das Kästchen für den Bewältigungsstil an, der bei Alice, Petra und Marty im Erwachsenenalter noch immer vorherrschend ist, bei mehreren Strategien auch mehrere Kästchen.

	Überkompensation	Vermeiden	Sichergeben
Alice	☐	☐	☐
Petra	☐	☐	☐
Marty	☐	☐	☐

Jetzt holen Sie Ihr Tagebuch hervor und machen Sie sich ein paar Notizen über Alice, Petra und Marty. Wo in ihrem Leben sehen Sie ihre Bewältigungsstrategie(n) in Aktion? Spielt Coabhängigkeit und / oder Scham eine Rolle in ihrem Erwachsenenleben? Denken Sie daran, dass ein Bewältigungsstil vorherrschend sein kann und dass sie mehr als einen anwenden können.

(Die Antworten finden Sie am Ende des Kapitels.)

Selbstaufopferung: Dianne, Marlene und Lily

Frauen mit dieser Lebensfalle in der Kindheit haben die Grundüberzeugung: Ich *muss anderen helfen und ihre Probleme lösen und tue das aus einer eigenen Entscheidung heraus.* Als Erwachsene fühlen sie sich zu narzisstischen Männern hingezogen, die sie als hilfsbedürftig wahrnehmen. Weil Frauen mit dieser Lebensfalle außerordentlich empathisch sind, entschuldigen sie schlechtes Benehmen bei ihren Partnern und versuchen ihnen zu helfen. Sie geben nie die Hoffnung auf, dass die Partner sich bessern.

Dianne

Diannes Bewältigungsstil in der Kindheit: Sichergeben

Diannes Kindheit: Dianne war elf Jahre alt, als ihre Mutter die Diagnose Multiple Sklerose bekam. Dianne hatte noch zwei jüngere Geschwister. Als es ihrer Mutter nach und nach schlechter ging, half Dianne immer mehr.

Dianne als Erwachsene: Als Erwachsene war Dianne immer außerordentlich sensibel für das Leiden von Menschen und Tieren. Sie ertrug es nicht, jemanden mit Schmerzen zu sehen, seien sie emotional oder körperlich. Sie war eine Frau, der die Menschen sich anvertrauten und bei der sie Hilfe suchten. Sie stand anderen stets zur Verfügung. Bei der Wahl von Dating-Partnern fühlte sie sich zu Männern hingezogen, die ihre Hilfe brauchten. Es waren egoistische Männer, die von ihren eigenen Angelegenheiten in Anspruch genommen waren. Oft waren sie alkohol- oder drogenabhängig, kamen aus zerrütteten Familien oder hatten finanzielle Schwierigkeiten. Sie versuchte unermüdlich, ihnen zu helfen, und gab dabei viel mehr, als sie zurückbekam. Sie ließ niemanden im Stich. Jeder Freund, den sie hatte, nutzte ihre Selbstlosigkeit aus, manche mehr, manche weniger. Ein Freund nahm einmal ihre Kreditkarte und gab damit 2500 Dollar aus. Dianne war zornig und verletzt, nahm aber seine tränenreiche Entschuldigung an und machte nicht mit ihm Schluss. Sie rationalisierte sein Verhalten damit, dass es die Folge seiner schlimmen Kindheit sei. Sie hatte Mitleid mit ihm und bestand nicht darauf, dass er ihr das Geld zurückzahlte. Ein anderes Mal verpfändete er ihren Laptop, um Geld für Drogen zu bekommen. Wieder unternahm sie nichts. Sie versuchte ihm zu helfen, sich an ein Budget zu halten und eine weitere Arbeit zu finden, und bot ihm ein stabiles Zuhause. Sie glaubte, man müsse ihm einfach nur zeigen, dass immer jemand für ihn da sein würde. Aber wie viel sie auch für ihn tat, er änderte sich nicht. Er tat einfach weiterhin genau das, was ihm gerade einfiel, und nutzte ihre Freundlichkeit aus. Sie liebte ihn weiter und glaubte noch immer, sie könne ihm helfen. Sie hörte auf, sich bei ihren Freundinnen über ihn zu beklagen. Sie schämte sich, dass sie noch immer mit ihm zusammen war, aber sie konnte nicht anders.

Marlene

Marlenes Bewältigungsstil in der Kindheit: Sichergeben

Marlenes Kindheit: Marlenes Vater starb plötzlich an einem Herzinfarkt, als er Anfang vierzig war. Ihre Mutter wurde daraufhin eine traurige und depressive Frau. Marlene hasste es, ihre Mutter unglücklich zu sehen. Sie wünschte sich mehr als alles andere, ihrer Mutter den Schmerz abnehmen zu können.

Marlene als Erwachsene: Als Erwachsene suchte sich Marlene Partner aus, die kontrollierend und manipulativ waren. Wenn ihre Rechte, Bedürfnisse oder Wünsche von denen der Partner abwichen, waren diese leicht beleidigt. Irgendwie gelang es ihnen, die Lage so zu verdrehen, dass Marlene als selbstsüchtig dastand. Vor allem ein Freund flößte ihr Schuldgefühle ein und betonte stets, er täte so viel für sie und bitte sie im Gegenzug nur um Kleinigkeiten. Einmal wollte er mit seinen Kumpels nach Las Vegas fahren. Sie wurde zornig, weil das betreffende Wochenende eigentlich für sie beide geplant war. Er ließ den Kopf hängen und schmollte. Er hielt ihr vor, wie oft er sie zum Abendessen eingeladen hatte und mit ihr in Urlaub gewesen war. Aber das Abendessen fand immer in neuen Restaurants statt, die er sowieso ausprobieren wollte, und die Ferien waren mit Geschäftsreisen verknüpft. Er lud sie ein, mitzukommen, weil er gerne Gesellschaft zwischen den Arbeitstreffen oder bei Aktivitäten haben wollte, die er mochte, wie etwa Golf spielen. Irgendwie brachte er es fertig, sie glauben zu machen, der Himmel sei grün und das Gras sei blau, also hatte er Marlene im Handumdrehen ein schlechtes Gewissen eingeredet, weil sie ihn nicht nach Las Vegas fahren lassen wollte. Daraufhin strengte sie sich noch mehr an, um seine Anerkennung zu gewinnen und ihn glücklich zu machen. Gelegentlich spürte sie Groll, aber dann fühlte sie sich deswegen sofort schuldig und begrub diese Gefühle wieder. Sie tröstete sich mit dem Gedanken, es gehe ihr doch gut und er brauche „es" nötiger als sie – was immer dieses „es" sein mochte.

Lily

Lilys Bewältigungsstil in der Kindheit: Sichergeben

Lilys Kindheit: Sie hatte einen kleinwüchsigen jüngeren Bruder, den sie zu beschützen versuchte. Lily wollte die Last der Familie nicht noch drückender machen, deshalb übernahm sie immer mehr Verantwortung.

Lily als Erwachsene: Als Erwachsene suchte sich Lily Partner aus, die verantwortungslos und unzuverlässig waren. Dadurch war sie stets die Zuverlässige, die sich um alles kümmerte. So fühlte sie sich zwar gebraucht und nützlich, aber ihre Bedürfnisse wurden nie erfüllt. Dennoch konnte sie nicht anders, als sich um andere zu kümmern. Ihre Partner flößten Lily Schuldgefühle ein und nannten sie egoistisch, wenn sie wollte, dass etwas auf ihre Weise gemacht wurde. Sie fühlte sich schuldig, sooft sie sich an die erste Stelle setzte, sich behauptete oder darum bat, dass ihre Bedürfnisse erfüllt würden. Der Mann, den sie heiratete, war gut zu haben, war witzig und schien nie wütend oder aufgebracht zu sein, aber er vergaß, vor der Eheschließung zu erwähnen, dass er mit seiner Kreditkarte 55.000 Dollar Schulden gemacht hatte. Das fand sie heraus, als sie zusammen ein Haus kaufen wollten. Sie übernahm seine Schulden mit der Begründung, das wäre bei Ehepaaren so üblich. Er bestand darauf, alle Rechnungen zu bezahlen und alles Finanzielle zu erledigen, weil er angeblich seine Lektion gelernt habe und zeigen wolle, wie verantwortungsvoll er mit Geld umgehen könne. Sie hielt sich streng an ein knappes Budget und versagte sich jeden noch so kleinen Luxus, damit sie ihre „gemeinsamen" Schulden abzahlen konnten. Wenn sie Kontoauszüge der Bank oder die Kreditkartenabrechnung sehen wollte, sagte er, da gebe es nichts zu sehen. Wenn sie dennoch darauf bestand, spielte er das Opfer und sagte, sie würde ihm nicht trauen und er tue doch sein Bestes. Dann tat er ihr leid und sie gab nach. Schließlich fand sie heraus, dass er Online-Glücksspiele machte und ihre Schulden erhöhte, statt sie abzubezahlen.

Ehe wir weitergehen, nehmen Sie sich bitte einen Augenblick Zeit, um über das nachzudenken, was Sie bis hierher über diese drei Frauen gelesen haben. Erkennen Sie sich in ihren Geschichten wieder? Achten Sie darauf, wie Sie sich emotional und körperlich fühlen. Welche Gedanken gehen Ihnen *jetzt gerade* durch den Kopf? Schreiben Sie sie in Ihr Tagebuch.

Verständnisfragen zu *Selbstaufopferung*

Kreuzen Sie jeweils das Kästchen für den Bewältigungsstil an, der bei Dianne, Marlene und Lily im Erwachsenenalter noch immer vorherrschend ist, bei mehreren Strategien auch mehrere Kästchen.

	Überkompensation	Vermeiden	Sichergeben
Dianne	☐	☐	☐
Marlene	☐	☐	☐
Lily	☐	☐	☐

Jetzt holen Sie Ihr Tagebuch hervor und machen Sie sich ein paar Notizen über Dianne, Marlene und Lily. Wo in ihrem Leben sehen Sie ihre Bewältigungsstrategie(n) in Aktion? Spielt Coabhängigkeit und / oder Scham eine Rolle in ihrem Erwachsenenleben? Denken Sie daran, dass ein Bewältigungsstil vorherrschend sein kann und dass sie mehr als einen anwenden können.

(Die Antworten finden Sie am Ende des Kapitels.)

Überhöhte Standards: Jennifer, Chelsea und Elsbeth

Frauen, die in der Kindheit in der Lebensfalle *Überhöhte Standards* landeten, haben die Grundüberzeugung: *Was immer ich tue, es wird nie gut genug sein.* Als Erwachsene fühlen sie sich zu narzisstischen Männern hingezogen, die ihnen das Gefühl geben, dass sie besonders sind und dass alles, was sie tun, perfekt und wunderbar ist. Aber wenn der Narzisst sein wahres Wesen offenbart und kritisch wird, bemühen sich diese Frauen, all seinen lächerlichen, unrealistischen Forderungen gerecht zu werden, um dadurch vielleicht den Mann zurückzubekommen, der sie anfangs immer so gelobt hat. Der Versuch, seine endlosen, unvernünftigen Forderungen zu erfüllen, hält sie in der Welt des Narzissten gefangen.

Jennifer

Jennifers Bewältigungsstil in der Kindheit: Sichergeben

Jennifers Kindheit: Sie wuchs in einer Familie auf, in der es nicht okay war, Fehler zu machen. Sie liebte ihren Vater sehr, aber sie bekam nur Liebe und Aufmerksamkeit von ihm, wenn sie Erfolg hatte. Wenn sie in irgendeiner Weise nicht seinen Ansprüchen gerecht wurde, beschämte er sie dadurch, dass er seine tiefe Enttäuschung ausdrückte.

Jennifer als Erwachsene: Als Erwachsene fühlte sich Jennifer zum Erfolg getrieben. Es reichte nicht, durchschnittlich zu sein. Sie wollte die Beste sein. Bei der Arbeit setzte sie sich hohe und rigide Ziele. Sie kam früh und blieb länger als alle anderen. Am Wochenende nahm sie Arbeit mit nach Hause oder ging ins Büro, um zu arbeiten. Bei Dates fand sie Männer attraktiv, die ebenfalls ehrgeizig und Getriebene waren, aber als kritische Narzissten gaben sie ihr immer das Gefühl, sie sei nicht gut genug. Dann strengte sie sich noch mehr an, um ihren Bedürfnissen gerecht zu werden und ihre Erwartungen zu erfüllen, aber das war ein steiniger Weg. Je mehr sie sich darum bemühte, Perfektion zu erreichen, desto mehr entzog sie sich ihr. Ihre Gesundheit litt, weil sie nicht gut für sich sorgte. Sie aß immer in Hast und hatte weder genug Bewegung noch ausreichend Schlaf. Sie hatte Dates mit einem Narzissten nach dem anderen, und bei jedem Mann versuchte sie erneut, seine Erwartungen zu erfüllen, aber jeder zeigte ihr, dass sie dahinter zurückblieb, indem er ihr einen missbilligenden Blick zuwarf, schmollte oder irgendeine Kritik an ihr in seinen Bart brummte.

Besonders einen Mann behandelte sie wie ein rohes Ei, wenn sie bei ihm zu Hause war, weil sie ständig fürchtete, sie würde einen Fehler machen. Er tat alles auf eine ganz bestimmte Weise und bestand darauf, dass sie es genauso machte. Das fing damit an, wie sie ihre Kleider aufhängen sollte, welche Kleiderbügel sie benutzen und in welche Richtung sie zeigen sollten, und endete damit, in welcher Stellung der Wasserhahn in der Küche sein sollte, wenn sie ihn zudrehte. Er beschwerte sich sogar, sie atme zu laut, wenn er mit ihr telefonierte – und so weiter und so fort. Er war völlig entnervt, wenn er sie daran erinnern musste, wie eine bestimmte Sache getan werden sollte. Wie oft musste er ihr das sagen oder zeigen? Einmal sagte er ihr sogar, sie sei einfach unbelehrbar. Sie verstand nicht, warum selbst dann, wenn sie die Liste der Dinge, die sie korrekt machen sollte, gemeistert hatte, ständig Neues zu dieser Liste hinzugefügt wurde. Sie machte nie etwas gut genug, aber sie strengte sich unermüdlich an.

Chelsea

Chelseas Bewältigungsstil in der Kindheit: Sichergeben

Chelseas Kindheit: Ihre Eltern legten Wert auf Status und Reichtum. Chelsea übernahm ihre Werte und widmete ihre gesamte Zeit dem Versuch, ihren Standards zu entsprechen und dadurch ihre Liebe und ihre Anerkennung zu gewinnen. Obwohl sie jede Menge materielle Dinge erwarb, hatte sie nie das Gefühl, es sei genug. Sie dachte, sie würde ein gutes Gefühl in Bezug auf sich selbst haben, wenn sie sich mit Status und Reichtum umgab, aber sie fühlte sich auch dann noch leer und unglücklich.

Chelsea als Erwachsene: Chelsea fühlte sich zu Männern hingezogen, die hinsichtlich Status und Reichtum zur Spitze gehörten. Weil sie aber nur an ihren äußeren Werten interessiert war, schenkte sie ihren offenkundigen Fehlern keine Beachtung, wie etwa ihrem aufgeblasenen Ego oder ihrem überheblichen Gehabe. Sie konnte nur sehen, wie ihr Partner in das Szenario ihrer Zukunft passte, in der sie die Frau von Herrn X, dem Generaldirektor, Präsidenten oder Senator war. Emotional musste sie dafür bei dem Mann, den sie schließlich heiratete, einen hohen Preis bezahlen.

Zwar war er Vorstandsvorsitzender eines großen Geldinstituts und hatte ein sechsstelliges Einkommen, aber er war selbstsüchtig und emotional nicht verfügbar. Auch er war darauf ausgerichtet, einen hohen Status und Reichtum zu erlangen, um seine Gefühle der Unzulänglichkeit zu kompensieren. Er konnte sie nicht lieben, weil er keine Ahnung hatte, wie eine liebevolle Beziehung überhaupt aussah. Wenn sie von einer wichtigen Benefizveranstaltung nach Hause kamen, ging er sofort in sein Arbeitszimmer, checkte seine E-Mails und überließ Chelsea sich selbst. Wenn sie zu ihm ging, sagte er, sie solle schon mal ins Bett gehen, er werde gleich nach oben kommen. An den meisten Abenden ging sie allein schlafen. Chelsea hatte an materiellen Dingen alles, was sie wollte, aber sie fühlte sich innerlich leer, als fehle etwas. Sie fühlte sich nie zufrieden und war überhaupt nicht glücklich.

Elsbeth

Elsbeths Bewältigungsstile in der Kindheit: Sichergeben und Überkompensation

Elsbeths Kindheit: Ihre Eltern hatten hohe Standards und erwarteten, dass sich auch ihre Kinder an sie hielten. Elsbeth entwickelte das zwanghafte Bedürfnis, jedes Detail richtig zu machen und verurteilte sich gnadenlos, wenn ihr das nicht gelang.

Elsbeth als Erwachsene: Als Erwachsene hatte Elsbeth Dates mit Männern, die kritisch, kontrollierend und rigide waren. Natürlich waren sie nicht von Anfang an so. Wie alle Narzissten waren sie anfangs voller Bewunderung und Fürsorge. Wenn dann ihre Forderungen zutage traten, schenkte Elsbeth jeder Einzelheit Aufmerksamkeit, weil es ihr festverdrahtetes Programm war, dass sie perfekt sein wollte, und von Haus aus zum Wetteifern neigte. Sie wollte die Forderungen ihrer Partner erfüllen, koste es, was es wolle. Wenn einer ihre Haare oder ihr Make-up kritisierte, ging sie darauf ein, machte sofort Termine bei einer Visagistin und einer Stylistin, um seinem Bild einer idealen Frau zu entsprechen. Elsbeth war auch der Typ, der zwanghaft Kalorien zählte, um eine perfekte Figur zu behalten. Sie stellte detaillierte Sport- und Fitnessprogramme auf und hielt sich peinlich genau an sie. Wenn sie einmal einen Termin auslassen musste, war sie gleich ärgerlich auf sich. Sie brauchte, dass alles geplant und geordnet verlief.

Obwohl Elsbeth sich alle erdenkliche Mühe gab, sämtliche Forderungen ihres Partners zu erfüllen, machte ihr eine einzige kleine Kritik schon klar, dass ihr nie wirklich gelang, was sie erstrebte. Am Wochenende ging sie mit ihm laufen, nur so „zum Spaß", aber er war immer darauf aus, sie zu schlagen, und lief konstant einen Schritt vor ihr her. Sie konnte sich anstrengen, wie sie wollte, sie holte ihn nie ein. Sie wollte es sich nicht eingestehen, aber sie hatte an keinem Aspekt ihrer Beziehung Freude. Sie lebte ständig in der Angst, etwas falsch zu machen, und das machte sie zeitweise nervös und reizbar. Die Ziellinie rückte in immer weitere Ferne. Elsbeth kam nie an ein Ziel, weil sie wusste, sie konnte es noch besser machen. Durch diese Überzeugung blieb sie bei einem kontrollierenden, kritischen Narzissten gefangen.

Ehe wir weitergehen, nehmen Sie sich bitte einen Augenblick Zeit, um über das nachzudenken, was Sie bis hierher über diese drei Frauen gelesen haben. Erkennen Sie sich in ihren Geschichten wieder? Achten Sie darauf, wie Sie sich emotional und körperlich fühlen. Welche Gedanken gehen Ihnen *jetzt gerade* durch den Kopf? Schreiben Sie sie in Ihr Tagebuch.

Verständnisfragen zu *Überhöhten Standards*

Kreuzen Sie jeweils das Kästchen für den Bewältigungsstil an, der bei Jennifer, Chelsea und Elsbeth im Erwachsenenalter noch immer vorherrschend ist, bei mehreren Strategien auch mehrere Kästchen.

	Überkompensation	Vermeiden	Sichergeben
Jennifer	☐	☐	☐
Chelsea	☐	☐	☐
Elsbeth	☐	☐	☐

Jetzt holen Sie Ihr Tagebuch hervor und machen Sie sich ein paar Notizen über Jennifer, Chelsea und Elsbeth. Wo in ihrem Leben sehen Sie ihre Bewältigungsstrategie(n) in Aktion? Spielt Coabhängigkeit und / oder Scham eine Rolle in ihrem Erwachsenenleben? Denken Sie daran, dass ein Bewältigungsstil vorherrschend sein kann und dass sie mehr als einen anwenden können.

(Die Antworten finden Sie am Ende des Kapitels.)

ÜBUNG 8

Welche Lebensfallen spielen bei Ihnen immer noch eine Rolle?

Schreiben Sie in Ihr Tagebuch eine Geschichte Ihres Erwachsenenalters, einschließlich Ihrer Liebesbeziehungen. Nutzen Sie die folgenden Fragen als Hilfe für Ihre Geschichte:

1. Wie haben Sie und Ihr Partner sich kennengelernt? Sind Ihnen irgendwelche Warnsignale entgangen? Hat er beispielsweise nur über sich selbst gesprochen und nie nach Ihnen gefragt, oder war er sehr still, wurde aber über den Parkwächter wütend und fuhr ihn an?

2. Mit welchen Adjektiven würden Sie jeden der Männer beschreiben, mit denen Sie eine Beziehung hatten (z. B. kalt, distanziert, skrupellos, doppelzüngig, anstrengend usw.)?

3. Welche Lebensfalle(n) bestehen bei Ihnen? Welche Lebensfalle ist derzeit bei Ihnen vorherrschend? Ist das eine andere Lebensfalle als in Ihrer Kindheit?

4. Hat Scham bei Ihren intimen Beziehungen im Erwachsenenalter eine Rolle gespielt? In welcher Weise?

5. Glauben Sie, dass Sie in Ihren intimen Beziehungen als Erwachsene coabhängig sind? Wenn ja, schreiben Sie Beispiele der Verhaltensweisen auf, die Sie als coabhängig einstufen.

6. Denken Sie darüber nach, wie Sie mit schmerzhaften Gefühlen fertigwerden. Benutzen Sie dafür einen der Bewältigungsstile Überkompensation, Vermeiden oder Sichergeben? Wenden Sie mehr als eine Bewältigungsstrategie an? Nutzen Sie eine stärker als die andere(n)?

ÜBUNG 9

Schlüsselwörter

Wenn Sie lieber keine Geschichte schreiben möchten, dann notieren Sie in Ihrem Tagebuch einige Schlüsselwörter, die für Ihr Erwachsenenleben und Ihre Situation zutreffen – beispielsweise einsam, unglücklich, elend, ängstlich usw.

ÜBUNG 10

Vervollständigen Sie den Satz

Falls Sie das lieber tun, schreiben Sie die unten aufgeführten Sätze in Ihr Tagebuch und vervollständigen Sie dann die einzelnen Sätze so, dass sie ausdrücken, wie Sie Ihre Partner gerne hätten.

- Ich möchte, dass mein Partner ...

  Oder:

- „[Name des Partners], was ich mir wirklich von dir wünsche, ist ...“

Dann fragen Sie sich, ob es unter Ihrer Antwort noch eine tiefere Schicht gibt. So könnten Sie beispielsweise zuerst einmal sagen, Sie möchten, dass Ihr Partner aufhört, Sie zu *kritisieren*, aber in einer tieferen Schicht wünschen Sie sich, dass er Sie *bedingungslos liebt*.

Fassen wir zusammen

In diesem Kapitel stand im Mittelpunkt, wie sich in der Kindheit vorhandene Lebensfallen im Erwachsenenalter ausdrücken und Ihre Partnerwahl beim Dating beeinflussen. Sie haben auch geschen, dass die Bewältigungsstile Überkompensation, Vermeiden und Sichergeben sich von der Kindheit bis zum Erwachsenenalter ändern können. Sie hatten die Gelegenheit, zu überlegen, ob Scham, Verletzlichkeit und Coabhängigkeit bei der Wahl Ihrer Dating-Partner oder in Ihren Beziehungen eine Rolle gespielt haben. Im nächsten Kapitel werden Sie erfahren, wie Sie Ihre Lebensfallen verändern können, indem Sie Ihre Grundüberzeugungen ändern.

Antworten auf die Verständnisfragen

Verlassenheit: **Clare, Kirsten und Lynette**

Clare: Überkompensation (klammert) und Vermeiden (akzeptiert, dass ihr Mann sie betrügt, um Konflikte zu vermeiden)

Kirsten: Vermeiden (denkt nicht darüber nach, leugnet, wie schlimm es ist) und Sichergeben (versucht, noch ein Kind zu bekommen, um die Ehe zu retten und nicht allein sein zu müssen)

Lynette: Vermeiden (ignoriert die Warnsignale) und Sichergeben (akzeptiert, dass sie an allem schuld ist, bittet um Verzeihung, wählt destruktive Männer, nimmt Beschimpfungen hin)

Misstrauen / Missbrauch: **Monica, Maggie und Kelli**

Monica: Vermeiden (hört auf, sich zu verabreden, um dem Schmerz zu entgehen)

Maggie: Überkompensation (will den Menschen gefallen, kommt den Forderungen ihres Mannes nach)

Kelli: Überkompensation (findet mächtige Männer attraktiv) und Sichergeben (nimmt Missbrauch / Misshandlung hin)

Emotionale Entbehrung: **Anita, Kathryn und Vivienne**

Anita: Überkompensation (geht mit Männern aus, von denen sie glaubt, sie könne sie kontrollieren, und fordert viel von anderen)

Kathryn: Überkompensation (findet ehrgeizige Männer anziehend) und Sichergeben (verlangt nicht, dass ihre emotionalen Bedürfnisse erfüllt werden)

Vivienne: Überkompensation (bezahlt für alles), Vermeiden (nutzt Essen als Seelentröster) und Sichergeben (sucht sich emotional nicht verfügbare Männer aus)

Unzulänglichkeit: **Pat, Kimberly und Trisha**

Pat: Überkompensation (wählt auffallende Männer) und Sichergeben (wählt kritische Männer und wertet sich selbst ab)

Kimberly: Sichergeben (wählt Männer, die sie misshandeln)

Trisha: Vermeiden (ignoriert die Warnsignale bei ihrem Partner)

Unterwerfung: **Alice, Petra und Marty**

Alice: Vermeiden (verzichtet auf Meinungsäußerungen, um Konflikte zu vermeiden, will es allen recht machen)

Petra: Überkompensation (tut alles für andere, um Liebe zu erhalten) und Sichergeben (stellt die Bedürfnisse anderer über ihre eigenen)

Marty: Sichergeben (wählt Männer, die ihrem Vater gleichen)

Selbstaufopferung: **Dianne, Marlene und Lily**

Dianne: Sichergeben (gibt anderen viel und fordert wenig Gegenleistung)

Marlene: Vermeiden (denkt nicht darüber nach, wie schlecht die Beziehung ist) und Sichergeben (gibt anderen und fordert wenig Gegenleistung)

Lily: Sichergeben (gibt anderen und fordert wenig Gegenleistung)

Überhöhte Standards: Jennifer, Chelsea und Elsbeth

Jennifer: Vermeiden (behandelt den Mann wie ein rohes Ei, um nicht kritisiert zu werden und keinen Fehler zu machen) und Sichergeben (akzeptiert, dass das, was sie tut, nie gut genug ist, sucht sich ehrgeizige Männer aus)

Chelsea: Sichergeben (akzeptiert, dass das, was sie tut, nie gut genug ist, geht um des Status willen mit reichen Männern aus)

Elsbeth: Vermeiden (gesteht sich nicht ein, wie unglücklich sie ist) und Sichergeben (akzeptiert, dass das, was sie tut, nie gut genug ist)

6. | Lernen Sie, Ihre Lebensfallen zu verändern

Inzwischen haben Sie Ihre Bewältigungsstile kennengelernt und sind sich in weit stärkerem Maße als früher bewusst, wie Ihre Lebensfallen Ihre Partnerwahl beim Dating beeinflusst haben. Sie wissen mehr als zu Beginn Ihrer Lektüre, aber Sie sind noch gefährdet wie ein erst halb flügges Vögelchen, das noch nicht Kraft genug hat, um frei und voller Selbstvertrauen zu fliegen. Allzu oft möchten Frauen den notwendigen Prozess beschleunigen. Sie denken, weil sie jetzt Einsicht in ihre Lebensfallen und Bewältigungsstile haben, seien sie ausreichend gewappnet, um wieder Dates vereinbaren zu können. Aber Einsicht ist nur der Anfang der Veränderung. Wenn Sie es bei der Einsicht belassen, ohne dann wichtige neue Fertigkeiten zu erlernen, wird das Gewicht Ihrer Lebensfallen dazu führen, dass Sie wieder in einer destruktiven Beziehung mit einem narzisstischen Mann landen. Glauben Sie mir, Sie müssen Ihre Muskeln stärken und einige Flugmanöver erlernen, ehe Sie losfliegen können. Ich möchte, dass Sie Erfolg haben und Glück in der Liebe finden, also lassen wir uns Zeit und gehen langsam voran.

Wenn Sie darüber nachdenken, wie Sie aus der Endlosschleife narzisstischer Beziehungen herauskommen können, ist es vielleicht hilfreich, sich den Prozess ganz ähnlich wie die Überwindung einer Sucht vorzustellen. Anfangs sind die Suchtkranken noch instabil und brauchen eine Menge Unterstützung von Gruppen, Freunden, Angehörigen und einem „Sponsor" – einem Begleiter, der den Prozess schon durchlaufen hat. Trotz all ihrer neu gewonnenen Einsicht und aller Unterstützung können die Betreffenden leicht wieder einen Rückfall erleiden, bis sie gelernt haben, ihre Abstinenz durchzuhalten. Damit sie das können, müssen sie lernen, anders zu denken und sich anders zu verhalten. Das ist ein langsamer Prozess, der Ausdauer und langen Atem erfordert. Mit der Zeit erlernen sie eine neue Lebensweise, bei der sie ohne ihre Sucht auskommen. Das Ergebnis ist ein viel glücklicheres und befriedigenderes Leben. Wie bei einer Sucht müssen Sie auch bei Ihrer Neigung neue Bausteine in Ihr Verhalten einfügen, die Sie brauchen, um Ihr Muster zu verändern, sich narzisstische Männer als Dating-Partner auszusuchen. Und vor allem müssen Sie lernen, diese Veränderung dann auch durchzuhalten.

Entscheidend ist dabei jedoch, dass Sie wissen: *Eine Veränderung ist möglich.* Erinnern Sie sich an Jessica, die Ärztin, die mit Ethan und Ted zusammen war und die ihre Eltern finanziell unterstützen musste? Gerade diese Woche kam sie in ihre Therapiestunde und zeigte mir einen wunderschönen Verlobungsring. Sie hat endlich

„einen Guten" gefunden, der sie liebt, und ich bin sehr zuversichtlich, dass das auch Ihnen gelingen wird. Fangen wir an, die dafür nötigen Fertigkeiten aufzubauen, die Ihnen ermöglichen werden, befreit zu leben.

Wesentliche Elemente

Dieses Kapitel liefert Ihnen die ersten Bausteine, die Sie brauchen, um aus Ihren Lebensfallen herauszukommen. Sie werden die Schritte lernen, die zu einer Verhaltensänderung führen, und auch, wie Sie die Veränderung aufrechterhalten können. Sie werden weiterhin lernen, achtsames Atmen, Achtsamkeitsmeditation und realistisches Denken in Ihr Leben zu integrieren. So wie Ihre Muskeln durch körperliches Training allmählich stärker werden, so nimmt auch die Wirkung dieser Fertigkeiten immer mehr zu, wenn Sie konsequent üben.

6.1 Wie Verhaltensänderung gelingt

Verhaltensänderung beginnt, wenn Sie drei Dinge glauben: 1) Ein neues Verhalten ist notwendig. 2) Es ist möglich, Ihr altes Verhalten zu ändern. 3) Ihre Veränderungsversuche werden Erfolg haben. Wenn Sie wirklich glauben, die Veränderung eines bestimmten Verhaltens sei notwendig, werden Sie auch motiviert sein, sich zu ändern. Vielleicht haben Sie hohen Blutdruck, einen beginnenden Diabetes oder Sie haben einfach den Jo-Jo-Effekt bei der Gewichtsabnahme satt und wollen Ihre drei, zehn oder mehr Kilos nicht immer wieder zunehmen, kaum dass Sie sie abgenommen haben. Nur wenn Sie wirklich überzeugt sind, dass Ihre Gesundheit wichtiger ist als der Genuss von Pizza oder Eis – also eine Art Kosten-Nutzen-Rechnung aufstellen –, werden Sie motiviert sein, Ihr Verhalten zu ändern und sich einen gesünderen Lebensstil anzueignen. Aber Sie müssen auch daran glauben, dass es möglich ist, diese Veränderung zu erreichen, sonst machen Sie sich gar nicht erst die Mühe, sie in Angriff zu nehmen. Nur allzu oft wollen wir uns ändern, aber wir glauben nicht wirklich daran, dass es uns gelingt, weil wir es schon so oft versucht haben und gescheitert sind. Im Laufe der Zeit untergräbt das unsere Motivation, es noch einmal zu versuchen. Aber wenn Sie die Schritte zu einer Verhaltensänderung verstanden haben, können Sie einen Plan aufstellen, der wirklich funktioniert. Was ich Ihnen beibringen werde, hilft bei allen Arten von Verhaltensänderungen, auch dabei, keine ungesunden narzisstischen Beziehungen mehr einzugehen. Ich weiß, dass dieser Plan Sie zum Erfolg führen wird, wie schon unzählige andere Frauen. Er beruht auf dem Sechs-Stufen-Programm für Verhaltensänderung von James Prochaska und seinen Kollegen:[16]

Stufe 1: Verleugnung
Stufe 2: Bewusstwerdung
Stufe 3: Entschluss
Stufe 4: Umsetzung
Stufe 5: Aufrechterhaltung
Stufe 6: Rückfall

Schauen wir uns an, wie Sie ein Verhalten ändern würden, das mit der Lebensfalle *Verlassenheit* zusammenhängt. Sagen wir, Sie finden heraus, Ihr Freund oder Partner hat Sie betrogen, und er hat Sie diesbezüglich monatelang belogen. Sie sind durch Höhen und Tiefen gegangen und haben ihm zu glauben versucht, wenn er um Verzeihung bat und sagte, es sei ein dummer Fehler gewesen. Weil Sie ihm glauben wollten, haben Sie das auch getan. Aber ein paar Monate später passierte es wieder. Da hatten Sie genug. Sie haben die Beziehung beendet, aber der Schmerz darüber ist immer noch groß. Dennoch ist Ihnen klar, dass Sie diese Beziehung – und den Mann – loslassen mussten. Das auch wirklich zu tun, war sehr schwer für Sie, weil das Beenden einer Beziehung alle ihre Verlassenheitsängste wieder aufrührt. Sie fragen sich unwillkürlich: *Habe ich ihn dazu gebracht, mich zu betrügen, weil ich zu sehr geklammert habe?* Jetzt sind Sie allein, vielleicht für immer, und Sie sind voller Ängste und Befürchtungen. Aber Sie sind ständig in den sozialen Medien unterwegs, um herauszufinden, was er treibt und wie sein Leben aussieht. Sie sehen Fotos von ihm, die zeigen, dass er das Leben genießt, und Sie leiden, ärgern sich und regen sich auf, aber Sie können sich nicht dazu bringen, das zu unterlassen. Es ist Ihnen peinlich, wie zwanghaft Sie ihm auf der Spur bleiben. Ihre Therapeutin hat gesagt, Sie sollten damit aufhören, und alle Ihre Freundinnen auch. Aber das ist natürlich leichter gesagt als getan. Wie wollen Sie es also anstellen? Genau eine solche Situation musste Christy durchstehen. Ich brachte ihr die sechs Stufen der Veränderung bei, und sie probierte es damit. Die kursiv gesetzten Sätze in den folgenden Abschnitten sind von Christy, die Aufforderung „Fragen Sie sich" jeweils am Ende jeder Stufe gilt Ihnen. Hier sehen Sie, wie es Christy erging:

Stufe 1: Verleugnung

Sie leugnen, dass Sie ein ernsthaftes Problem haben und / oder minimieren es.

Beispiel

Christy hatte Gedanken wie die folgenden: *Ich weiß, dass ich wahrscheinlich die Bindung völlig kappen sollte. Ich sollte aufhören, ihn in den sozialen Medien zu „stalken", und seine Telefonnummer löschen. Alle sagen, ich sollte sein Leben nicht mehr in den sozialen Medien verfolgen, aber was ist schon dabei? Er weiß nicht, dass ich nach ihm schaue. Auf diesem Weg kann ich sehen, was er macht.*

Fragen Sie sich: Habe ich ein Problem mit dem Loslassen?

Stufe 2: Bewusstwerdung

Sie merken, dass Sie ein Problem haben, und denken ein bisschen mehr darüber nach, wägen die Kosten gegen den Nutzen ab und überlegen, wie Sie es anstellen könnten, eine Veränderung zu erzielen.

Beispiel

Christy dachte: *Wenn ich aufhöre, mir Bilder von seinem Leben in den sozialen Medien anzuschauen, ist das vielleicht ein erster Schritt in Richtung Loslassen. Aber dann sehe ich ja nicht mehr, was er macht! Die Wahrheit ist allerdings, wenn ich ihn mit Freunden sehe, mit denen er Spaß hat, und noch schlimmer, wenn ein Mädchen dabei ist, dann fühle ich mich lausig.*

Fragen Sie sich: Was spricht dafür, was dagegen, ihn weiterhin im Auge zu behalten und nach ihm zu suchen?

Stufe 3: Vorbereitung / Entschluss

Sobald Sie aufgrund Ihrer Kosten-Nutzen-Analyse einsehen, dass Sie aufhören müssen, ihn in den sozialen Medien zu „stalken", und dass der Nutzen, den Sie davon haben – dass Sie den Schmerz loswerden –, der Mühe wert ist, konzentrieren Sie sich stärker darauf, wie genau Sie sich ändern können. Sie legen Ihr Ziel fest und fassen dann einen Zeitpunkt ins Auge, bis zu dem Sie Ihr Ziel erreicht haben wollen. Dabei ist von entscheidender Bedeutung, ein ganz spezifisches Ziel festzulegen, kein allgemeines. Anderen Ihren Plan mitzuteilen wird Ihnen ebenfalls helfen, Ihre Entschlossenheit aufrechtzuerhalten. Sie könnten auch einen Vertrag mit sich selbst aufsetzen, in dem Sie Ihr Vorhaben skizzieren und die Gründe dafür aufschreiben.

Beispiel

Christy dachte: *Mein Plan wird ab sofort in die Tat umgesetzt. Ich werde Haftzettel an den Bildschirm meines Computers und an meinen Badezimmerspiegel kleben, auf denen „Nein!" steht. Sie erinnern mich daran, nicht online zu gehen und nach ihm zu suchen. Ich werde eine Schilderung all der schrecklichen Dinge verfassen, die er mir angetan hat, und sie mir jedes Mal ansehen, wenn ich Sehnsucht nach ihm bekomme. Wenn ich an ihn denke, werde ich meine Aufmerksamkeit auf mich selbst zurücklenken und über meine Ziele für die Zukunft nachdenken. Wenn ich den Drang verspüre, ihm nachzuforschen, werde ich einen Spaziergang machen. Ich werde meine Freundinnen bitten, mir zu helfen und mir Zeit zum Reden zu schenken, wenn ich das brauche. Ich werde während des Prozesses meine Fortschritte schriftlich festhalten. Mich auf meine Zukunft hin zu orientieren, ist mein wichtigstes Ziel, nicht, sein Leben zu verfolgen!*

Fragen Sie sich: Was *genau* kann ich tun, um mir zu helfen, meine Veränderung auch zu erreichen?

Stufe 4: Umsetzung

Folgen Sie dem Plan, den Sie aufgestellt haben, um die Veränderung umzusetzen.

Beispiel

Christy dachte: *Ich werde die Haftzettel verteilen, jedes Mal aus dem Haus gehen, wenn ich den Drang verspüre, nach ihm zu suchen, werde zur Unterstützung meine Freundinnen einspannen und mir immer dann, wenn ich an ihn denke, meine Ziele vor Augen halten. Ich werde alles Diesbezügliche in mein Tagebuch schreiben und mir schöne Belohnungen dafür gönnen, dass ich mich auf mein eigenes Leben konzentriere und nicht auf seines.*

Fragen Sie sich: Wenn ich meine Fortschritte aufschreibe, wird mir das helfen, Kurs zu halten und meine Motivation aufrechtzuerhalten?

Stufe 5: Aufrechterhaltung

Identifizieren Sie Hindernisse, die Ihren Erfolg vereiteln könnten, machen Sie einen Plan, wie Sie mit ihnen fertigwerden wollen, und bleiben Sie wachsam.

Beispiel

Christy dachte: *Am Wochenende fühle ich mich vielleicht einsam und traurig. Dann werde ich womöglich schwach oder habe einen Minizusammenbruch und blockiere mich richtiggehend mit fatalen Gedanken: dass ich eine Niete bin, dass ich nie jemanden finden werde und dass mir die Zeit durch die Finger rinnt. Mir ist klar, dass die Wochenenden eindeutig ein Hindernis sind. Also weiß ich erstens schon im Voraus, dass die Wochenenden kritisch sein können, und werde zweitens einen Plan für sie aufstellen. Ich verabrede meine Wochenendvorhaben mit Freundinnen grundsätzlich schon am Mittwoch und nehme mir auch für die Abende etwas vor, denn da fühle ich mich besonders einsam.*

Zu Ihren Plänen können gemeinsame Unternehmungen mit Freundinnen gehören, aber auch andere Dinge, die Ihr Leben bereichern, wie etwa Yoga, Joggen, Vorträge, Gartenarbeit oder was auch immer. Erinnern Sie sich daran, wie viel besser Sie sich fühlen, wenn Sie Ihrem Freund nicht nachtrauern und online seinen Spuren folgen. Erinnern Sie sich an Ihr Ziel und halten Sie an Ihrer neuen, gesunden Lebensweise fest.

Fragen Sie sich: Wie fühle ich mich bei den Veränderungen, die ich in die Tat umsetze? Wie zuversichtlich bin ich, dass ich sie aufrechterhalten kann?

Stufe 6: Rückfall

Ein *Rückfall* ist eine Rückkehr auf eine frühere Stufe der Veränderung für einen längeren Zeitraum.

Beispiel

Christy erinnerte sich: *Ich habe ihn nicht nur bei Facebook gesucht, sondern ihm sogar eine Nachricht geschickt, die lautete: „Deine Urlaubsfotos finde ich toll." Er hat nicht geantwortet, und jetzt fühle ich mich schrecklich. Dennoch habe ich weiterhin häufig in den sozialen Medien nach ihm geforscht und viele Male nachgeschaut, ob er mir nicht geantwortet hat.*

Außerdem kann Ihnen auch ein *Ausrutscher* passieren, eine einfache Abweichung von Ihrem Aktionsplan. So haben Sie vielleicht einmal in den sozialen Medien nach ihm gesucht, dann aber gemerkt, dass Sie damit nicht Ihrem geplanten Handlungskurs folgen. Am nächsten Tag haben Sie sich dann wieder an Ihren regulären Plan gehalten, gut für sich zu sorgen, indem Sie sich auf sich selbst, nicht auf ihn konzentrierten. Weil Ausrutscher manchmal Vorboten von Rückfällen sind, ist es wichtig, sie zu korrigieren, ehe sie sich zu einem richtigen Rückfall weiterentwickeln.

Fragen Sie sich: Ist das ein Ausrutscher oder ein Rückfall? Wenn es ein Rückfall ist, welche Umstände haben ihn dann hervorgerufen?

Beim Durchlaufen dieser Stufen der Veränderung ist ein Rückfall offenkundig das, was unsere Motivation am meisten schwächt. Aber es ist wichtig, zu verstehen und zu akzeptieren, dass es normal ist, Rückfälle zu haben. Das gefällt uns zwar nicht, aber es kann passieren. Einen Rückfall kann es geben, wenn wir eine Reihe von Ausrutschern haben, wenn andere Dinge in unserem Leben Vorrang bekommen und wir nicht mehr unserem Veränderungskurs folgen oder wenn wir auf unerwartete Hindernisse stoßen. Dann ist es entscheidend, nicht so frustriert zu sein, dass wir aufhören. Viel zu viele Leute wollen ihr Programm nach mehreren Rückfällen aufgeben. Sie haben das Gefühl, sie würden nie Erfolg haben, nichts funktioniere bei ihnen. Ich habe schon oft von Frauen gehört: „Ich habe alles versucht und nichts hat etwas gebracht." Es ist wahr, dass sie alles versucht haben, aber sie haben nie gelernt, eine Veränderung auch aufrechtzuerhalten, und gaben auf, nachdem sie einen oder mehrere Rückfälle hatten. Ein Fehlstart, Erfolge, Ausrutscher und Rückfälle sind ganz normal, wenn man sein Verhalten ändern will. Ich sage den Frauen, mit denen ich arbeite, dass eine Verhaltensänderung ein Prozess ist: Es geht dabei immer wieder zwei Schritte vorwärts und einen zurück. Manchmal stelle ich mir das bildlich wie eine aufsteigende Spirale vor, die aber zwischendurch immer wieder eine Schleife abwärts zieht, ehe sie weiter nach oben führt. Das Wichtige dabei ist, dass sie dennoch in die richtige Richtung führt – dass *Sie* in die richtige Richtung gehen – auf die Veränderung zu. Es ist ein Prozess mit Höhen und Tiefen.

Wenn Sie sich die Zeit nehmen, die Umstände zu identifizieren, die zu dem Rückfall geführt haben, können Sie lernen, sie das nächste Mal zu umgehen oder besser mit ihnen fertigzuwerden. Und die Forschungslage dazu ist eindeutig: Je mehr Versuche Sie machen, desto wahrscheinlicher werden Sie auf lange Sicht eine erfolgreiche Langzeitstabilisierung erleben. Statt sich davor zu fürchten, dass Sie einen Rückfall erleiden könnten, sollten Sie das als normalen Teil einer Verhaltensänderung ansehen. Statt sich entmutigen zu lassen, betrachten Sie einen Rückfall besser als eine Gelegenheit, zu lernen, was Sie noch zusätzlich verändern müssen, um Erfolg zu haben. Sie können einen Rückfall sogar als Zeichen dafür ansehen, dass Sie auf der richtigen Spur sind. Würden Sie sich keine Mühe geben, etwas zu verändern, würden Sie es nicht einmal versuchen, dann hätten Sie auch keinen Rückfall – Ihr destruktives Verhalten hätte Sie die ganze Zeit in den Klauen. Ob Sie also einen Ausrutscher oder einen Rückfall haben: Geben Sie nicht auf. Machen Sie sich einfach klar, was schiefgegangen ist, und korrigieren Sie es, damit es nicht wieder vorkommt.

Nachdem Sie jetzt diesen Abschnitt gelesen haben, weiß ich, dass Sie sich ändern *wollen* und wissen, dass Sie sich ändern *müssen*.

Wie zuversichtlich sind Sie, dass Sie aufhören können, immer wieder narzisstische Beziehungen einzugehen? Nehmen Sie sich bitte einen Augenblick Zeit, um über Ihre Bedenken hinsichtlich Ihrer Fähigkeit zur Veränderung nachzudenken. Schreiben Sie sie in Ihr Tagebuch und erkunden Sie, warum Sie Zweifel haben. Liegt es daran, dass Sie in der Vergangenheit damit gescheitert sind? Oder glauben Sie nicht, dass Sie klug genug sind, um sich ändern zu können? Wie hängen diese Gedanken mit Ihren Lebensfallen zusammen? Und wie mit Ihren Grundüberzeugungen? Es ist normal, ambivalente Gefühle in Bezug auf Veränderungen zu haben.

ÜBUNG 11

Eine Verhaltensweise ändern

Denken Sie an eine Verhaltensweise, die mit einer Lebensfalle zusammenhängt und die Sie ändern möchten. Notieren Sie sich in Ihrem Tagebuch die sechs Stufen der Veränderung. Dann schreiben Sie mithilfe der sechs Stufen Ihren Plan für die Veränderung Ihrer Lebensfalle auf. Achten Sie darauf, dass Sie spezifische Ziele aufstellen, einen detaillierten Aktionsplan entwerfen, spezifische Hindernisse einkalkulieren, denen Sie begegnen könnten, und einen Plan machen, wie Sie mit ihnen umgehen können. Lassen Sie sich dafür reichlich Zeit. Sie machen damit einen großen Schritt nach vorn, und Sie müssen sich dafür würdigen, dass Sie den Mut dazu aufbringen.

Nachdem Sie jetzt die Lebensfalle identifiziert haben, die Sie dringend ändern möchten, und Ihren Sechs-Stufen-Plan zur Veränderung schriftlich niedergelegt haben, gebe ich Ihnen einige Fertigkeiten an die Hand, die Ihnen helfen, die erwünschten Veränderungen auch zu erreichen.

6.2 Fertigkeiten, die Ihre Lebensfallen verändern

Achtsames Atmen, Achtsamkeitsmeditation und realistisches Denken sind die entscheidenden Bausteine, mit denen sich eine Veränderung erreichen lässt. Für mich sind sie die Grundlage für jegliche Veränderung, und ich nutze sie regelmäßig in meiner Praxis. Sie sind unglaublich hilfreich dafür, ungesunde Denk- und Reaktionsweisen zu verändern. Ich nutze sie auch selbst jeden Tag. Aber wie bei jeder Fertigkeit, die man erwerben möchte, braucht es Übung, Übung und noch einmal Übung, bis man gelernt hat, sie mühelos anzuwenden – und Entschlossenheit. Ihre neuen Künste werden sich anfangs ein wenig ungewohnt anfühlen. Es ist so ähnlich wie damals, als Sie Radfahren lernten und eines Tages auf die Stützräder verzichteten. Lange Zeit hatten Sie das Gefühl, Sie würden das nie richtig hinbekommen, aber Sie sind bei der Stange geblieben, weil Sie es lernen wollten. Nach einer Weile konnten Sie Rad fahren, ohne überhaupt noch daran zu denken. Die Fertigkeiten des achtsamen Atmens, der Achtsamkeitsmeditation und des realistischen Denkens werden Ihnen helfen, Ihre Grundüberzeugungen in den Griff zu bekommen, die Ihnen zur automatisierten Gewohnheit geworden sind. Sie werden Ihnen außerdem helfen, Ihr Bewusstsein zu schärfen, Ihre negativen Muster des Denkens und Fühlens wahrzunehmen und zu bewerten, und zu lernen, anders zu reagieren. All das ist notwendig, damit Sie Ihre Lebensfallen verändern können.

Achtsames Atmen

Die erste Fertigkeit, achtsames Atmen, wirkt sich sehr wohltuend auf Ihr Befinden aus. Es klingt ganz einfach, aber es ist erstaunlich, wie viele Menschen nicht korrekt atmen. (Achtsames Atmen ist nicht nur für sich allein genommen eine wichtige Fertigkeit, sondern auch die Grundlage für die Praxis der Achtsamkeitsmeditation, die Sie als Nächstes erlernen werden, um Ihre Lebensfallen verändern zu können.) Achtsames Atmen nennt man auch tiefes Atmen, Bauchatmung oder Zwerchfellatmung. Gesunde Erwachsene atmen automatisch etwa zwölf bis zwanzig Mal in der Minute ein und aus. Sie sind vielleicht überrascht, zu erfahren, dass Sie das wahrscheinlich nicht korrekt machen. Zum Beweis gehen Sie bitte jetzt sofort zu einem Spiegel und stellen Sie sich davor. Schauen Sie sich beim Atmen zu. Sie denken jetzt sicher: *Hey, was soll das? Ist das so wichtig?* Aber schauen Sie ganz genau hin, während Sie einatmen. Sie werden wahrscheinlich sehen, dass Ihre Schultern sich bei jedem Atemzug heben und Ihre Brust sich bei jedem Atemzug dehnt. Wenn Sie das nicht sehen, legen Sie eine Hand auf die Brust und die andere Hand auf den Bauch, in Höhe des Nabels. Was sehen Sie? Sehen und spüren Sie, wie die Hand auf Ihrer Brust sich hebt und senkt und dass die Hand auf dem Bauch sich nicht bewegt? Wenn ja, dann atmen Sie falsch. Sie bekommen natürlich Sauerstoff in Ihre Lungen, aber nicht bis in die unteren Lappen der Lungenflügel. Ihre Art des Atmens nennt man Brustatmung. Bei der richtigen Atmung ziehen Sie die Luft tief ein. Wenn Sie so atmen, werden Sie sehen, dass sich die Hand auf Ihrem Bauch bei jedem Atemzug vor und zurück bewegt, die Hand auf der Brust still liegt und die Schultern ebenfalls ruhig bleiben. Zu einer bestimmten Zeit Ihres Lebens haben Sie übrigens schon einmal richtig geatmet. Schauen Sie dem Atem eines Babys zu, wenn es schläft. Sie werden sehen, dass sich der Bauch des Babys hebt und senkt. Irgendwie haben wir auf dem Weg zum Erwachsenwerden diese Fähigkeit zum richtigen Atmen verlernt.

Obwohl uns die Brustatmung natürlich vorkommt, ist sie es nicht, und sie kann sogar Spannung und Angst erhöhen. Bei der Brustatmung sind Ihre Atemzüge flach, und die tieferen Lungenlappen werden nicht voll mit Sauerstoff versorgt, also bekommen Sie nicht so viel Sauerstoff, wie es von der Natur eigentlich gedacht ist. Das kann zum Gefühl der Kurzatmigkeit führen.

Wenn Sie zu Ängsten neigen oder wenn Sie in Ihrem Leben gerade Stress haben, fällt Ihnen vielleicht auf, dass Sie oft ein Engegefühl in der Brust spüren, als läge ein Stahlband darum. Das liegt daran, dass Sie Spannung in Ihren Schultern festhalten. Diese Spannung führt dazu, dass Sie die Schultern anspannen und nach vorn ziehen, ohne es überhaupt zu bemerken. Das trägt zur Brustatmung bei und zieht nach sich, dass man nicht genug Sauerstoff in die tieferen Lungenlappen bekommt. Wenn Menschen Angstanfälle haben, sagen sie oft, dass sie dabei kurzatmig sind und das Gefühl haben, es liege ein Stahlband um ihre Brust.

Erinnern Sie sich an die drei Stressreaktionen – Kampf, Flucht oder Erstarren? Tägliche Reibungen jeder Art aktivieren die Stressreaktion unseres Körpers und führen dazu, dass wir auf einem erhöhten Erregungsniveau bleiben. Das hat seinen Preis und wirkt sich auf das Immunsystem unseres Körpers aus. Es kann zu allen möglichen gesundheitlichen Problemen beitragen, wie etwa Bluthochdruck, Neigung zu Ängsten und Depressionen, Herzerkrankungen und einem geschwächten Immunsystem, sodass wir anfälliger für Erkältungen und andere Infektionen werden. Bauchatmung stoppt die Stressreaktion, weil sie eine volle Sauerstoffaufnahme ermöglicht. Sie verlangsamt den Herzschlag und kann den Blutdruck senken oder stabilisieren. Achtsames Atmen kann Ihnen helfen, Ihre Lebensfallen zu verändern, weil es dazu beiträgt, dass Sie entspannt bleiben können. Wenn Christy allein zu Hause war und Angst bekam, nahm sie sich ein paar Minuten Zeit, sich still hinzusetzen und sich auf ihre Atmung zu konzentrieren. Sie stellte fest, dass ihre Angst dann vorbeiging und zugleich auch das Verlangen, in den sozialen Medien auf die Suche zu gehen. Stattdessen konnte sie sich auf ihr Leben besinnen und sich etwas Gutes tun, etwa einen Film anschauen oder sich ein schönes Abendessen zubereiten. Weil achtsames Atmen in so vielfältiger Weise wichtig ist, wollen wir es üben.

ÜBUNG 12

Achtsames Atmen

Stellen Sie sich vor einen Spiegel. Legen Sie eine Hand auf Ihren Bauch und eine auf Ihre Brust. Schauen Sie, ob Sie bis in den Unterbauch atmen können. Versuchen Sie es eine Minute lang. Oder Sie können sich auch flach auf den Rücken legen, um das zu versuchen. Auf diese Weise kann man den Atemfluss manchmal besser spüren.

Diese Atmung sollte für Sie der Normalfall werden. (Ich kann schon gar nicht mehr anders atmen, nachdem ich das jetzt gelernt habe.) Versuchen Sie es mit einem beruhigenden Wort, das Sie sich beim Einatmen und Ausatmen sagen, etwa *ruhig* oder *entspanne dich*. Manchmal stelle ich mir auch gerne eine Farbe vor. Ich sehe beim Einatmen goldene oder weiße Luft meine Lungen und meinen Körper füllen und beim Ausatmen rosa oder lavendelfarbene Luft ausströmen. Sie können sich jede Farbe aussuchen, die Sie wollen.

Achtsames Atmen ist eine Fertigkeit. Sie können sie nutzen, um sich zu entspannen und Ihrem Körper und Ihrem Geist Erholung zu gönnen. Ich empfehle, dass Sie am Anfang eine Minute am Tag achtsames Atmen üben und sich dann nach und nach auf zehn Minuten täglich steigern. Diese Fertigkeit entspannt Sie nicht nur, sondern lädt Sie auch wieder auf. Sie verlangsamt das Tempo Ihres Tages und bringt Sie in die Gegenwart. Üben Sie achtsames Atmen mindestens einmal am Tag oder so oft Sie wollen, um sich zu entspannen und zu erfrischen, oder einfach, um sich an einem besonders stressreichen Tag zu zentrieren. Als Nächstes werden Sie Achtsamkeitsmeditation erlernen. Zum Auftakt möchte ich Ihnen zunächst ein wenig Hintergrundinformation über Achtsamkeit und Achtsamkeitsmeditation geben.

Achtsamkeitsmeditation

Die Übung der Achtsamkeit, die vom Buddhismus her kommt, ist ein Weg, Einsicht in Ihre Gedanken sowie Handlungs-, Denk- und Reaktionsmuster zu gewinnen, indem Sie sich ihrer bewusst werden. Diese Erkenntnisse werden Ihnen helfen, negative Grundüberzeugungen zu verändern und das ungesunde Muster der gewohnheitsmäßigen Wiederholung narzisstischer Beziehungen zu durchbrechen.

Achtsamkeit ist eine Form der Meditation. Ich weiß, dass Sie jetzt vielleicht denken: *Oh nein, sagen Sie bloß nicht, ich muss meditieren.* Doch, das müssen Sie, weil das eine wirklich wichtige und wertvolle Fähigkeit ist. Versprochen. Sie heißt „Achtsamkeit", weil Sie beim Meditieren Ihren Gedanken und Ihren körperlichen Empfindungen Aufmerksamkeit schenken – Sie sind achtsam. Das tun Sie, ohne etwas zu erwarten und ohne zu urteilen. Sie verzichten also auf Urteile wie: *So sollte ich nicht denken.* Oder: *Ich bin ein schrecklicher Mensch. Kein Wunder, dass er mich nicht mag.* Oder: *Das schaffe ich nie.* Stattdessen beobachten Sie einfach Ihre Gedanken. Es ist, als schauten Sie auf eine Kinoleinwand und ließen Ihre Gedanken darauf vorbeiziehen. Sie brauchen nichts weiter zu tun, als ihr Vorüberziehen zu beobachten. Halten Sie sie nicht fest und beurteilen Sie sie nicht. Lassen Sie sie einfach da sein.

Was heißt das nun? Statt unsere negativen Grundüberzeugungen zu vermeiden, nehmen wir wahr, dass sie da sind, ohne zu urteilen. Das gibt uns die Freiheit, heil zu werden und uns zu entspannen. Ich schlage vor, Sie beginnen mit dem Buch *Stressbewältigung durch Achtsamkeit: Das MBSR-Praxisbuch* von Bob Stahl und Elisha Goldstein[17] Dieses Buch wird Sie durch ein Programm der *Mindfulness-Based Stress Reduction* (MBSR; Achtsamkeitsbasierte Stressreduktion) führen, das ursprünglich an der Medizinischen Fakultät der University of Massachusetts entwickelt wurde. Die Achtsamkeitsmeditation hat unglaubliche Vorteile für die Gesundheit und das Wohlbefinden:

- Sie stärkt das Immunsystem.
- Sie steigert das Gefühl des Wohlbefindens und des Glücks.
- Sie vermindert die Stressreaktion, sodass Sie sich schneller aus emotional aufwühlenden Situationen lösen können.
- Sie beschleunigt das Tempo der Informationsverarbeitung und verbessert dadurch Konzentration und Aufmerksamkeit.
- Sie verringert Ängste, bremst das Gedankenkarussell und wirkt dem Grübeln entgegen (also Gedanken, die Ihnen nicht aus dem Kopf gehen).

Wie Sie sehen, kann die Praxis der Achtsamkeitsmeditation Ihnen helfen, die negativen Grundüberzeugungen in Angriff zu nehmen und zu verändern, die mit Ihren Lebensfallen zusammenhängen. Vor allem lernen Sie dadurch, sich weniger selbst zu verurteilen, eine höhere Selbstannahme zu erreichen und nicht mehr Gefangene Ihrer negativen Gedanken und Grundüberzeugungen zu sein. Ich sehe die Achtsamkeitsmeditation als ein Wundermittel an. Sobald Sie sie erlernt haben, werden Sie das garantiert ebenfalls tun.

ÜBUNG 13

Formelle Achtsamkeitsmeditation

Diese Achtsamkeitsmeditation wirkt am besten, wenn sie täglich durchgeführt wird. Wenn Sie noch nie meditiert haben, schlage ich Ihnen vor, mit einer Minute Meditation zu beginnen und das mit der Zeit auf drei Minuten oder länger zu steigern. Ich stelle einen Timer auf meinem Handy ein, aber eine Eieruhr tut es ebenso gut.

1. Nehmen Sie eine beliebige Position ein, die für Sie angenehm ist – setzen oder stellen Sie sich hin oder legen Sie sich hin. Es gibt keine vorgeschriebene Haltung. Sie können die Augen offen lassen oder schließen, wie es Ihnen lieber ist. Ich finde, dass es mit geschlossenen Augen leichter geht, aber das gilt eben für mich.

2. Nutzen Sie Ihre Fertigkeit, achtsam zu atmen, um tief ein- und auszuatmen, wobei Sie entspannt in den Bauch atmen.

3. Werden Sie sich aller körperlichen Empfindungen bewusst, die auftauchen. Stellen Sie einfach fest, dass sie da sind, und lassen Sie sie dann los.

4. Achten Sie darauf, welche Gedanken Ihnen durch den Kopf gehen, aber messen Sie ihnen möglichst keine Bedeutung zu und beurteilen Sie sie nicht. Es sind nur Gedanken. Lassen Sie sie vorbeiziehen. Versuchen Sie, keine Erwartungen zu haben. Machen Sie sich keine Sorgen, wenn Ihre Gedanken hierhin und dorthin wandern, holen Sie sie einfach sanft in die Gegenwart zurück, indem Sie sich einen Augenblick lang auf Ihre Atmung konzentrieren.

Sie sollten wissen, dass Sie durch die Durchführung dieser Übung nicht nur Ihre Gesundheit verbessern, sondern auch einen Weg erlernen, sich selbst anzunehmen, weil Sie alle Gedanken akzeptieren, die auftauchen. Praktizieren Sie diese Meditation täglich.

Nachdem Sie diese kurze Achtsamkeitsmeditation abgeschlossen haben, schreiben Sie bitte in Ihr Tagebuch, was dabei in Ihnen aufgetaucht ist: Gedanken, Gefühle, körperliche Empfindungen. Nehmen Sie sich Zeit, das Erlebte zu erkunden. Oft haben die Gedanken, die an die Oberfläche kommen, mit Ihren Kindheitsverletzungen und Grundüberzeugungen zu tun. Sie stoßen vielleicht auch auf einige Gedanken über sich selbst, von denen Sie bisher nichts wussten.

Die nächste Achtsamkeitsübung besteht darin, während Ihres Alltagslebens im Augenblick zu sein. Diese informelle Achtsamkeitsfähigkeit wird Ihnen helfen, das Tempo zu drosseln und in die Gegenwart zu kommen. Sie werden Ihr Leben bald wesentlich mehr zu schätzen und zu genießen wissen, wenn Sie auf die Welt um Sie herum achten.

ÜBUNG 14

Informelle Achtsamkeit

Halten Sie bei jeglicher Aktivität immer wieder inne und lenken Sie Ihre Aufmerksamkeit auf das, was Sie gerade tun. Wenn Sie beispielsweise das nächste Mal eine Straße entlanggehen, nehmen Sie einmal einen tiefen Atemzug und achten Sie beim Gehen auf alles. Spüren Sie, wie Ihre Füße den Boden berühren. Nehmen Sie jeden Schritt wahr. Spüren Sie, wie sich Ihre Kleidung beim Bewegen auf Ihrem Körper anfühlt. Nehmen Sie die Luft wahr, die Sie einatmen. Nehmen Sie sogar Ihre Stimmung wahr. Seien Sie einfach gegenwärtig und genießen Sie den Augenblick. Wir sind alle viel zu sehr damit beschäftigt, herumzurennen, und bemerken dabei nichts von der Freude, die die Welt um uns herum uns bietet. Sie können informelle Achtsamkeit bei allen möglichen Aktivitäten üben. Hier sind ein paar Beispiele aus meinem Leben:

- beim Gehen, wo auch immer, im Wald oder einfach auf der Straße
- beim Reiten
- beim Duschen
- beim Einkaufen von Lebensmitteln
- beim Essen

Jetzt machen Sie sich in Ihrem Tagebuch eine Liste, wann und wobei Sie Achtsamkeit üben können.

Sie können informelle Achtsamkeit auch einsetzen, um ein Ziel zu erreichen. Sagen wir, Sie würden aus gesundheitlichen Gründen aktiv versuchen, abzunehmen. Sie können Achtsamkeit praktizieren, wenn Sie Ihre Einkaufsliste zusammenstellen. Beim Schreiben Ihrer Liste spüren Sie den Stift in Ihrer Hand und den Druck, den Sie auf das Papier ausüben, achten auf die Gedanken und Gefühle, die Sie haben, und spüren beim Schreiben Ihren Körper. Stehen Sie? Spüren Sie Ihr Gewicht auf den Beinen und Füßen. Sitzen Sie? Spüren Sie Ihren Körper auf dem Stuhl oder Sofa. Atmen Sie, entspannen Sie sich und nehmen Sie alles wahr. Oder vielleicht gehen Sie gerade zwischen den Regalen des Lebensmittelladens hindurch. Nehmen Sie die Farbe, den Geruch, die Textur und die Größe eines jeden Produkts wahr, das Sie aussuchen. Spüren Sie Ihre Hände auf dem Einkaufswagen und den Druck, den Sie zum Schieben brauchen. Achten Sie auf die sich drehenden Räder. Nehmen Sie alles wahr. Beachten Sie Ihre Gedanken. Lassen Sie sie einfach da sein, ohne irgendetwas an ihnen festzumachen. Es sind einfach nur Gedanken.

Wenn Sie Ihr Essen zubereiten, spüren Sie die Textur und beachten Sie den Geruch. Und wenn Sie essen, seien Sie bei jedem Bissen achtsam. Essen Sie langsam und nehmen Sie wahr, wie das Essen riecht, wie es sich in Ihrem Mund anfühlt und wie es schmeckt. Nehmen Sie Ihre Gefühle wahr. Sind Sie ängstlich, beunruhigt, deprimiert? Sind Sie hungrig?

Achtsamkeit hilft uns, unsere Lebensfallen zu verändern, weil sie uns lehrt, unsere Gedanken nicht zu beurteilen. Aber ebenso wichtig ist es, unsere Gedanken und Überzeugungen richtig zu interpretieren. Wer negative Grundüberzeugungen hat, neigt dazu, die Welt in einer ängstlichen und verzerrten Weise zu interpretieren, und das führt zu ungesunden, negativen Reaktionsweisen. Sie haben bereits gelernt, wie Ihre Grundüberzeugungen die Wahl Ihrer Dating-Partner beeinflussen. Es ist von größter Wichtigkeit, dass Sie lernen, Ihre angstvollen und verzerrten Gedanken in den Griff zu bekommen, damit Sie die Verhaltensweisen Ihres Partners zutreffend einschätzen und deuten können. Die nächste Fertigkeit – realistisches Denken – wird Sie das lehren.

Realistisches Denken

Realistisches Denken, auch „rationales Denken" genannt, ist eine weitere wichtige Fertigkeit. Es ist ein höchst effektives kognitives Werkzeug, das von dem berühmten Psychologen Albert Ellis, Pionier der kognitiven Verhaltenstherapie, in therapeutische Prozesse eingebunden wurde. Durch *realistisches Denken* lernen Sie, Ihre Umgebung korrekt einzuschätzen und zu interpretieren, indem Sie mithilfe gezielter Fragen Ihre Gedanken auf den Prüfstand stellen. Gedanken voller Angst sind fast immer verzerrt. Wenn ich beispielsweise fürchte, dass die Menschen mich nicht mögen, und jemanden neu kennenlerne, dann nehme ich an, dass der Betreffende mich nicht mag, und interpretiere sein Verhalten so, dass es meine Vermutung stützt. Wenn diese Person dann etwa einfach nur schüchtern ist und nicht viel redet, meine ich schnell, das liege daran, dass sie mich nicht sympathisch findet. Als Reaktion darauf verhalte ich mich vielleicht unfreundlich oder meide diese Person. Dabei habe ich aufgrund meines verzerrten Denkens möglicherweise eine Gelegenheit verschenkt, einen neuen Freund oder eine neue Freundin zu gewinnen. Aber woher wissen Sie, ob Ihr Denken verzerrt ist? Realistisches Denken ist die Fertigkeit, die Sie dabei leiten wird.

Realistisches Denken ist nicht dasselbe wie positives Denken. „Positives Denken" bedeutet, eine optimistische Haltung dadurch zu bewahren, dass man denkt, in einer gegebenen Situation werde das Beste eintreffen, nicht das Schlimmste. Ich finde jedoch, dass das zu kurz greift, weil es keine Beruhigung bietet, die Sie wirklich glauben können. Einfach nur zu sagen: „Es wird schon gut gehen", wird nicht glaubhaft sein, wenn ein Problem bestehen bleibt. Wenn Sie sich hingegen auf *Belege* stützen, um eine Situation richtig zu interpretieren und einzuschätzen, warum und wie sie gut ausgehen wird, können Sie das viel eher glauben und darin Sicherheit finden. Beim realistischen Denken stellen Sie sich gezielte Fragen und nutzen Ihre Antworten dafür, einen bestimmten Gedanken zu beurteilen oder anzufechten. Wahrscheinlich kommen Sie dann zu einer anderen Interpretation und einer viel ausgewogeneren Schlussfolgerung. Ein Beispiel aus meiner Praxis wird das illustrieren. Erinnern Sie sich noch an Christy, die aufhören wollte, ihren Exfreund zu „stalken", nachdem Sie sich von ihm getrennt hatte? Ich setzte realistisches Denken ein, um ihr zu helfen, die Situation anders zu beurteilen.

Eines Tages kam Christy sehr aufgeregt in ihre Therapiestunde und sagte, sie hätte seit drei Nächten nicht mehr richtig geschlafen, weil sie in den sozialen Medien etwas gesehen hätte, was sie ganz aufgewühlt hätte. Ich hatte ihr die sechs Stufen der Veränderung beigebracht, die sie auch praktizierte, aber sie war auf ein Hindernis gestoßen, und es war nötig, ein wenig nachzuhelfen, damit sie durchhielt. Erinnern Sie sich, dass sie einen narzisstischen Freund hatte, der sie über Affären mit anderen Frauen angelogen hatte? Das hatte ihr das Herz gebrochen, und sie hatte die Beziehung beendet. Obwohl sie erst vor drei Wochen mit ihm Schluss gemacht hatte, sah sie an den Fotos und Kommentaren in den sozialen Medien, dass er offenkundig zu neuen Ufern aufgebrochen war und ein wundervolles Leben führte, während sie am Boden zerstört und einsam war.

Ihr ständiges, exzessives Grübeln darüber beschäftigte sie Tag und Nacht. Christy wachte nachts auf, fühlte sich bedrückt und konnte nicht wieder einschlafen. Am nächsten Tag war sie bei der Arbeit in miserabler Verfassung – sie hatte verquollene Augen, war müde und gereizt. Sie wurde von zwanghaften Gedanken an ihren Exfreund überwältigt und empfand sich mal als eine komplette Niete, die nie Liebe finden würde, dann wieder war sie wütend auf ihn, weil er alles kaputtgemacht hatte.

Als sie ihre Geschichte zu Ende erzählt hatte, erklärte ich ihr, ich würde ihr eine Methode beibringen, mit deren Hilfe sie die Situation realistischer einschätzen lernen würde, sodass sie beurteilen könne, ob ihr Exfreund tatsächlich ein so wundervolles Leben habe und ob sie tatsächlich eine Niete sei. Zunächst bat ich sie, ihre Vermutung in Form einer Aussage oben auf einen Notizblock zu schreiben. Sie schrieb: „Tony hat ein wundervolles Leben." Dann ließ ich sie in der Mitte der Seite einen senkrechten Strich ziehen, sodass zwei Spalten entstanden. Dann sagte ich, sie solle in der einen Spalte Belege dafür notieren, dass ihre Aussage „Tony hat ein wundervolles Leben" richtig sei, und in der anderen Spalte Belege dafür, dass sie falsch sei. Dann fragte ich sie: „Welche Belege haben Sie dafür, dass Tony ein wundervolles Leben hat?" Sie antwortete, sie glaube das, weil sie Fotos davon gesehen habe, wie Tony mit Freunden im Urlaub am Strand eine Party feiere. Auf einem der Fotos war auch ein sehr hübsches Mädchen zu sehen.

Ich erklärte, Tonys Fotos seien keine *Belege* dafür, dass er ein wundervolles Leben habe, sondern nur Belege dafür, dass er mit Freunden am Strand war. Sie schwieg einen Augenblick, um über das nachzudenken, was ich gerade gesagt hatte, und erklärte dann, sie verstehe. Dann fragte ich sie, ob sie noch weitere *Belege* dafür habe, dass Tony dieses vermeintlich tolle Leben führe. Die hatte sie nicht, deshalb fragte ich weiter: „Welche Belege haben Sie dafür, dass Tony vielleicht kein so wundervolles Leben hat?" Sie sagte, sie hätte gehört, er hätte seine Stelle verloren, weil man ihn am Arbeitsplatz beim Lügen erwischt hätte. Sie ergänzte, er versuche immer, den einfachsten Weg zu nehmen und ungeschoren davonzukommen. Er hätte nie die Geduld, seinen Verpflichtungen nachzukommen und die Leiter Sprosse um Sprosse zu erklimmen. Er wolle den schnellen Erfolg.

Daraufhin fragte ich sie, ob sie glaube, dass jemand mit seinen Werten und seiner ethischen Haltung ein gutes Leben haben werde. Das verneinte sie. Dann schrieb sie: „Tony lügt und geht den einfachsten Weg. Am Arbeitsplatz denkt man nicht gut über ihn, und er kann keine Stelle lange behalten."

„Sonst noch etwas?", erkundigte ich mich. Sie sagte, sie hätte ihm eine Menge Geld leihen müssen, um ihm aus der Klemme zu helfen, weil er einen Arbeitsauftrag vermasselt hatte. Er hatte es ihr nie zurückgezahlt. Das war vor zwei Jahren. Er hatte es immer wieder versprochen, war aber nie so weit gekommen. Nach einer Weile versuchte er ihr Schuldgefühle einzuflößen, weil sie ihn überhaupt daran erinnerte: „Haben wir nicht eine Beziehung, in der wir Dinge teilen? Ist dein Geld nicht auch mein Geld?" Sie hörte auf, ihr Geld zurückzuverlangen, obwohl das hieß, dass sie sich keinen neuen Laptop kaufen konnte und seinen Ersatzlaptop benutzen musste, nachdem ihrer den Geist aufgegeben hatte.

Nachdem Christy ihre Vermutung, Tony habe ein wundervolles Leben, weil sie ihn in den sozialen Medien in einer Situation gesehen hatte, die nach Spaß aussah, gründlich beleuchtet hatte, wurde ihr klar, dass es zwar Fotos von ihm und Freunden an einem Strand gab, dass er aber in Wirklichkeit einfach wie gewohnt mit seinen Freunden herumhing, seinen Job verloren hatte und es wahrscheinlich nie weit bringen würde. Noch viel wichtiger war, dass er nicht der stabile, aufrechte Typ Mann war, dem sie trauen und mit dem sie eine Zukunft aufbauen konnte. Sie sagte, das verhelfe ihr zu der Erkenntnis, dass sie ihn nicht mehr zurückhaben wolle, so wie er war. Er sei nicht der Mann, für den sie ihn gehalten habe. Natürlich wünsche sie sich, er wäre anders, aber aufgrund seiner Vergangenheit wisse sie, dass es wenig wahrscheinlich sei, dass er sich ändere.

Daraufhin forderte ich sie auf, eine Schlussfolgerung oder eine Zusammenfassung zu formulieren. Sie schrieb: „Es ist wenig wahrscheinlich, dass er ein wundervolles Leben hat, und viel wahrscheinlicher, dass er noch immer der gleiche, verantwortungslose Bursche ist, der er immer war." Ich sagte, sie solle sich ihre Schlussfolgerung vor Augen halten, sooft sich ihr der Gedanke aufdränge, er habe ein wundervolles Leben.

An dieser Stelle hätten wir aufhören können, aber ich wollte ihr zeigen, dass sie über ihre Befürchtung auch tiefer nachdenken konnte (nämlich darüber, was nach meiner Vermutung ihrem ursprünglichen Gedanken über sein wundervolles Leben zugrunde lag). Ich bat sie, zu überlegen, was sie sonst noch daran gestört haben könnte, dass er ein wunderbares Leben hatte. Sie gab zu, dass sie zwar nicht mehr wirklich mit ihm zusammen sein wollte, sich aber darüber ärgerte, dass er anscheinend so viel Spaß hatte, während es ihr noch so schlecht ging. Das brachte alle möglichen Ängste über ihre Zukunft ans Licht. Wir gingen dann mithilfe derselben Technik auch diese Gedanken durch, die im Wesentlichen darin bestanden, dass sie immer allein bleiben und nie Liebe und Glück finden würde. Die Situation löste ihre tief sitzende Angst aus, dass sie immer allein sein würde, die mit ihrer Lebensfalle *Emotionale Entbehrung* zusammenhing. Am Ende konnte sie erkennen, dass es keine Belege für diese Gedanken gab, weil es einfach nur Ängste waren, und Ängste sind meist Verzerrungen. Sie hatte mehr Belege dafür, dass sie Eigenschaften besaß, die ihr eher das beruhigende Gefühl geben konnten, dass sie einen wunderbaren Mann finden würde, mit dem sie ihr Leben teilen konnte (allerdings müssten wir dafür an der Anziehungskraft arbeiten, die narzisstische Männer auf sie ausübten). Dann sagte ich ihr, wir würden einen Plan zur weiteren Verbesserung ihres Lebens ausarbeiten, sodass sie ihre Ziele erreichen konnte.

Realistisches Denken ist etwas anderes als positives Denken, weil es auf Belege setzt, die Schlussfolgerungen stützen, nicht auf blauäugige Plattitüden. Wenn Sie realistisches Denken anwenden, können Sie Vertrauen in die Richtigkeit Ihrer Schlussfolgerungen haben, weil sie auf Belegen beruhen. Jetzt können Sie diese Fertigkeit mit der folgenden Übung einüben.

ÜBUNG 15

Realistisches Denken

Denken Sie an etwas, was Ihnen in der letzten Zeit Sorgen gemacht hat. Das kann eine Interaktion mit jemandem gewesen sein oder die Wahrscheinlichkeit eines unerfreulichen Ereignisses oder die Tatsache, dass Ihr Partner Sie betrügt. Folgen Sie den gleich aufgelisteten Schritten.

1. Formulieren Sie Ihre Befürchtung als Aussage. Schreiben Sie sie oben auf ein Blatt Papier oder in Ihr Tagebuch.

2. Verwenden Sie die unten aufgeführten Fragen, um zu einer realistischeren Denkweise über den Gedanken oder die Angst zu gelangen, die Sie als Aussage formuliert haben. Machen Sie unter dieser Aussage zwei Spalten; die eine ist für Belege, dass Ihre Aussage wahr ist, die andere für Belege dafür, dass Ihre Aussage nicht wahr ist. Schreiben Sie Ihre Überlegungen in die entsprechende Spalte.

3. Beginnen Sie mit den folgenden Fragen:
   - Welche Belege gibt es dafür, dass meine Aussage wahr ist?
   - Welche Belege gibt es dafür, dass meine Aussage nicht wahr ist?

4. Hinterfragen Sie jede Überlegung in der Pro- und Kontra- Spalte mit folgenden Fragen:
   - Trifft das *immer* zu?
   - Wie hoch sind die Chancen (Prozentsatz), dass das wirklich geschieht oder wahr ist?
   - Welche alternativen Gedanken oder Sichtweisen gibt es?
   - Was ist das Schlimmste, was passieren kann? Was ist so schlimm daran?
   - Welche logischen Fehler (Denkfehler) mache ich?
   - Was sind die Auswirkungen davon (Vor- oder Nachteile), dass ich so denke?
   - Habe ich das ganze Bild im Blick?
   - Bin ich völlig objektiv?
   - Was würde ich einem Freund / einer Freundin mit demselben Gedanken in derselben Situation sagen?
   - Na und?
   - Ist es wirklich so schlimm? Kann ich es wirklich nicht ertragen?

   Wenn Sie die Belege in der Pro-Spalte hinterfragen, werden Sie feststellen, dass sie sich fast immer in Luft auflösen, zumindest sind sie wenig wahrscheinlich. Hinterfragen Sie die Belege in der Kontra-Spalte, werden sie fast immer Beweise gegen Ihren Gedanken oder Ihre Angst sein, und das wird Ihren Glauben stärken, dass Ihre Befürchtungen unbegründet sind.

5. Am Ende machen Sie eine Gegenaussage auf der Grundlage der Belege, die gegen Ihre Befürchtung sprechen und auf die Sie zurückgreifen können, sooft dieser unproduktive, verzerrte, angstauslösende Gedanke wieder hochkommt.

Zusammengefasst ermöglicht realistisches Denken Ihnen, Ihr Gehirn als Werkzeug einzusetzen, um Ihre Gedanken auf der Grundlage von Belegen richtig einzuschätzen und zu interpretieren. Wer negative Grundüberzeugungen hat, muss diese Verzerrungen wachsam hinterfragen. Wenn Sie realistisch denken, haben Sie mehr Kontrolle über Ihre Gedanken und Ihre Reaktionen auf belastende Ereignisse.

Manchmal ist es hilfreich, wenn Sie Ihre Ängste für das Szenario des schlimmst-möglichen Falles durchspielen. Beispielsweise fürchten Sie vielleicht, dass Sie bei der nächsten Entlassungswelle Ihre Stelle verlieren. Sie können vielleicht Belege dafür finden, dass Ihre Entlassung wenig wahrscheinlich ist, aber Sie haben natürlich keine Kontrolle über den tatsächlichen Entscheidungsprozess. In diesem Fall kann Ihnen die Frage „Na und?" oder „Ist das wirklich so schlimm?" helfen, aus dem Schwarz-malen herauszukommen. Statt sich eine Katastrophe vorzustellen, können Sie ak-zeptieren, dass Sie nur Ihr Bestes tun und darauf vertrauen können, dass es Ihnen zwar nicht gefallen würde, entlassen zu werden, dass Sie es aber überleben würden. Ein Beleg dafür wäre etwa, dass Sie eine gute, geschickte Netzwerkerin sind und dass Sie bereits Ihren beruflichen Lebenslauf für eine eventuelle Bewerbung zusammen-gestellt haben.

Realistisches Denken mit der Praxis der Achtsamkeit zu verbinden, die Sie ins Hier und Jetzt holt, statt dass Sie in die Vergangenheit oder Zukunft verschwinden, ist außerordentlich wertvoll. Viel zu oft grübeln wir über frühere Fehler und Verluste nach, bedauern Gewesenes oder machen uns Sorgen über etwas, das in der Zukunft eintreten kann oder auch nicht. Die Wahrheit ist, dass die Vergangenheit vorbei und die Zukunft noch nicht da ist. Machen Sie ruhig Pläne für die Zukunft oder denken Sie über die Vergangenheit nach, aber seien Sie sich dessen bewusst, dass es Zeit- und Energieverschwendung ist, sich dauerhaft über das aufzuregen oder in dem gefangen zu sein, was in der Vergangenheit geschehen ist oder in Zukunft geschehen könnte. Tatsächlich wird sich Ihr heutiges Grübeln nicht mehr auf die Vergangenheit aus-wirken. Sie ist vorbei. Ich sage den Frauen, mit denen ich arbeite, dass das einzig Wertvolle, das man aus der Vergangenheit mitnehmen kann, eine Lehre ist. Sich Sorgen machen bedeutet Angst, und das einzige Gegenmittel gegen die Angst ist Be-ruhigung. Wenn also das, was Sie am meisten fürchten, eintreten sollte, ist das Beste, was Sie sich sagen können, dass Sie in der Lage sein werden, damit fertigzuwerden, aus den Gründen, die Sie bereits genannt haben. Ich sage mir in solchen Fällen: *Okay, ich hoffe wirklich inständig, dass das nicht passiert, aber wenn es doch kommt, weiß ich, dass ich klug bin, dass ich Ressourcen habe und dass ich Freunde und Freundin-nen habe, die noch klüger sind als ich, also werde ich es durchstehen.* Und normaler-weise füge ich noch an: *Es wird mir nicht gefallen, und ich fühle mich vielleicht eine Zeit lang am Boden zerstört, aber ich werde es durchstehen. Ich werde es überleben.* Selbst wenn Sie nicht glauben, dass Sie das überleben werden, was Sie fürchten, ver-spreche ich Ihnen, dass Sie es doch überleben. Es wird Ihnen nicht gefallen, und es kann niederschmetternd sein, aber Sie werden es überleben. Menschen überleben die schrecklichsten Tragödien. Wenn Sie sich auf diese Weise beruhigen, werden Sie alles überleben, was die Zukunft Ihnen zumuten mag. Sie können aufhören, Ihre Zeit und Energie damit zu verschwenden, sich darüber Sorgen zu machen.

6.3 Wie Sie Ihre Lebensfallen verändern

Bisher haben Sie in diesem Kapitel gelernt, wie eine Veränderung vor sich geht (die sechs Stufen der Veränderung), und auch mehrere Fertigkeiten erworben, mit deren Hilfe Sie Ihre Lebensfallen wirksam verändern können: achtsames Atmen, Achtsamkeitsmeditation und realistisches Denken. Jetzt wollen wir alle Bausteine der Veränderung zusammenfügen, um zu sehen, wie Sie jede einzelne Lebensfalle ändern können. Ich rekapituliere dafür kurz die Grundüberzeugungen und Verhaltensweisen, die zu den Fallen gehören, liste häufige Gedanken auf, die Sie vielleicht haben, biete Ihnen Handlungen oder Aufgaben an, die einerseits gezielt die Grundüberzeugungen ändern sollen, die Sie gefangen halten, und Ihnen andererseits helfen sollen, sich von ihnen zu befreien. Dazu werde ich Ihnen Affirmationen an die Hand geben, die Ihre Entschlossenheit, sich zu ändern, stärken und fördern sollen. All das wird zusammenwirken, damit Sie aus Ihren Lebensfallen herauskommen können.

Die Lebensfalle *Verlassenheit* ändern

Bei der Lebensfalle *Verlassenheit* glauben Sie, dass alle Sie verlassen werden. Sie fürchten, dass Sie abgelehnt werden. Um eine Ablehnung zu vermeiden, sind Sie in Beziehungen vielleicht anklammernd und eifersüchtig. Um Ihre Angst vor Verlassenheit zu kontrollieren, beenden Sie Beziehungen abrupt oder bringen andere dazu, sie zu beenden, oder vermeiden Beziehungen von vornherein. Das gilt für alle Arten von Beziehungen, nicht nur Liebesbeziehungen. Möglicherweise haben Sie Gedanken folgender Art:

- *Ich vertraue Menschen nicht, weil ich fürchte, sie werden mich ablehnen oder verlassen.*
- *Ich entscheide mich dafür, lieber manchmal allein zu sein, als zu riskieren, dass ich verlassen werde.*
- *Ich tue alles, was ich kann, um jemanden in einer Beziehung festzuhalten.*
- *Manchmal manipuliere ich eine Beziehung so, dass sie ein Ende findet.*

Sie können sich aber aus der Lebensfalle *Verlassenheit* befreien. Hier sind einige konkrete Handlungsmöglichkeiten, die Ihre Befreiung fördern:

- Fangen Sie jeden Tag ein Gespräch mit einem Freund / einer Freundin oder mit einem Kollegen / einer Kollegin an. Es muss nicht lang sein, nur ein oder zwei Minuten. Steigern Sie die Länge nach und nach, sobald Sie sich damit wohler fühlen.
- Stoßen Sie eine gemeinsame Aktivität in der Woche an. Schlagen Sie beispielsweise jemandem vor, gemeinsam essen zu gehen, ins Kino zu gehen, einkaufen zu gehen, einen Spaziergang zu machen, gemeinsam zu joggen oder einen Vortrag

zu hören. Sie können nur verlässliche Freundschaften aufbauen, wenn Sie Zeit mit anderen Menschen verbringen.

- Gehen Sie das Risiko ein, sich verletzlich zu machen, und bitten Sie um das, was Sie möchten oder brauchen, statt eifersüchtig, besitzergreifend oder manipulativ zu werden. Wenn Sie um das bitten, was Sie brauchen, entsteht Vertrauen. Praktizieren Sie realistisches Denken, um zu sehen, ob Ihre Erwartungen realistisch sind.

Als weitere Unterstützung bei der Befreiung aus Ihrer Lebensfalle setzen Sie Affirmationen ein, die Ihre Entschlossenheit stärken. Hier sind einige Beispiele:

- Ich entscheide mich dafür, das Risiko der Verletzlichkeit einzugehen, um mich zu ändern.
- Ich bin mutig.
- Ich ändere mich.

Die Lebensfalle *Misstrauen / Missbrauch* ändern

Bei der Lebensfalle *Misstrauen / Missbrauch* können Sie nur schwer glauben, dass andere Sie nicht verletzen oder misshandeln werden. In Ihren Beziehungen fühlen Sie sich oft hilflos und ohnmächtig. Möglicherweise glauben Sie sogar, dass Sie verdient haben, missbraucht oder misshandelt zu werden. (Und das ist natürlich *niemals* richtig.) Vielleicht haben Sie Gedanken folgender Art:

- *Ich vertraue den Menschen nicht.*
- *Ich fühle mich hilflos und ohnmächtig.*
- *Ich verdiene es, schlecht behandelt zu werden.*

Bitte beachten Sie: Wenn Sie ein Kindheitstrauma oder ein Trauma im Erwachsenenalter erlebt haben und es nicht in einer Therapie durchgearbeitet haben, seien Sie bitte sehr vorsichtig mit allen Übungen, bei denen Sie aufgefordert werden, in Ihre Gedanken und Gefühle einzutauchen. Ich bin besorgt um Sie und möchte Ihnen dringend empfehlen, bei einem qualifizierten Traumatherapeuten in Behandlung zu gehen, der mit Menschen arbeitet, die ein Trauma überlebt haben. Falls Sie das momentan nicht tun möchten, seien Sie bitte vorsichtig bei den Aufgaben, die ich empfehle. Wenn Sie spüren, dass es für Sie schwierig wird, können Sie jederzeit aufhören. Sie können später auf die Aufgaben zurückkommen, wenn Sie das möchten. Wenn Sie aber sehen, dass Sie anhaltend eine starke und negative Reaktion darauf haben, rate ich Ihnen, sich behandeln zu lassen.

Sie können sich aber aus der Lebensfalle *Misstrauen / Missbrauch* befreien. Hier sind einige konkrete Handlungsmöglichkeiten, die Ihre Befreiung fördern:

- Stellen Sie eine Liste von vertrauenswürdigen Freunden, Angehörigen und / oder Arbeitskollegen zusammen, die Sie unterstützen können.
- Wählen Sie eine Person aus Ihrer Liste aus und suchen Sie das Gespräch mit ihr. Vielleicht haben Sie gesehen, dass diese Person anderen gegenüber freundlich oder empathisch war. Entwickeln Sie eine engere Beziehung zu ihr, in der Sie mehr über die Person erfahren und nach und nach auch mehr von sich selbst preisgeben. Gehen Sie dabei so langsam vor, wie es für Sie nötig ist, bleiben Sie aber dabei. Irgendwann können Sie vielleicht auch Ihre Ängste und Ihr Misstrauen offenbaren. Das heißt nicht, dass Sie die Geschichte Ihres Missbrauchs, Ihrer Misshandlung oder Ihres Traumas offenbaren müssen. Es heißt nur, dass Sie die Person wissen lassen, dass es für Sie ein Risiko darstellt, sich auf eine Freundschaft einzulassen.
- Erledigen Sie jeden Tag kleine Aufgaben im Haushalt, um Ihr Gefühl der Kontrolle zu stärken. Räumen Sie eine Schublade auf, putzen und ordnen Sie einen Schrank oder machen Sie täglich Ihr Bett.
- Bitten Sie jemanden um Hilfe bei einer Schwierigkeit oder einer Aufgabe im Haus oder bei der Arbeit, die Sie lösen müssen. Bei alledem werden Sie lernen, dass es Menschen gibt, denen Sie vertrauen können.

Als weitere Unterstützung bei der Befreiung aus Ihrer Lebensfalle setzen Sie Affirmationen ein, die Ihre Entschlossenheit stärken. Hier sind einige Beispiele:

- Ich kann mich schützen.
- Ich habe vertrauenswürdige Freunde.
- Ich bin in Kontrolle.

Die Lebensfalle *Emotionale Entbehrung* ändern

Bei der Lebensfalle *Emotionale Entbehrung* haben Sie das Gefühl, dass niemand Sie versteht, und Sie glauben, dass es niemanden gibt, auf den Sie zählen können. Außerdem glauben Sie, dass Sie nichts Wertvolles oder Interessantes anzubieten haben. Sie schämen sich Ihrer selbst und haben das Gefühl, nirgendwo dazuzugehören. Ihr verzerrtes Selbstbild hindert Sie daran, sich mit anderen in lohnender Weise zu verbinden. Vielleicht haben Sie Gedanken folgender Art:

- *Ich kann nicht damit rechnen, dass jemand für mich da ist.*
- *Ich bin langweilig und habe nichts Interessantes zu sagen und / oder anderen anzubieten.*
- *Niemand versteht mich.*
- *Ich gebe mehr, als ich bekomme.*
- *Ich habe Angst davor, Menschen für mich sorgen zu lassen.*

Sie können sich aber aus der Lebensfalle *Misstrauen / Missbrauch* befreien. Hier sind einige konkrete Handlungsmöglichkeiten, die Ihre Befreiung fördern:

- Schenken Sie sich jeden Tag selbst etwas Schönes: eine Blume, eine extra Tasse Kaffee, ein Buch, ein neues Kleid, neue Handschuhe, eine Bibliotheksleihkarte. Sie könnten sich etwas „Leichtsinniges" kaufen, das Sie nicht brauchen, sondern einfach nur mögen und gerne hätten, wie etwa einen hübschen Schal.
- Machen Sie eine Liste mit fünfundzwanzig guten Eigenschaften, die Sie besitzen. Bitten Sie dabei niemanden um Hilfe. Die Einträge können etwas so Einfaches sein wie: „Ich bin eine gute Zuhörerin", „Ich habe an der Uni eine Auszeichnung für sportliche Leistungen bekommen" oder „Ich bin eine treue Freundin".
- Wenn es Ihnen nicht gut geht, rufen Sie jemanden an und bitten um Hilfe. Erlauben Sie dieser Person, sich um Sie zu kümmern, Ihnen einen Saft oder eine Suppe zu kaufen und zu Ihnen zu kommen, um Ihnen beizustehen.
- Sagen Sie einer Vertrauensperson etwas, wofür Sie sich schämen.

Als weitere Unterstützung bei der Befreiung aus Ihrer Lebensfalle setzen Sie Affirmationen ein, die Ihre Entschlossenheit stärken. Hier sind einige Beispiele:

- Ich bin wertvoll.
- Ich bin interessant.
- Ich bin es wert, geliebt zu werden.

Die Lebensfalle *Unzulänglichkeit / Scham* ändern

Bei der Lebensfalle *Unzulänglichkeit / Scham* sind Sie überzeugt, dass etwas von Grund auf verkehrt ist mit Ihnen. Sie wissen nicht, was das eigentlich ist, aber Sie wissen, dass irgendetwas an Ihnen schrecklich mangelhaft ist. Sie schämen sich Ihrer selbst so sehr, dass Sie nicht glauben, dass Sie es verdienen, geliebt zu werden. Wahrscheinlich spielen Sie anderen etwas vor, sodass sie Ihr „wahres Ich" gar nicht sehen können. Möglicherweise haben Sie Gedanken folgender Art:

- *Ich habe einen schrecklichen Mangel.*
- *Ich bin eine Schwindlerin.*
- *Ich bin wertlos.*

Sie können sich aber aus der Lebensfalle *Unzulänglichkeit / Scham* befreien. Hier sind einige konkrete Handlungsmöglichkeiten, die Ihre Befreiung fördern:

- Behandeln Sie sich selbst jeden Tag freundlich und respektvoll.
- Tun Sie jeden Tag etwas, das Ihnen ein gutes Gefühl in Bezug auf Sie selbst gibt.
- Verschaffen Sie sich jeden Tag ein Erfolgserlebnis (gehen Sie z. B. zur Gymnastik, kaufen Sie Lebensmittel für die ganze Woche, räumen Sie einen Schrank auf).
- Schätzen Sie Ihre Zeit: Verschenken Sie sie nicht ganz und gar an andere.

- Schätzen Sie Ihre Zukunft: Sparen Sie Geld für Ihr Alter, legen Sie ein Sparkonto an, zahlen Sie auf ein Rentenkonto ein.

Als weitere Unterstützung bei der Befreiung aus Ihrer Lebensfalle setzen Sie Affirmationen ein, die Ihre Entschlossenheit stärken. Hier sind einige Beispiele:
- Ich bin einzigartig und wertvoll.
- Ich liebe und respektiere mich.

Die Lebensfalle *Unterwerfung* ändern

Bei der Lebensfalle *Unterwerfung* sind Sie in der Überzeugung gefangen, dass andere Sie nicht lieben und sich nichts aus Ihnen machen werden, wenn Sie nicht ihre Bedürfnisse erfüllen und tun, was sie von Ihnen verlangen. Sie glauben, Ihnen bleibe nichts anderes übrig, als mit allem einverstanden zu sein, was andere wollen. Sie verzichten auf selbstbewusstes Auftreten, weil Sie fürchten, dann würde Ihnen jemand Liebe oder Dinge, die Sie brauchen, vorenthalten. Die Folge ist, dass Sie nicht um das bitten, was Sie brauchen, nicht Ihre Meinung sagen und niemandem widersprechen. Möglicherweise haben Sie Gedanken folgender Art:
- *Ich habe Angst, jemandem etwas abzuschlagen.*
- *Ich lasse zu, dass andere mich kontrollieren.*
- *Ich mache immer das, was von mir verlangt wird.*

Sie können sich aber aus der Lebensfalle *Unterwerfung* befreien. Hier sind einige konkrete Handlungsmöglichkeiten, die Ihre Befreiung fördern:
- Ehe Sie etwas tun, üben Sie bitte, sich folgende Fragen zu stellen: *Warum tue ich das? Wer hat etwas davon? Möchte ich das tun? Was habe ich für ein Gefühl dabei? Habe ich Freude daran?* Das wird Ihnen helfen, Ihr Bewusstsein dafür zu schärfen, warum Sie etwas tun.
- Üben Sie dadurch Selbstbehauptung, dass Sie Ihre Meinung äußern. Fangen Sie mit etwas Leichtem an. Wenn etwa ein Freund / eine Freundin oder ein Kollege / eine Kollegin einen Film, ein Restaurant oder eine gemeinsame Unternehmung vorschlägt, machen Sie einen Gegenvorschlag, ehe Sie zustimmen. Dabei geht es nicht darum, unfreundlich zu sein, sondern Erfahrungen damit zu machen, eine andere Meinung zu äußern. Der oder die andere mag Ihnen nicht zustimmen, aber darum geht es auch nicht. Sondern darum, den Mund aufzumachen und nicht stumm zu bleiben.
- Bitten Sie jemanden, Ihnen etwas zu erklären. So können Sie etwa die Bedienung in einem Restaurant bitten, Ihnen die Tagesgerichte zu erläutern, können einen Verkäufer bitten, Ihnen ein Produkt zu erklären, oder einen Kollegen / eine Kollegin bitten, Ihnen ein Projekt oder ein Dokument zu erläutern. Wieder geht es darum, den Mund aufzumachen und um etwas zu bitten.

Als weitere Unterstützung bei der Befreiung aus Ihrer Lebensfalle setzen Sie Affirmationen ein, die Ihre Entschlossenheit stärken. Hier sind einige Beispiele:

- Ich habe ein Recht auf meine eigene Meinung.
- Ich bitte um das, was ich möchte und brauche.
- Ich entscheide, was ich tun möchte.

Die Lebensfalle *Selbstaufopferung* ändern

Bei der Lebensfalle *Selbstaufopferung* sind Sie in der Überzeugung gefangen, dass Sie anderen helfen oder ihre Probleme lösen müssen. Das Problem ist, dass Sie bald so davon in Anspruch genommen sind, anderen zu helfen, dass Sie sich selbst vernachlässigen. Gelegentlich schleicht sich etwas Groll ein, aber Ihre Schuldgefühle machen Ihren Groll schnell wieder platt. Möglicherweise haben Sie Gedanken folgender Art:

- *Andere tun mir so leid, wenn sie leiden oder hilfsbedürftig sind. Ich möchte ihnen einfach helfen.*
- *Ich fühle mich schuldig, wenn ich mich an die erste Stelle setze, anderen nicht helfe oder gar Groll empfinde.*
- *Ich möchte andere nicht enttäuschen.*

Sie können sich aber aus der Lebensfalle *Selbstaufopferung* befreien. Hier sind einige konkrete Handlungsmöglichkeiten, die Ihre Befreiung fördern:

- Üben Sie es, Nein zu sagen. Versuchen Sie es mit: „Ich melde mich wieder" oder „Ich muss erst nachschauen, ob das geht". Damit gewinnen Sie Zeit, später Nein zu sagen.
- Wenn Sie den Drang verspüren, anderen zu helfen oder ihre Probleme zu lösen, fragen Sie sie stattdessen: „Was willst du tun, um das zu regeln?" Das hilft ihnen, selbst Lösungen zu finden, statt sie Ihnen aufzubürden. Dann seien Sie einfach still und widerstehen Sie dem Drang, etwas zu sagen. In Wahrheit tun Sie anderen keinen Gefallen, wenn Sie an ihrer Stelle die Regie übernehmen. Es ist besser, eine Grenze zu ziehen und freundlich und liebevoll auf Abstand zu gehen. Halten Sie sich vor Augen, dass Sie ihnen dennoch helfen. Das ist so ähnlich wie die Idee, dass Sie jemandem besser das Angeln beibringen, als ihm Fisch zu geben, denn dann kann er lernen, sich selbst Nahrung zu beschaffen.

Als weitere Unterstützung bei der Befreiung aus Ihrer Lebensfalle setzen Sie Affirmationen ein, die Ihre Entschlossenheit stärken. Hier sind einige Beispiele:

- Gut für mich selbst zu sorgen ist gesund.
- Ich helfe anderen am meisten, wenn ich Ihnen die Chance gebe, selbst Lösungen für ihre Probleme zu suchen.
- Enttäuschung ist ein normaler Bestandteil des Lebens.

Die Lebensfalle *Überhöhte Standards* ändern

Bei der Lebensfalle *Überhöhte Standards* hängen Sie in der Vorstellung fest, dass das, was Sie tun oder haben, nicht gut genug ist, sodass Sie sich mehr und mehr anstrengen, um Ihre unrealistischen Ziele zu erreichen. Vielleicht sind es Ihre Ziele, vielleicht auch die von jemand anderem. Vielleicht versuchen Sie die Anerkennung dieser anderen Person zu gewinnen. Diese Lebensfalle gibt es in drei Varianten: Leistungsorientiert (Workaholic), statusorientiert (muss das Beste haben) oder zwangsorientiert (versklavt an Perfektion und perfekte Ordnung). Sie können alle drei Arten haben oder zwei in beliebiger Kombination. Sie müssen Ihre Ziele erreichen, selbst wenn es Sie Ihre Gesundheit und Ihr Wohlbefinden kostet. Sie arbeiten hart und treiben intensiv Sport. Sie glauben, intensive körperliche Betätigung sei entspannend, aber das stimmt nicht. Sie wissen gar nicht, wie man sich entspannt. Ihre Work-Life-Balance ist gestört. Möglicherweise haben Sie Gedanken folgender Art:

- *Wenn ich mich zu entspannen versuche, habe ich das Gefühl, ich sei faul.*
- *Ich habe keine Freude an den Dingen, um derentwillen ich so viel Arbeit oder Anstrengung auf mich genommen habe.*
- *Ich weiß, dass meine Gesundheit leidet. Ich schlafe und esse schlecht und mache keinen Sport.*

Sie können sich aber aus der Lebensfalle *Überhöhte Standards* befreien. Hier sind einige konkrete Handlungsmöglichkeiten, die Ihre Befreiung fördern:

- Nehmen Sie sich einen Tag frei und machen Sie das, was Ihnen Spaß macht. Machen Sie richtig frei, sodass Sie nichts tun *müssen,* keinen Druck, keine Termine haben. Schauen Sie nicht nach E-Mails, die mit Ihrer Arbeit zu tun haben, und erledigen Sie keine beruflichen Telefonate.
- Üben Sie informelle Achtsamkeit, während Sie diesen freien Tag erleben: Setzen Sie all Ihre Sinne ein, um Ihre körperlichen Empfindungen und alles um Sie herum wahrzunehmen.
- Praktizieren Sie im Laufe dieses Tages auch immer wieder achtsames Atmen. Und denken Sie daran: Nichts tun ist durchaus etwas tun. Man nennt es Entspannung, und Entspannung ist sehr wichtig für Ihre Gesundheit und Ihr Wohlbefinden.
- Achten Sie darauf, ob an Ihrem freien Tag irgendwelche Gedanken oder Sorgen in Ihnen aufsteigen. Schreiben Sie sie auf und nutzen Sie dann realistisches Denken, um sie einzeln der Reihe nach durchzuarbeiten.
- Erinnern Sie sich im Laufe des Tages immer wieder daran, warum Sie das tun – beispielsweise, um sich entspannen zu lernen, um Ihre Work-Life-Balance zu verbessern, um etwas für Ihre Gesundheit und Ihr Wohlbefinden zu tun. Zollen Sie sich am Ende des Tages Anerkennung dafür, dass Sie das gemacht haben, und schauen Sie, ob Sie den Tag genossen haben.

Als weitere Unterstützung bei der Befreiung aus Ihrer Lebensfalle setzen Sie Affirmationen ein, die Ihre Entschlossenheit stärken. Hier sind einige Beispiele:

- Ich entscheide mich für eine gute Balance in meinem Leben.
- Entspannung stärkt mich, indem sie meinen Körper und meine Seele heilt.
- Ich entscheide mich dafür, mein Leben zu genießen.

Ich hoffe, das hilft Ihnen, zu sehen, wie Sie die Fertigkeiten in diesem Kapitel dafür nutzen können, Ihre Lebensfallen zu ändern. Kehren Sie häufig zu diesem Kapitel zurück, um sich Ermutigung und Anleitung zu holen, während Sie an der Befreiung aus Ihren Lebensfallen arbeiten.

Fassen wir zusammen

In diesem Kapitel haben wir uns auf die Bausteine konzentriert, mit deren Hilfe Sie Ihre Lebensfallen verändern können. Sie haben die sechs Stufen der Verhaltensänderung kennengelernt: Verleugnung, Bewusstwerdung, Vorbereitung / Entschluss, Umsetzung, Aufrechterhaltung und Rückfall. Sie können anhand dieser Stufen einen Plan erstellen, um ein bestimmtes negatives Verhalten zu verändern, das mit Ihrer Lebensfalle zusammenhängt. Wir haben den Unterschied zwischen einem Ausrutscher und einem Rückfall besprochen, nämlich, dass ein Ausrutscher ein momentanes Abweichen vom Weg ist, ein Rückfall ein länger anhaltendes. Rückfälle sind zwar frustrierend, aber Teil des Zyklus der Veränderung, und wenn Sie einen haben, erinnern Sie sich bitte daran, dass Sie den Mut hatten, den Versuch zur Änderung zu wagen, was an sich schon ein Schritt zu einer Veränderung hin ist. Sie haben gelernt, was beim Wunsch nach Veränderung der Schlüssel zum Erfolg ist: dass man klare Ziele hat und jedes Hindernis identifiziert, das einen aus der Bahn werfen könnte, und dann einen Plan zur Überwindung eines jeden Hindernisses macht. Außerdem haben wir die Vorzüge der Achtsamkeit beleuchtet und erklärt, wie man achtsam atmet und eine Achtsamkeitsmeditation durchführt. Diese beiden Fertigkeiten helfen Ihnen, Ihre Lebensfallen zu verändern, indem sie Sie lehren, sich selbst seltener zu verurteilen, was Ihre Selbstakzeptanz erhöht und Ihnen hilft, nicht die Gefangene Ihrer negativen Gedanken zu sein. Weiterhin haben Sie etwas über realistisches Denken gelernt, eine Fertigkeit, die Ihnen helfen kann, Ihre Gedanken und Reaktionen einzuschätzen und zu bewerten, und die zur Befreiung aus Ihren Lebensfallen beitragen kann, weil Sie damit negative Gedanken auf den Prüfstand nehmen können. Sie werden diese wichtige Fertigkeit nutzen, wenn Sie einen potenziellen Partner einschätzen; realistisches Denken kann darüber entscheiden, ob Sie sich einen weiteren Narzissten oder einen netten Mann aussuchen (mehr darüber in Kapitel 8). Alle Fertigkeiten in diesem Kapitel ergänzen einander. Am Ende dieses Kapitels haben Beispiele gezeigt, wie Sie alle diese Fertigkeiten zusammenführen können, um Ihre Lebensfallen zu bewältigen. Diese Fertigkeiten, die Sie erwerben, weiterentwickeln und in Ihr Leben integrieren werden, führen dazu, dass Sie anders über sich selbst denken und sich anders verhalten. Das wird Sie befähigen, Ihr ungesundes Muster zu durchbrechen, immer wieder narzisstische Beziehungen einzugehen, und stattdessen die Beziehung zu finden, die Sie verdient haben.

Jetzt gehen wir weiter zu Kapitel 7. Dort werden Sie etwas über die Vorzüge der Selbstfürsorge erfahren und lernen, einen Plan dafür aufzustellen.

7. Selbstfürsorge: Werden Sie Ihre eigene gute Fee

Wenn Sie sich lange Zeit vernachlässigt haben, kann es eine Herausforderung sein, für sich selbst zu sorgen. Wenn Sie von Kindheit an negative Botschaften verinnerlicht und ungesunde Denk- und Verhaltensweisen gepflegt haben, kommen Sie sich vielleicht egoistisch vor, wenn Sie an sich selbst denken und für sich sorgen. Sie können sich damit so unwohl fühlen, dass Sie wieder ins Gewohnte zurückfallen und Dinge um des lieben Friedens willen tun oder es allen recht machen wollen. Aber während Sie an Ihrer Heilung von Beziehungen mit Narzissten arbeiten, während Sie lernen, sich selbst nährende Zuwendung zu geben und sich zu würdigen, werden Sie allmählich verstehen, dass gesunde Selbstliebe *nicht* egoistisch ist – dass sie vielmehr sogar eine Voraussetzung für eine gesunde Beziehung ist. Wenn Sie mit sich selbst freundlich, respektvoll und mitfühlend umgehen, zeigt das anderen, dass Sie wertvoll sind und verdienen, mit Respekt behandelt zu werden. Gesunde Selbstliebe heißt, dass Sie sich als die Person lieben und akzeptieren, die Sie sind. Mitfühlend Grenzen und Limits zu setzen – zu bestimmen, wie viel Sie für andere tun können, während Sie gut für sich selbst sorgen – wird Ihnen helfen, eine gesunde, auf Gegenseitigkeit beruhende Beziehung zu entwickeln. Jetzt ist es an der Zeit, dass Sie Ihre eigene gute Fee *und* die Prinzessin werden, indem Sie sich mit Selbstfürsorge beschenken.

Wesentliche Elemente

In diesem Kapitel werden Sie Techniken der Selbstfürsorge lernen, die Sie in allen Bereichen Ihres Lebens anwenden können. Sie werden Ihnen helfen, die Auswirkungen Ihrer Lebensfallen zu heilen. Bei der ersten geht es um das, was ich als „Triade des Wohlbefindens" bezeichne – gesund essen, genug schlafen und sich ausreichend bewegen –, und darum, dass diese ein solides Fundament bietet, auf dem sich eine gute körperliche und seelische Gesundheit aufbauen lässt. Sie werden auch lernen, mitfühlend Grenzen und Limits zu setzen und Beziehungen zu erkennen, die auf Gegenseitigkeit beruhen. Und Sie werden Ihre Werte identifizieren, die Ihr „Steuerruder" beim Dating sind, weil sie Sie auf dem rechten Kurs halten. Für Ihre emotionalen und körperlichen Bedürfnisse zu sorgen, indem Sie sich an ein Programm der Selbstfürsorge halten, wird das Fundament für eine gesunde Lebensweise legen. Wenn Sie sich mental und physisch stark fühlen, werden Sie niemandem erlauben, Sie auszunutzen. Fangen wir an.

7.1 Die Triade des Wohlbefindens

Den Ausdruck „Triade des Wohlbefindens" benutze ich als Bezeichnung für drei fundamentale Komponenten der Selbstfürsorge, von denen ich glaube, dass sie die Grundlage einer guten körperlichen und seelischen Gesundheit sind: Ernährung, Bewegung und Schlaf. Sie in einer guten Balance zu halten, ist entscheidend für Ihr Wohlbefinden. Beginnen wir mit der Ernährung.

Ernährung: Essen für die Gesundheit

Als Frauen beschäftigt uns häufig die Frage, was und wie viel wir essen sollen, um ein bestimmtes Ziel zu erreichen. Für viel zu viele von uns besteht es darin, abzunehmen. Manche streben sogar ein bestimmtes Zielgewicht für einen festgelegten Zeitpunkt an, d. h., sie machen einen Badeurlaub am Strand, haben ein Familientreffen, eine Hochzeit oder sonst ein Ereignis vor sich, für das sie sieben bis zehn Kilogramm abnehmen wollen. Wenn das Ereignis vorbei ist oder sogar noch während es im Gange ist, beginnen sie wieder, in unserer alten, ungesunden Weise zu essen (und zu trinken), besonders, wenn sie den ersehnten Urlaub erst einmal angetreten haben. Kommt Ihnen das bekannt vor? Essen ist wunderbar. Ich bin ein Foodie. Aber ich musste lernen, mit Blick auf die Gesundheit zu essen und nicht, um abzunehmen.

Unserem Körper gesunde Nahrungsmittel zuzuführen, ist nötig für unsere Gesundheit und dafür, dass er optimal funktioniert. Wenn wir uns die Zeit nehmen, die gesündesten Nahrungsmittel zu kaufen, sie zuzubereiten und zu verzehren, ist das ein Akt der Selbstfürsorge. Es bedeutet, dass wir uns wertschätzen. Die richtige Menge zu essen – nicht zu viel und nicht zu wenig – gibt Ihnen ein gutes Gefühl und zeigt Ihnen, dass Sie die Kontrolle haben.

Essen Sie möglichst das gesündeste Vollwertessen, das Sie sich leisten können. Meiden Sie Zucker und industriell verarbeitete Lebensmittel (die meist viele Kohlenhydrate enthalten), die keinen Nährwert zu bieten haben. Kohlenhydrate verwandeln sich ebenso wie Zucker in Glukose in Ihrem Blutstrom und erhöhen somit Ihren Blutzucker. Wenn Ihr Blutzuckerspiegel dann wieder abfällt, werden Sie ein starkes Verlangen nach Kohlenhydraten verspüren. Daraus entsteht ein Teufelskreis aus Heißhunger und Überernährung. Ich habe festgestellt: Je mehr Zucker ich esse, desto mehr Heißhunger habe ich darauf. Das ist mir besonders aufgefallen, als ich mir angewöhnt habe, um drei Uhr nachmittags einen süßen Snack zu mir zu nehmen. Wie kann der an einem Werktag um drei Uhr nachmittags aussehen? Wenn ich einen Keks aß (oder Schlimmeres), erwartete mein Körper das jeden Tag. Ich durchbrach die Gewohnheit, indem ich stattdessen eine Handvoll Mandeln aß (ungefähr dreißig). Es dauerte rund eine Woche, bis mein Körper sich umgestellt hatte, aber es glückte. Nüsse jeglicher Art tragen dazu bei, Ihren Blutzuckerspiegel stabil zu halten, weil sie einfach ungesättigte Fettsäuren und Eiweiß enthalten und dieses verhindert Heißhunger. Jetzt habe ich sowohl in meiner Praxis als auch im Auto Mandeln. Wenn ich zwischen den Mahlzeiten Hunger bekomme oder erst verspätet zu einer Mahlzeit komme, ist das der perfekte Snack. Probieren Sie es aus.

Da wir gerade beim Thema Ernährung und Essen sind, möchte ich auch etwas über Appetitlosigkeit sagen. Wenn Sie gerade eine Beziehung beendet haben oder wenn Sie unter großem Stress stehen, ist es vielleicht mit der Lust am Essen vorbei. Wenn ich unter leichten Stress gerate, esse ich mehr. Aber wenn ich wegen irgendetwas am Boden zerstört bin, habe ich überhaupt keinen Hunger mehr. Zwar mag Appetitlosigkeit eine normale Reaktion auf Verlust, Kummer, Depression oder Angst sein, aber wenn sie längere Zeit anhält, ist sie ungesund. Deshalb müssen Sie in diesem Fall Ihrem Körper dennoch Nährstoffe zuführen. Versuchen Sie es mit Vollmilch, wenn Sie keine Laktoseintoleranz haben. Vollmilch ist ein vollwertiges Nahrungsmittel. Sie enthält Eiweiß, Fett, Kohlenhydrate, die Vitamine A, D, E und K und die Mineralstoffe Eisen, Kalzium und Phosphat. Wenn Sie keine Milch trinken können oder das nicht wollen, dann trinken Sie Ihre Nährstoffe in einer anderen Form. Versuchen Sie es mit einem Smoothie aus Joghurt und ganzen Früchten und im Idealfall noch grünen Zutaten und Eiweißpulver. Oder Sie verwenden Soja-, Kokos- oder Mandelmilch. Denn wenn Ihr Körper unter erheblichem Stress steht und Sie den Appetit verlieren, müssen Sie sich trotzdem darum kümmern, dass Sie die Nährstoffe bekommen, die Sie brauchen. Essen Sie unter Stress die falschen Nahrungsmittel – Kohlenhydrate und Dinge mit hohem Zuckeranteil –, ist das nicht nur ungesund, sondern führt auch zu Müdigkeit und beeinträchtigt dadurch Ihre Fähigkeit, den Stress zu bewältigen.

Appetitlosigkeit kann auch ein Versuch sein, Ihren Körper zu kontrollieren. Meist ist sie eine Reaktion auf Ihre Umgebung – eine Situation oder eine bestimmte Person, die Ihnen das Gefühl gibt, keine Kontrolle zu haben. Das kann zu einem schwerwiegenden Problem werden. Wenn das auf Sie zutrifft, empfehle ich Ihnen, sich Hilfe bei Ihrem Hausarzt oder einer Ernährungsberaterin zu holen oder mit einem Psychologen zu sprechen.

Gesundes Essverhalten ist wichtig für Ihr Wohlbefinden, weil es dabei in erster Linie um Gesundheit, nicht um das Gewicht geht. Täglich ausgewogene, gesunde Mahlzeiten in regelmäßigen Abständen zu uns zu nehmen – statt Mahlzeiten auszulassen, kohlenhydratreiche und hoch zuckerhaltige Nahrungsmittel zu essen und zu viel Alkohol oder Kaffee zu trinken – hilft uns, besser mit unserem Stress zurechtzukommen. Sich für gesunde Nahrungsmittel zu entscheiden ist ein Weg, uns selbst wertzuschätzen. Versuchen Sie es mal mit diesen beiden Übungen, die Ihnen helfen, gesund zu essen.

ÜBUNG 16

Achtsame Ernährung

Gehen Sie auf einen Bauernmarkt und sehen Sie sich das frische Obst und Gemüse an. Nutzen Sie die Fertigkeit der Achtsamkeit, die Sie in Kapitel 6 gelernt haben. Seien Sie ganz präsent. Seien Sie im Augenblick und nehmen Sie alles in sich auf. Genießen Sie die Auswahl. Riechen Sie die Frische. Kaufen Sie sich eine vollreife Frucht und schmecken Sie ihr köstliches Aroma. Erinnern Sie sich: *Gesund zu essen unterliegt meiner Kontrolle, und die Kontrolle zu übernehmen, wird mich stärken.*

ÜBUNG 17

Achtsam essen

Nachdem Sie jetzt einige wunderbare, gesunde Nahrungsmittel auf dem Markt eingekauft haben, ist es wichtig, achtsam zu sein, wenn Sie sie verzehren. Achtsam zu sein wird Ihnen helfen, langsam zu essen, den Geschmack Ihres Essens wahrzunehmen und nicht zu viel zu essen, was zu Verdauungsbeschwerden führen kann. Um die Praxis des achtsamen Essens zu lernen, fangen wir am besten mit etwas Einfachem an – einer Frucht.

Suchen Sie sich eine Frucht aus. Wenn Sie vor dem Verzehr gewaschen werden muss, achten Sie darauf, wie sich das Wasser beim Waschen anfühlt. Dann setzen Sie sich an einen Platz, an dem Sie nicht abgelenkt sind: kein Fernsehen, kein Radio, keine Musik, nichts zu lesen, kein Telefongespräch, keine sonstigen Aktivitäten. Während Sie die Frucht essen, achten Sie auf alles: ihre Textur, ihren Duft und ihren Geschmack. Essen Sie jeden Bissen aufmerksam mit der Absicht, gut für Ihren Körper zu sorgen. Genießen Sie die Stille beim Essen. Denken Sie daran, wo Sie die Frucht gerade gekauft haben, die Sie da verspeisen: vielleicht auf dem Markt. Fragen Sie sich, wer sie angebaut hat und welchen Weg sie bis zu Ihnen zurückgelegt hat.

Achtsamkeit können Sie bei jeder Mahlzeit üben. Sie werden feststellen, dass Sie durch das Einüben des achtsamen Essens eine größere Wertschätzung für Ihre Nahrung entwickeln.

Achtsamkeit können Sie sogar bei der Zubereitung einer Mahlzeit üben. Sie können das Gewicht und Ihre Handhabung der Küchenutensilien wahrnehmen, die Sie für die Zubereitung des Essens brauchen, den Duft riechen, der beim Garen entsteht, die Veränderung der Textur oder der Farbe beobachten. Achtsamkeit bei der Zubereitung von Nahrungsmitteln und beim Essen hält Sie im gegenwärtigen Moment. Es ist entspannend und heilsam, und beides gehört zu einer guten Selbstfürsorge.

Ihren Körper in einem guten Tonus und stark zu halten, ist ebenso wichtig wie seine Versorgung mit den Nährstoffen, die er braucht.

Bewegung: Sport fürs Leben

Sport zu treiben wird Ihre körperliche und seelische Gesundheit verbessern und Ihr Wohlbefinden steigern. Regelmäßige Bewegung stärkt Körper, Geist und Seele. Sie verbessert Ihre Stimmung ebenso wie Ihr Herz-Kreislauf-System. Beim Sport bewegen Sie sich buchstäblich um des Lebens willen.

Regelmäßige Bewegung kann dazu beitragen, Sie vor vielen gesundheitlichen Problemen zu schützen, wie etwa vor einem Schlaganfall, Diabetes Typ 2, Arthritis, Bluthochdruck, erhöhten Cholesterinwerten und Fettleibigkeit. Außerdem kann sie verhindern, dass Sie überflüssige zwei, vier, sechs oder sogar zehn Kilogramm zunehmen!

Bewegung verbessert Ihre Stimmung durch die Ausschüttung bestimmter chemischer Stoffe im Gehirn, die Glück hervorrufen. Haben Sie je vom „Runner's High" (dt. auch „Läuferhoch") gehört? Das gibt es wirklich, und ich habe es viele Male erlebt. Aber Sie müssen keinen Marathon laufen, um es zu erleben – ein Spaziergang in strammem Tempo tut es auch. Sie werden vielleicht feststellen, dass Ihr Selbstvertrauen und Ihr Selbstwertgefühl wachsen, wenn Ihre Kondition besser wird, wenn Sie abnehmen und einen besseren Muskeltonus entwickeln. Wenn Sie Sport treiben, werden Sie auch merken, dass Sie hinterher mehr Energie haben, weil Sport ein Training für Ihr Herz und Ihre Lungen ist. Das führt dazu, dass sie effizienter zusammenarbeiten. Das Ergebnis? Sie haben mehr Energie! Aber wenn Sie dann abends schlafen gehen, fördert der Sport, den Sie tagsüber getrieben haben, eine bessere Schlafqualität, Sie schlafen leichter ein, schlafen tiefer und schlafen länger.

Herz-Kreislauf-Übungen (Aerobic-Übungen) können die Funktion Ihres Gehirns verbessern. Mediziner sagen häufig: „Ein gesundes Herz führt zu einem gesunden Gehirn." Und zwar deshalb, weil eine gute Leistungsfähigkeit des Herzens die Ausschüttung bestimmter chemischer Stoffe im Gehirn steigert, die das Gedächtnis und das Lernen fördern. Sie kann auch dazu beitragen, dass Ihr Gehirn neue Nervenzellen bildet, was dem Abbau des Gehirns vorbeugt. Eine Degeneration von Hirnzellen geht beispielsweise mit der Alzheimer-Krankheit einher, die fortschreitend das Gedächtnis zerstört.

Es gibt also zahlreiche gute Gründe, sich zu bewegen – und Sie brauchen nicht eine Menge Zeit für ein Übungsprogramm zu opfern, um einen Nutzen zu haben. Studien haben gezeigt, dass schon zehn Minuten flottes Gehen pro Tag eine positive

Auswirkung auf die Gesundheit hat und zur Gewichtsabnahme führt, selbst wenn Sie an Ihrer Ernährung nichts geändert haben.

Falls Sport etwas ist, das Sie in Ihrer Beziehung mit einem Narzissten aufgegeben haben, oder wenn es aus einem anderen Grunde eine lange Pause gab, dann fangen Sie bitte langsam an. Gehen Sie zunächst drei- bis viermal in der Woche stramm spazieren, das ist die leichteste und billigste Form von Bewegung. Sie brauchen sich dafür nicht in einem Fitnesscenter einzuschreiben, und die einzige Ausrüstung, die Sie brauchen, sind ordentliche Laufschuhe. Ich sage den Frauen, mit denen ich arbeite, sie sollten einfach vor ihrer Tür anfangen und fünfzehn Minuten in irgendeine Richtung marschieren und dann wieder fünfzehn Minuten zurück. Sie können Ihren Kaffee, Tee, Ihr Wasser oder was immer auch mitnehmen. Sie können Ihr Handy mitnehmen und die Zeit dazu nutzen, eine Freundin oder ein Familienmitglied anzurufen, das Sie unterstützt. Zudem ist das eine perfekte Zeit, um informelle Achtsamkeit zu üben. Bewegung zu einem regelmäßigen Bestandteil Ihrer Selbstfürsorge zu machen, ist ebenfalls ein Weg, sich wertzuschätzen.

Eine Anmerkung zur Sicherheit: Achten Sie stets auf Ihre Umgebung, wenn Sie sich allein im Freien bewegen. Sollten Sie sich unsicher oder verletzlich fühlen, wenn Sie allein unterwegs sind, bitten Sie eine Freundin, mitzukommen, gehen Sie mit einer Laufgruppe in Ihrer Nähe oder benutzen Sie Übungsvideos zu Hause, statt spazieren zu gehen. Im Kabelfernsehen werden viele gut strukturierte Fitnessprogramme angeboten.

Eine Anmerkung zur Motivation: Wenn Sie bei der Bewegung mit der Motivation zu kämpfen haben, empfehle ich Ihnen das „Buddy-System". Wenn Sie jemanden haben, mit dem Sie laufen oder zum Sport gehen können, ist das wunderbar. Aber wenn nicht, können Sie vor und nach Ihrem Spaziergang oder Ihrem Sportprogramm eine Freundin anrufen. Sich bei jemandem melden zu müssen, hilft Ihnen, einen regelmäßigen Fitnessplan durchzuziehen. Ein anderer Weg, motiviert zu bleiben, ist, ein Fitnessarmband, eine App oder irgendein anderes technisches Mittel zu nutzen, um Ihre Kondition zu registrieren. Es gibt wirklich keine gute Ausrede dafür, sich nicht drei- oder viermal in der Woche fünfzehn Minuten zu bewegen. *Doch denken Sie daran, ehe Sie irgendein Übungsprogramm beginnen, immer erst mit Ihrem Hausarzt zu sprechen.*

Sich zu bewegen ist eine Verpflichtung sich selbst und Ihrem Leben gegenüber. Die folgende Übung wird Ihnen helfen, sich bindend darauf festzulegen, dass Sie sich für das Leben fit machen.

ÜBUNG 18

Verpflichten Sie sich zur Fitness

Nutzen Sie die gleich folgende Checkliste, um den Anfang zu machen und sich zu einem Fitnessprogramm zu verpflichten. Passen Sie die Liste an Ihre persönlichen Umstände an und fügen Sie neue Elemente ein (oder streichen Sie welche), wie es erforderlich ist.

1. Machen Sie eine Bestandsaufnahme Ihrer Sportkleidung und Sportschuhe.
   - Sportschuhe
   - Bequeme Kleidung für Sport und Bewegung
   - Yoga-Matte oder Fitnessausrüstung (Ball, Springseil usw.)

2. Schreiben Sie in Ihr Tagebuch, dass Sie sich zur Bewegung verpflichten.
   - Ich möchte fit sein.
   - Ich möchte ein gutes Körpergefühl haben.
   - Ich möchte mich stärker fühlen.

3. Entwickeln Sie einen Plan, schreiben Sie ihn in Ihr Tagebuch und hängen Sie ihn irgendwo auf, wo Sie ihn jeden Tag sehen.
   - Ich werde dreimal in der Woche fünfzehn Minuten stramm gehen.
   - Am Arbeitsplatz werde ich mein Auto ganz am Ende des Parkplatzes parken und von dort aus zu Fuß gehen.
   - Ich werde die Treppe statt des Aufzugs nehmen.
   - Ich werde dreimal in der Woche fünf Minuten stramm gehen. Ich werde das jede Woche fünf Minuten steigern, bis ich bei dreimal in der Woche dreißig Minuten angekommen bin.

4. Suchen Sie sich Helfer / Unterstützer
   - Ich werde eine Freundin bitten, mit mir zu gehen.
   - Ich werde sehen, ob ich dreimal in der Woche mit einer Freundin zum Sport gehen kann.
   - Ich belege einen Yoga-Kurs.
   - Ich besorge mir ein Fitnessarmband mit Herzfrequenzmessung oder eine Sport-App.

Ernährung und Bewegung sind die ersten beiden Komponenten der Triade des Wohlbefindens. Die letzte Komponente ist Schlaf.

Schlaf: Ausruhen zur Verjüngung und Wiederherstellung

Schlaf ist viel mehr als ein Schönheitsmittel. Regelmäßiger und guter Schlaf ist von großer Bedeutung für unsere Gesundheit. Die meisten von uns bekommen nicht regelmäßig genug Schlaf. Erwachsene brauchen ungefähr sieben Stunden Schlaf pro Nacht. Wenn man mehrere Nächte nacheinander weniger Schlaf bekommt, spricht man diagnostisch von Insomnie. (Als „Insomnie" oder „Schlaflosigkeit" bezeichnet man Schwierigkeiten beim Einschlafen oder Durchschlafen.) Laut dem *DSM-5* weisen populationsbasierte Schätzungen darauf hin, dass etwa ein Drittel aller Erwachsenen in den USA über Symptome von Schlaflosigkeit berichtet. Dem Berliner Kompetenzzentrum Schlafmedizin zufolge leiden in Deutschland 10 bis 15 Prozent der Deutschen an einer behandlungsbedürftigen und chronischen Schlafstörung. Ein Mitarbeiter der Mayo Clinic schreibt auf der Website der Klinik: „Schlaf ist ebenso wichtig für Ihre Gesundheit wie gesunde Ernährung und regelmäßige Bewegung … Menschen mit Insomnie berichten im Vergleich zu Menschen, die gut schlafen, von einer geringeren Lebensqualität."[18]

Ironischerweise scheint die Wissenschaft mehr darüber zu wissen, welche Folgen Schlafmangel hat, als darüber, was uns der Schlaf Gutes tut. Man weiß jedoch, dass unser Gehirn während des Schlafs sehr aktiv ist und Neuronen repariert oder abschaltet, die während der Zeit des Wachseins benutzt oder geschwächt wurden. Die Schlafforschung ist ein sehr interessantes Thema, aber wir wollen uns jetzt lieber dem Persönlichen zuwenden und überlegen, aus welchen Gründen Sie vielleicht nicht in den Genuss eines erholsamen Nachtschlafs kommen.

Bei den meisten Menschen – und auch Sie könnten zu ihnen gehören – liegt es an Ängsten, Sorgen oder Depressionen. Es kann auch medizinische Ursachen haben, wenn Sie etwa an chronischen Schmerzen leiden, kurz vor oder in den Wechseljahren sind, Refluxösophagitis (meist „Sodbrennen" genannt) oder eine Schilddrüsenüberfunktion haben, um nur einige wenige zu nennen. Es ist immer wichtig, medizinische Gründe für Ihre Schlafstörungen auszuschließen.

Studien haben gezeigt, dass sogar ein partieller Schlafentzug eine erhebliche Wirkung auf Ihre Stimmung haben kann. Der Forscher Jared D. Minkel und sein Team von der University of Pennsylvania haben festgestellt, dass Versuchspersonen, deren Schlafdauer eine Woche lang auf 4,5 Stunden begrenzt wurde, anschließend berichteten, sie würden sich gestresster, gereizter, trauriger und mental erschöpfter fühlen. Als die Versuchspersonen wieder zu ihren normalen Schlafgewohnheiten zurückkehrten, besserte sich ihre Stimmung nach eigener Aussage drastisch.[19] Sollten Sie sich gerade von einer Ihrer narzisstischen Beziehungen erholen, haben Sie wahrscheinlich ebenfalls Schlafstörungen. Wenn Sie jede Nacht regelmäßig ausreichend guten Schlaf bekommen, hilft Ihnen das, die Herausforderungen einer neuerlichen Trennung zu bewältigen.

Schlafmangel kann sich nicht nur auf Ihre Stimmung auswirken, sondern Ihre Stimmung kann auch Ihren Schlaf beeinflussen. Angst und Stress steigern Erregung und Unruhe, die den Schlaf erschweren, weil Sie dann wach und angespannt sind, und eine Depression kann zum Grübeln führen, was Sie ebenfalls am Schlafen hindert. Obwohl zu wenig Schlaf ein Problem ist, kann auch zu viel Schlaf, Hypersomnie, ein Problem sein.

Hypersomnie

Im Gegensatz zur Insomnie können manche von Ihnen auch unter *Hypersomnie* leiden, im *Diagnostischen und Statistischen Manual Psychischer Störungen DSM-5* definiert als „übermäßige Schläfrigkeit, die entweder durch verlängerte Schlafepisoden oder durch Episoden von Tagesschlaf, die über mindestens drei Monate hinweg mindestens dreimal in der Woche auftreten, belegt wird."[20] Wenn Sie sehr viel schlafen, könnte das ein Hinweis darauf sein, dass sie einer schmerzhaften Situation oder Emotion ausweichen. Wenn das schon seit Längerem anhält, ist es vielleicht Zeit, eine Therapeutin oder Ihren Hausarzt zurate zu ziehen. Wenn Sie andererseits einfach abends zu lange aufbleiben und deshalb Schwierigkeiten haben, morgens aufzuwachen, ist die Lösung einfach: Sie stellen Ihren Wecker ans andere Ende des Zimmers, sodass Sie aufstehen müssen, um ihn abzustellen – und schalten dann das Licht ein, damit Sie wach werden. Die beste und gesündeste Lösung ist natürlich, zu einer vernünftigen Zeit ins Bett zu gehen und jede Nacht ausreichend Schlaf zu bekommen.

Schlafhygiene

Mit *Schlafhygiene* sind Wege gemeint, wie Sie zu gesundem (oder „gutem") Schlaf kommen.

Ein Aspekt der Schlafhygiene ist, dass Sie einen Schlafrhythmus für sich etablieren, indem Sie jeden Abend ungefähr um die gleiche Zeit zu Bett gehen und morgens etwa zur gleichen Zeit aufstehen. Dieser Rhythmus wird Ihre innere Uhr stellen, die Ihren Schlafrhythmus reguliert. Wenn Ihre innere Uhr erst einmal gestellt ist, wird Ihr Gehirn Ihren Körper jeden Morgen um die gleiche Zeit wecken. Außerdem werden Sie jeden Abend um die gleiche Zeit müde werden. Behalten Sie Ihre Zeit zum Schlafengehen und Aufstehen selbst an den Wochenenden bei.

Um am Abend „herunterzukommen", könnten Sie die Lampen dimmen, ein warmes Bad nehmen oder duschen oder etwas lesen. Vermeiden Sie Sport und Bewegung in allzu kurzem Abstand vor dem Schlafengehen, ebenso schwere Mahlzeiten und alkoholische Getränke spät abends (Alkohol erhöht Ihren Blutzucker, und wenn er dann einige Stunden später abfällt, wachen Sie wieder auf), und verzichten Sie am Abend auf koffeinhaltige Getränke. Wenn Sie auf Koffein empfindlich reagieren, müssen Sie koffeinhaltige Getränke vielleicht schon ab dem mittleren Nachmittag (oder womöglich noch früher) meiden, je nach dem Grad Ihrer Empfindlichkeit. Unterlassen Sie auch Aktivitäten, die Sie in Erregung versetzen – schauen Sie sich also keine aufregenden und ängstigenden Fernsehshows oder Filme an, bezahlen Sie Ihre Rechnungen nicht am Abend und zetteln Sie am späten Abend keine emotionsgeladenen Diskussionen und keinen Streit an. Meiden Sie ganz allgemein Zeit vor dem Bildschirm (vor dem Fernseher ebenso wie vor dem Computer) und benutzen Sie kein Smartphone oder andere elektronische Geräte allzu kurz vor dem Schlafengehen.

ÜBUNG 19

Süße Träume

Holen Sie Ihr Tagebuch hervor. Nehmen Sie sich einen Augenblick Zeit, um über Ihre Schlafhygiene nachzudenken. Wie sieht sie derzeit aus? Wie soll Ihr Abendritual, Ihre Schlafhygiene idealerweise aussehen? Schreiben Sie es auf. Probieren Sie in der nächsten Woche aus, was Sie sich überlegt haben, und nehmen Sie jede Veränderung vor, die nötig sein mag. Notieren Sie sich in Ihrem Tagebuch, was geklappt hat und was nicht.

Sorgenblock

Wir alle wachen nachts manchmal auf. Das kann an Kummer und Sorgen liegen oder einfach nur daran, dass wir zur Toilette müssen. Wenn Sie dazu neigen, mit beunruhigenden Gedanken oder Ängsten aufzuwachen, und dann nicht wieder einschlafen können, ist es ein guter Tipp, sich einen Sorgenblock zuzulegen, auf dem Sie Ihre Sorgen auflisten können. Legen Sie sich etwas neben das Bett, worauf Sie schreiben können – einen Schreib- oder Notizblock – und daneben einen Stift. Wenn Sie nachts aufwachen, brauchen Sie nur den Block zur Hand zu nehmen und ein paar Stichworte zu notieren, die Sie dann an Ihren Gedanken, Ihre Angst oder Sorge erinnern. Wenn Sie sich beispielsweise über einen Bericht Gedanken machen oder sich an einen Anruf erinnern wollen, den Sie am Arbeitsplatz erledigen müssen, schreiben Sie „überprüfe Bericht" oder „XY anrufen", aber machen Sie dafür kein Licht, weil das Ihr Gehirn aufweckt. Dann sagen Sie sich, dass Sie es jetzt notiert haben und sich deshalb nicht mehr darum bemühen müssen, es sich zu merken, und dass Sie sich am nächsten Tag darum kümmern werden, wenn Sie ausgeschlafen haben. Wenn Sie es erst einmal festgehalten haben und sich damit beruhigen können, dass Sie sich am Morgen damit befassen werden, muss es nicht mehr an Ihnen nagen. Ich habe festgestellt, dass mir Gedanken, die ich nicht aufschreibe, im Kopf herumschwirren und mich wach halten. Wenn Sie nicht genau wissen, was Sie eigentlich beunruhigt, aber immer wieder aufwachen, ist eine weitere ausgezeichnete Technik, die Sie anwenden können, die Visualisierung.

Visualisierung

Visualisierung bedeutet, ein mentales Bild einer Szene in Ihrer Vorstellung zu erzeugen. Das ist eine wunderbare Technik, die sehr gut funktioniert. Ich habe sie früher Drogenabhängigen auf Entzug beigebracht, die nicht schlafen konnten. Ohne die Drogen kreisten ihre Gedanken die ganze Nacht um die Frage, warum sie überhaupt angefangen hatten, Drogen zu nehmen. Jetzt hatten sie keine Suchtmittel mehr zur Verfügung, deshalb lehrte ich sie diese Technik, die bei allen Beteiligten Erfolg hatte. Wenn sie für diese Gruppe funktioniert hat, wird sie auch bei Ihnen funktionieren. Aber wie jede neue Fertigkeit verlangt sie konsequentes Training. Sie können sie nicht an einem Abend anwenden und dann wieder tage- oder wochenlang nicht mehr.

Eine Chance zur Anwendung der Visualisierungstechnik wird Ihnen die gleich folgende Übung 21 bieten, aber zuerst müssen Sie sich ein wenig vorbereiten, indem Sie sich an einen Ort erinnern, an dem Sie sich sicher gefühlt haben. Ich gebe Ihnen zunächst ein wenig Hintergrundinformation, dann werden Sie in Übung 20 Ihren sicheren Ort „finden". Beginnen Sie damit, dass Sie an eine Szene aus Ihrer Kindheit zurückdenken, in der Sie sich sicher und entspannt gefühlt haben – vielleicht am Strand, in einem Sommerferienlager, zu Hause im Garten, in den Ferien bei der Großmutter oder auf einem Baum, auf den Sie gerne geklettert sind. Es ist wichtig, dass es eine Szene aus der Kindheit ist, weil Sie damals all die Probleme der Erwachsenenzeit noch nicht hatten (Beziehungen, Finanzen, Arbeit, Familie usw.). Selbst wenn Sie in der Kindheit und / oder Jugend missbraucht oder misshandelt wurden, sollten Sie einen Ort suchen, an dem Sie sich sicher gefühlt haben – vielleicht im Haus einer Freundin oder irgendwo draußen im Freien. Wenn Sie sich nicht an einen Ort erinnern können, an dem Sie sich als Kind sicher und entspannt gefühlt haben, dann erfinden Sie eine Szene mit einem sicheren Ort. Manche stellen sich etwa eine Wiese oder einen Wald oder einen Strand vor. Nehmen Sie sich jetzt ein wenig Zeit, um in der folgenden Übung Ihren sicheren Ort zu entdecken. Legen Sie Ihr Tagebuch oder ein Blatt Papier und einen Stift bereit.

ÜBUNG 20

Finden Sie Ihren sicheren Ort

Suchen Sie sich einen ruhigen Ort, an dem Sie bequem sitzen können. Werden Sie sich Ihres Atems bewusst und atmen Sie achtsam. Spüren Sie, wie Sie sich körperlich und seelisch entspannen.

Jetzt denken Sie an eine Zeit in Ihrer Kindheit zurück, in der Sie sich an einem bestimmten Ort ganz sicher und glücklich gefühlt haben. Wenn Ihre Kindheit sehr schwierig war, dann erschaffen Sie sich eine Szene, in der Sie sich heute sicher fühlen. Vielleicht an einem Bach, in einem schönen Garten oder bei einer Freundin / einem Freund zu Hause. Es kann ein imaginärer Ort sein oder auch ein wirklicher.

Holen Sie sich Ihre Szene, Ihren sicheren Ort, ins Bewusstsein. Wie sieht der Inhalt der Szene aus? Erinnern Sie sich genau, was Sie damals immer gedacht und gefühlt haben, oder denken Sie daran, wie Sie sich heute fühlen, wenn Sie an Ihrem sicheren Ort sind. Ruhen Sie sich einen Augenblick an Ihrem sicheren Ort aus.

Jetzt wenden Sie sich Ihrem Tagebuch zu. Machen Sie sich Notizen, um sich wieder an Ihren sicheren Ort zu erinnern. Beschreiben Sie ihn und schildern Sie, wie es sich angefühlt hat, dort zu sein – oder wie es sich heute anfühlt, wenn Sie dort sind. An diesen sicheren Ort werden Sie zurückkehren, sooft Sie mit Visualisierung arbeiten.

Welche Szene Sie sich auch immer ausgesucht haben: Gehen Sie stets wieder dorthin zurück, wenn Sie mit der Technik der Visualisierung arbeiten. (Sie können aber auch eine andere Szene ausprobieren, wenn Sie feststellen, dass es mit Ihrer ersten Wahl nicht klappt.) Das Prinzip hinter dieser Technik und der wiederholten Rückkehr zur selben Szene ist, dass Sie diese Szene mit Entspannung verknüpfen lernen. Ihr Körper lernt diese Assoziation, sodass es allein schon genügt, sich die Szene vor Ihr geistiges Auge zu holen, damit Ihr Körper sich entspannt.

Visualisierung können Sie jederzeit einsetzen, um sich zu entspannen, warum probieren Sie also diese Übung nicht gleich jetzt einmal aus? (Sie brauchen sich zum Üben nicht hinzulegen – aber Sie können das natürlich tun, wenn Sie möchten. Stattdessen können Sie sich auch an einem ruhigen Ort bequem hinsetzen.) Wenn Sie sich mit dem Prozess vertraut gemacht haben, können Sie auch abends darauf zurückgreifen, wenn Sie Schwierigkeiten mit dem Einschlafen haben.

ÜBUNG 21

Gut einschlafen: Visualisieren Sie Ihren sicheren Ort

Wenn Sie im Bett liegen, suchen Sie sich eine bequeme Haltung und lenken Sie die Aufmerksamkeit auf Ihren Atem. Atmen Sie achtsam und in einem angenehmen Rhythmus tief ein und aus und konzentrieren Sie sich auf jeden Atemzug.

Führen Sie sich sanft die Szene mit Ihrem sicheren Ort vor Augen und kosten Sie die Sicherheit dort voll aus.

Jetzt gehen Sie Ihren sicheren Ort ganz langsam mit allen fünf Sinnen durch: Augen, Ohren, Tastsinn, Geruch und Geschmack.

Schauen Sie sich um und nehmen Sie alles wahr ...

Achten Sie darauf, ob Sie irgendwelche Geräusche hören ... den Wind in den Bäumen ... den Bach, der plätschernd über Steine fließt ... Wenn es sehr still ist, horchen Sie auf die Stille ...

Berühren Sie ... die Erde ... einen Baum ... Ihre Katze ... alles, was an Ihrem sicheren Ort vorhanden ist.

Holen Sie einmal tief Luft und registrieren Sie die Gerüche um sich herum, nehmen Sie die unterschiedlichen Düfte wahr ... Erinnern Sie sich an die Gerüche, die mit der Szene assoziiert sind, die Sie sich ausgesucht haben.

Und schließlich schmecken Sie ... das Salz in der Luft oder im Wasser am Meer ... einen Grashalm ... eine sonnenwarme Erdbeere. Nehmen Sie den Geschmack Ihres sicheren Ortes tief in sich auf.

Wenn Sie merken, dass Sie über ein Problem, eine Sorge oder einen Kummer nachdenken, erschrecken Sie nicht. Das ist normal. Bringen Sie Ihre Aufmerksamkeit einfach sanft zu Ihrer Atmung zurück und fangen Sie wieder von vorn an; nutzen Sie Ihre fünf Sinne, um sich fest an Ihrem sicheren Ort zu verankern.

Lassen Sie sich in Ruhe an diesem Zufluchtsort verweilen. Atmen Sie weiterhin tief und achtsam. Schon bald werden Sie spüren, wie Sie sich körperlich und seelisch entspannen und sanft in den Schlaf hinübergleiten ...

Wenn Sie mit Visualisierung arbeiten – und ganz besonders, wenn Sie sie nutzen, um am Abend oder nach einer Unterbrechung wieder einzuschlafen –, sollten Sie Frustration so gut wie möglich vermeiden, denn die weckt Sie nur wieder auf. Und denken Sie daran, dass es normal ist, dass beim Visualisieren Probleme, Sorgen und Kummer aufsteigen. Lassen Sie das alles los und kehren Sie sanft zur Konzentration auf Ihre Atmung und zu Ihrem sicheren Ort zurück. Haben Sie Geduld mit sich, dann kommt der Schlaf.

Sich verbindlich auf die „Triade des Wohlbefindens" einzulassen, ist ein Aspekt der Selbstfürsorge, der Sie auf dem Weg voranbringt, Ihre eigene gute Fee zu werden. Als Ihre gute Fee haben Sie sich dann bereits das Geschenk der Gesundheit durch gute Ernährung, Bewegung und Schlaf gemacht.

7.2 Grenzen, Limits und Werte

Wenn Sie ein visueller Lerntyp sind wie ich, helfen Ihnen mentale Bilder beim Lernen, deshalb benutze ich gerne die Metapher eines Bootes, um Grenzen, Limits und Werte zu erklären. Der Bootskörper schützt Sie vor dem Wasser, ebenso wie Ihre Grenzen Sie vor den negativen Verhaltensweisen und Ansprüchen anderer schützen. Die beiden Ruder, die die Bewegungen eines Bootes lenken, sind wie die beiden Wörter „ja" und „nein", die Ihre Limits definieren. Sie entscheiden darüber, wie viel Sie für andere tun können („ja"), während Sie zugleich noch für sich selbst sorgen („nein"). Das Steuerruder hält das Boot auf dem Kurs, den Sie fahren wollen, ähnlich wie Ihre Werte Sie im Denken und Handeln im Einklang mit den Dingen halten, die Ihnen am meisten bedeuten.

Gesunde Grenzen zu haben, Ihre Limits zu kennen und nach Ihren Werten zu leben wird Sie davor schützen, erneut eine narzisstische Beziehung einzugehen. In diesem Abschnitt werden wir uns jeden dieser wichtigen Faktoren genauer ansehen. Beginnen wir mit den Grenzen.

Grenzen: Abgrenzung von und Schutz vor anderen

Grenzen sind die imaginären Barrieren, die Sie um sich herum errichten, um sich von anderen abzugrenzen und zu schützen. Sie entscheiden darüber, was Sie an Verhaltensweisen oder Ansprüchen von anderen Menschen akzeptieren oder auch nicht. Wir haben viele Arten von Grenzen – persönliche, physische, berufliche und spirituelle. Aufgrund ihrer wichtigen Rolle in Beziehungen und ganz besonders bei der Vermeidung von Beziehungen mit Narzissten, werden wir uns hier auf Ihre persönlichen und physischen Grenzen konzentrieren.

Ihre *physischen Grenzen* schließen Ihren Körper und Ihren persönlichen Raum ein. Sie bestimmen, wie nah Sie jemandem körperlich kommen möchten und in welcher Weise Sie einen anderen Menschen an Ihren Körper heranlassen wollen. Verletzungen Ihrer physischen Grenzen können beispielsweise darin bestehen, dass jemand Sie in unangemessener Weise berührt oder bei einem Gespräch zu dicht an Sie herantritt.

Ihre *persönlichen Grenzen* schließen Ihr Selbstgefühl, Ihre Meinungen und Ihre Überzeugungen ein. Gemeinsam machen sie Ihre Identität aus – wofür Sie stehen, wer Sie sind. Eine Verletzung Ihrer persönlichen Grenzen kann es etwa sein, wenn jemand von Ihnen fordert, etwas gegen Ihre Überzeugungen zu tun, z. B. mit einem verheirateten Mann auszugehen. Oder wenn jemand Ihr Verfügungsrecht über Ihre Zeit nicht respektiert und beispielsweise von Ihnen verlangt, dass Sie eine Last-Minute-Dinnerparty auf die Beine stellen, obwohl Sie von der Arbeit erschöpft sind und sich nur noch ausruhen und entspannen wollen. Eine Verletzung Ihrer persönlichen Grenzen kann es auch sein, wenn jemand Ihre privaten E-Mails oder Textnachrichten liest.

Stabile Grenzen haben heißt, dass Sie Ihre Grenzen für sich selbst und für andere klar definiert haben. Wenn Sie klare, stabile Grenzen haben, lassen Sie nicht zu, dass Menschen sie übertreten, und wenn sie es doch tun, dann treten Sie ihnen entgegen und machen ihnen energisch klar, dass Sie dieses Verhalten nicht dulden. Dass Sie so für sich eintreten zeigt, dass Sie sich selbst respektieren und dass Sie von anderen erwarten, dass sie Sie ebenfalls respektieren.

Sie können keine gesunde Beziehung ohne gesunde Grenzen haben. Verfügen Sie nicht über die Fähigkeit zu gesunder Abgrenzung, können Sie sich selbst dadurch verlieren, dass Sie die Ansprüche anderer über Ihre eigenen stellen. Hier einige Beispiele für ungenügende Abgrenzung: Ihr Glück und Ihr Gefühl der Ganzheit völlig von Ihrem Partner abhängig machen; alle Forderungen Ihres Partners erfüllen und nicht um das bitten, was Sie selbst brauchen; stets und ständig die Anwesenheit Ihres Partners nötig haben, weil Sie nicht allein sein können; zulassen, dass Ihr Partner Sie kontrolliert, und deshalb aufhören, sich mit Freundinnen und Angehörigen zu treffen, weil Ihr Partner all Ihre Aufmerksamkeit für sich beansprucht. Ungenügende Abgrenzung trägt daher dazu bei, dass Sie immer wieder Beziehungen mit Narzissten haben, weil Sie dem Narzissten erlauben, Sie auszunutzen oder gar auszubeuten. Lernen, mitfühlend Grenzen zu setzen, ist ein wichtiger Bestandteil der Selbstfürsorge. Es bedeutet, gut für sich zu sorgen. Intakte Grenzen schützen Sie davor, dass andere Sie ausnutzen.

Sie sind nicht mit Grenzen auf die Welt gekommen, weder mit stabilen noch mit brüchigen. Abgrenzung haben Sie gelernt. Wenn die Menschen, mit denen Sie als Kind zusammengelebt haben und bei denen Sie groß geworden sind – Eltern, sonstige Bezugspersonen, Geschwister oder andere – Ihren Körper, Ihren persönlichen Raum, Ihre Bedürfnisse, Ihre Überzeugungen und Meinungen nicht respektiert haben,

konnten Sie wahrscheinlich nie stabile Grenzen entwickeln. Wenn Ihnen beispielsweise keine eigene Zeit zugestanden wurde, ließen Sie sich durch die Bedürfnisse
anderer diktieren, wie Sie Ihre Zeit füllten; wenn Ihr Körper nicht respektiert wurde, haben Sie zugelassen, dass Ihr Körper in unangemessener Weise berührt wurde; wenn Ihre Überzeugungen und Meinungen lächerlich gemacht oder ignoriert
wurden, haben Sie die Meinungen anderer angenommen und Ihre eigenen für sich
behalten. Die Folge ist, dass Ihre mangelhafte Abgrenzung nicht nur in Ihrer Kindheit ein Problem war, sondern auch eines blieb, als Sie erwachsen wurden, besonders,
wenn es um Verabredungen und Beziehungen ging. Weil Sie keine stabilen Grenzen
hatten, verwickelten Sie sich leicht in Beziehungen mit Narzissten, weil Narzissten
genau wissen, was sie wollen, und keinerlei Probleme damit haben, es von anderen
zu fordern – und Sie sind dabei nur allzu entgegenkommend. Da stabile Grenzen so
wichtig sind, wollen wir uns anschauen, wie sie zu erwerben sind.

ÜBUNG 22

Stabile Grenzen erwerben

Denken Sie gründlich über jeden der unten aufgeführten Punkte nach und nehmen Sie
sich Zeit, zu überlegen, wie entsprechende Situationen oder Erfahrungen in Ihrem eigenen Leben aussehen. Gehen Sie die Punkte geduldig und ohne Hast durch. Schreiben Sie
Ihre Gedanken und Antworten in Ihr Tagebuch. Es ist gut möglich, dass Sie noch mehrmals
auf diese Übung zurückkommen möchten.

1. Suchen Sie sich einen ruhigen Ort, an dem Sie sich hinsetzen und an vergangene und
   derzeitige Situationen denken können, in denen Sie anderen erlaubt haben, über Sie zu
   verfügen. Vielleicht haben Sie sich zu etwas bringen oder von etwas abbringen lassen,
   was Sie eigentlich anders wollten. Beispiele:
   - Ich habe aufgehört, ins Fitnessstudio zu gehen, weil mein Partner wollte, dass ich
     Zeit mit ihm verbringe.
   - Ich habe aufgehört, bestimmte Freundinnen zu treffen, weil mein Partner sie nicht
     mochte.
   - Ich habe meinem Partner erlaubt, darüber zu entscheiden, wie ich mich anziehe,
     was ich lese usw.
   - Ich habe mich von meinem Partner anschreien lassen.
   - Ich habe Vorwürfe für Dinge akzeptiert, die ich nicht getan habe.

2. Machen Sie eine Liste der Dinge, die Sie sich von anderen nicht mehr gefallen lassen werden. Beispiele:
   - Niemand kann mir sagen, was ich fühle.
   - Niemand kann mir vorschreiben, wie ich meine Zeit verbringe.
   - Niemand kann Intimität von mir verlangen, wenn ich noch nicht dazu bereit bin.
   - Ich werde nicht dulden, dass mich jemand anschreit.
   - Ich werde keine Vorwürfe mehr für Dinge akzeptieren, die ich nicht getan habe.

3. Entscheiden Sie, was Sie an persönlichem oder emotionalem Raum brauchen. Beispiele:
   - Ich brauche eine Übergangsphase von 30 Minuten, wenn ich von der Arbeit nach Hause komme.
   - Ich brauche an Wochenenden Zeit für mich selbst.
   - Ich brauche ein eigenes Zimmer oder einen Ort, an dem ich ungestört Yoga machen, arbeiten oder lesen kann.

   Planen Sie, was Sie sagen oder tun werden, wenn jemand Ihre Grenzen verletzt. Hier sind einige Möglichkeiten:
   - Ich werde der Person sagen, sie habe meine Grenze nicht respektiert.
   - Ich werde ihr sagen, dass ich dieses Verhalten nicht dulde.
   - Wenn sie kontert oder defensiv wird, gehe ich weg oder verlasse die Situation ganz. Ich kann ihr eine Nachricht, einen Brief, eine E-Mail oder Textnachricht schreiben und formulieren, was sie getan hat, und dass ich das nicht dulden werde. Ich kann meine Grenze noch einmal klarstellen und sagen, dass ich die Person nicht mehr treffen werde, wenn sie diese Grenzverletzung in Zukunft noch einmal wiederholt. Wenn es um Familienmitglieder oder Arbeitskollegen geht, werde ich meine gleich folgenden Vorsätze (siehe Punkt 4) ausführen.

4. Machen Sie eine Liste der Personen, die Sie von Ihren Grenzen in Kenntnis setzen möchten – was Sie dulden werden, wie viel Raum Sie brauchen usw. Beispiele:
   - *Meine Mutter:* Ich werde nicht mehr dulden, dass sie so viel von meiner Zeit für Telefonate in Anspruch nimmt. Eine oder zwei Stunden pro Tag zu telefonieren ist zu lang. Ich werde ihr sagen, dass ich jetzt aufhören muss, und wenn sie das anhaltend ignoriert, werde ich höflich sagen, ich würde jetzt auflegen, und das dann auch tun.
   - *Mein Bruder:* Ich werde nicht mehr dulden, dass er mich vor anderen demütigt. Wenn er nicht damit aufhört, werde ich die Situation verlassen, selbst wenn es ein Familienfest an einem Feiertag ist.
   - *Mein Partner:* Ich werde nicht länger dulden, dass er Intimität von mir fordert, wenn er in Stimmung ist und ich eindeutig nicht. Ich werde weggehen oder in einem anderen Zimmer schlafen.
   - *Meine Kollegin:* Ich werde nicht mehr dulden, dass sie mir zusätzliche Arbeit zuschiebt, weil sie ständig irgendeine Krise hat und mit ihrer Arbeit nicht nachkommt.

Legen Sie sich einen Plan zurecht, wie Sie den Menschen auf Ihrer Liste auf mitfühlende Weise sagen wollen, wie Ihre neuen Grenzen aussehen und wie Sie sie bitten möchten, sie zu respektieren. Beispiel:

- Einem Familienmitglied, das Sie regelmäßig um 10 Uhr abends anruft, um Ihnen von den Ärgernissen des Tages zu berichten, könnten Sie etwa sagen: *Ich weiß, dass in deinem Leben gerade eine Menge los ist und ich möchte auch davon hören, aber ich stehe morgens um 5 Uhr auf und muss daher um 10 Uhr ins Bett gehen. Wenn du mich um 10 Uhr anrufst und eine Stunde lang redest, bekomme ich nicht genug Schlaf, um am nächsten Tag fit zu sein. Deshalb wollte ich dir sagen, dass ich von jetzt an nach 8 Uhr abends nicht mehr ans Telefon gehen werde. Ich hoffe, du kannst diese neue Zeit respektieren.*

Anmerkung: Wenn Freunde und Freundinnen Ihre neuen Grenzen nicht respektieren, sollten Sie erwägen, sich von ihnen zu trennen. Suchen Sie sich neue Freunde, die Ihre Grenzen respektieren. Bei Angehörigen, Kollegen oder Ihrem Chef – also bei Menschen, die Sie nicht einfach aus Ihrem Leben ausschließen oder ignorieren können – können Sie die Grenzen enger ziehen. Familienmitglieder können Sie etwa seltener treffen oder anrufen, und wenn Sie bei Familienfesten dabei sein müssen, seien Sie höflich und freundlich, aber reserviert. Bleiben Sie nur so lange, wie es nötig ist. Kollegen und Vorgesetzten gegenüber sind Sie höflich und professionell. Lehnen Sie Einladungen zum Lunch oder zu einem Drink nach der Arbeit höflich ab. Konzentrieren Sie sich auf Ihre Arbeit und beteiligen Sie sich nicht an Büroklatsch.

Drücken Sie Anerkennung aus, wenn andere Ihre Grenzen respektieren (das verstärkt Veränderungen). Beispiele:

- Danken Sie jemandem, der mehr Respekt für Ihre Grenzen zeigt.
- Sagen Sie jemandem, der jetzt Ihre Grenzen respektiert, wie viel glücklicher Sie das macht oder wie positiv sich das auf Ihr Leben auswirkt.
- Lassen Sie die Menschen wissen, dass Sie sehen, dass die anderen Ihre Grenzen zu respektieren versuchen.

Nachdem Sie jetzt daran gearbeitet haben, zu einer gesunden Abgrenzung zu finden, wollen wir einen Blick auf Ihre Limits werfen – feststellen, wie weit Sie fähig sind, sich um andere zu kümmern und zugleich noch gut für sich selbst zu sorgen. Kurz gesagt, bedeutet das, zu wissen, wann Sie zu anderen Ja und wann Sie Nein sagen.

Ein Limit setzen: Für andere sorgen und für sich selbst sorgen

Ihre *Limits* kennen heißt, dass Sie wissen, wie viel Sie für andere tun können, während Sie noch immer gut für sich selbst sorgen. Sie werden merken, wie viel Sie tun können, wenn Sie darauf achten, wie Sie sich fühlen, wenn Sie zu jemandem Ja sagen – etwa, wenn Sie sich bereit erklären, mit ins Kino oder zum Abendessen zu gehen, sich als Freiwillige an einer Veranstaltung zu beteiligen oder jemandem beim Umzug zu helfen. Wenn Sie Ja sagen und sich hinterher deprimiert, wütend oder voller Groll fühlen und einen Knoten im Magen haben, ist das ein sicheres Zeichen dafür, dass Sie das, worum es geht, nicht tun wollten. Warum haben Sie nicht Nein gesagt, wenn Sie das doch lieber getan hätten? Die Antwort ist: Sie kranken an dem Verlangen, anderen gefallen zu wollen.

Sie müssen lernen, Nein zu sagen. Stellen Sie sich vor, wenn Sie Nein sagen, sagen Sie damit zugleich Ja zu sich selbst – es ist eine Form der Selbstfürsorge. Es bedeutet, für sich selbst zu sorgen. Wenn Sie jedoch daran kranken, anderen gefallen zu wollen, fühlen Sie sich wahrscheinlich schuldig, wenn Sie jemandem etwas abschlagen. Wenn eine Frau mir erklärt, Sie hätte beim Neinsagen Schuldgefühle gehabt, frage ich sie: „Was war Ihre Absicht, als Sie Nein sagten?" Ihre Antwort lautet niemals, dass sie jemanden enttäuschen, ärgern oder in Schwierigkeiten bringen wollte. Wenn es also nicht ihre Absicht war, jemanden zu verletzen, hat sie keinen Grund, sich schuldig zu fühlen. Wenn wir etwas ablehnen, kann die Person, die es trifft, zwar enttäuscht oder ärgerlich sein oder in Schwierigkeiten geraten, aber weil es nicht unsere Absicht war, das zu bewirken, haben wir keinen Grund, uns schuldig zu fühlen. Allerdings haben Menschen mit dem Verlangen, anderen zu gefallen, normalerweise die Schwierigkeit, dass sie das Gefühl nicht mögen, das sie haben, wenn sie glauben, sie hätten jemanden enttäuscht.

Eine Bitte eines anderen abzulehnen, hat nichts mit Selbstsucht zu tun, vielmehr geht es darum, für sich selbst zu sorgen. Sie müssen sich vielleicht daran erinnern, dass Sie vieles für andere tun und dass Sie einfach manchmal auch Nein sagen müssen.

Wenn Sie das bisher nicht gemacht haben, braucht es einige Zeit, bis Sie sich mit dem Neinsagen und mit der Entscheidung darüber wohlfühlen, wie viel Sie mit jemandem teilen möchten – wie viel Zeit oder Energie Sie aufwenden können. Doch je mehr Sie üben, ein Limit zu setzen, desto wohler werden Sie sich damit fühlen. Um dieses Wohlfühlen zu beschleunigen, sagen Sie sich bitte jedes Mal, wenn Sie zu jemandem Nein sagen müssen: *Ich habe das Recht, für mich selbst zu sorgen und meine Bedürfnisse an die erste Stelle zu setzen. Ich bin nicht für das Glück eines anderen Menschen verantwortlich. Ich kann nicht kontrollieren, wie jemand auf mein Nein reagiert.* Auch die folgende Übung wird Ihnen helfen, ein Limit zu setzen.

ÜBUNG 23

Wo ist mein Limit?

Diese Übung wird Ihnen helfen, Ihr Limit zu finden und Ihnen Tipps an die Hand geben, es auch einzuhalten. Denken Sie zunächst an eine Situation, in der Sie Ja gesagt haben, obwohl Sie gerne Nein gesagt hätten. Halten Sie diese Situation in Ihrem Tagebuch fest. Dann gehen Sie die folgenden Punkte sorgfältig durch und schreiben die Antworten in Ihr Tagebuch.

1. Wie haben Sie sich gefühlt, als Sie Ja sagten? Beispiele:
   - voller Groll
   - ärgerlich
   - traurig
   - angespannt
   - mir war übel
   - ängstlich
   - andere Reaktionen (seien Sie genau)

2. Vervollständigen Sie den folgenden Satz und schreiben Sie ihn in Ihr Tagebuch:
   Ich konnte nicht Nein sagen, weil ...

3. Falls eine Bitte Sie unvorbereitet trifft, können Sie auf folgende Möglichkeiten zurückgreifen, Nein zu sagen:
   - Ich werde Sie / dich zurückrufen.
   - Ich muss erst in meinen Terminkalender schauen.
   - Darüber muss ich erst einmal nachdenken.

4. Sie müssen keine Gründe dafür angeben, dass Sie Nein sagen. Weniger ist mehr: Ein einfaches Nein genügt oft. Beispiele:
   - Nein, tut mir leid, das ist mir leider nicht möglich.
   - Diese Zeit passt bei mir nicht.
   - An diesem Wochenende schaffe ich das nicht.
   - Da bin ich nicht frei.
   - Tut mir leid, das bringe ich da nicht unter.

5. Denken Sie noch einmal an die Situation, in der Sie Ja gesagt haben, obwohl Sie lieber Nein gesagt hätten. Wie hätten Sie ablehnen können? Überlegen Sie sich zwei oder drei Möglichkeiten, Ihr Nein zu formulieren. Schreiben Sie Ihre Antworten in Ihr Tagebuch.

6. Wenn Sie Nein gesagt hätten statt Ja, was hätten Sie dann anstelle der Aktivität oder der Erledigung der Aufgabe, der Sie zugestimmt haben, lieber getan? In welcher Weise hätten Sie damit für sich selbst gesorgt? Schreiben Sie Ihre Antworten in Ihr Tagebuch.

Wenn Sie eine Bitte ablehnen, die jemand an Sie richtet, achten Sie bitte darauf, wie Sie sich fühlen. Vielleicht fühlen Sie sich am Anfang schuldig, erkennen aber dann, dass Sie keinen Grund dazu haben. Noch wichtiger ist vielleicht, dass Sie wahrnehmen, wie Sie sich fühlen, wenn Sie das tun können, zu dem Sie kommen, weil Sie Nein gesagt haben. Vielleicht tun Sie etwas für sich selbst, was für Sie wichtig ist: machen Besorgungen, treiben Sport, lesen, entspannen sich, arbeiten im Garten oder tun sonst etwas, das Sie nährt. Was immer es ist: Loben Sie sich auf alle Fälle dafür, dass Sie den Mut haben, Nein zu sagen und für sich selbst zu sorgen. Erinnern Sie sich daran, dass Limits setzen so ist, als bewegten Sie die beiden Ruder, die ein Boot bewegen: Lernen, wann Sie Ja sagen wollen und wann Sie Nein sagen wollen, wird Sie auf dem Weg zur Selbstfürsorge halten.

Jetzt wollen wir uns Werte näher anschauen. Sie werden Sie auf dem Kurs Ihrer Denk- und Verhaltensweisen halten, genau wie das Steuerruder ein Boot in die gewünschte Richtung lenkt.

Werte

Werte halten Sie, wie das Steuerruder eines Bootes, auf die Dinge ausgerichtet, die Ihnen am meisten bedeuten – wie etwa Familie, Engagement, Gesundheit usw. Wenn Sie nicht wissen, was Ihnen am allerwichtigsten ist, sind Sie wie ein Boot ohne Steuer, das ziellos dahintreibt. Dann wissen Sie nicht, wohin Sie wollen und in welche Richtung Sie streben. Schlimmer noch, Sie sind in Gefahr, für die Werte von jemand anders zwangsrekrutiert zu werden, nach denen Sie sich dann richten müssen.

Ihre Werte sind einzigartig und integraler Bestandteil dessen, was Sie sind, sie leiten Sie in allen Aspekten Ihres Lebens. Wer Ihre Freunde sind, was Sie tun, um Ihren Lebensunterhalt zu verdienen, ob Sie heiraten und wen Sie heiraten und vieles mehr – Ihre Werte beeinflussen jede Entscheidung, die Sie treffen. Daher ist es von größter Wichtigkeit, dass Sie wissen, welche Werte Sie überhaupt haben.

Wenn Sie Ihre Werte kennen, wird Ihnen das helfen, eine weitere Beziehung mit einem Narzissten zu vermeiden, denn ein selbstsüchtiger Narzisst wird Werte wie Geben und Nehmen, Engagement, gegenseitigen Respekt usw. nicht mit Ihnen teilen. Nur allzu oft ignorieren die Frauen, die sich auf einen narzisstischen Partner einlassen, dass der Narzisst ihre Werte nicht teilt, oder spielen es herunter. Manche Frauen wissen vielleicht noch nicht einmal, welche Werte sie haben, weil ihre Kindheitserfahrungen sie gelehrt haben, zu ignorieren, was für sie wichtig ist.

Jemanden zu finden, dessen Werte den Ihren entsprechen, ist für eine gesunde und dauerhafte Beziehung notwendig. Sie brauchen nicht jede Menge ähnliche Interessen zu haben, wie etwa Gerätetauchen oder Golf, aber Sie brauchen gemeinsame Werte. Wenn Sie und Ihr Partner beispielsweise einen unterschiedlichen religiösen Hintergrund haben, sagen wir katholisch und jüdisch, aber beide Familie als hohen Wert ansehen, dann werden Sie viel Mühe darauf verwenden, eine wunderbare Familie zu haben, trotz des religiösen Unterschiedes. Sie werden die Religion des jeweils anderen respektieren, Ihren Kindern Erfahrungen mit beiden Religionen ermöglichen und ihnen dadurch Toleranz und Respekt für das Anderssein anderer beibringen. Und Sie werden ein liebevolles und wunderbares Familienleben führen.

Um Ihnen dabei zu helfen, Ihre Werte zu erkennen, habe ich eine Liste von 20 Grundwerten zusammengestellt, die Sie in der folgenden Übung finden. Es gibt natürlich Hunderte von Werten, aber die aufgeführten sind die geläufigsten und diejenigen, die man meiner Meinung nach am dringendsten braucht, um zu vermeiden, dass man sich noch einmal auf einen Narzissten einlässt.

ÜBUNG 24

Bringen Sie Ihre Werte in eine Rangfolge

Bitte lesen Sie die Liste durch und ordnen Sie dann jedem Wert eine Zahl zu, je nachdem, welchen Sie am höchsten schätzen (1 für den wichtigsten Wert, 2 für den zweitwichtigsten usw.). Sie können gerne auch noch weitere Werte hinzufügen, die Ihnen wichtig sind und die vielleicht nicht auf der Liste stehen.

_____ Verbindlichkeit

_____ Kommunikation oder Offenheit

_____ Zuverlässigkeit

_____ Familie

_____ Finanzielle Stabilität

_____ Freundschaft

_____ Gesundheit

_____ Ehrlichkeit

_____ Integrität

_____ Treue

_____ Karriere

_____ Beständigkeit

_____ Beziehungen

_____ Respekt für sich selbst

_____ Respekt für andere

_____ Verantwortlichkeit

_____ Religion oder Spiritualität

_____ Einsatz

_____ Stabilität

_____ Vertrauenswürdigkeit

_____ andere (ins Tagebuch schreiben)

Gut gemacht! Jetzt wollen wir uns anschauen, welche Werte Sie am höchsten bewertet haben und warum. Die nächste Übung wird Ihnen verstehen helfen, warum bestimmte Werte von höchster Bedeutung für Sie sind. *Grundwerte* sind diejenigen, die für Sie am wichtigsten sind, diejenigen, bei denen Sie nicht kompromissbereit sind. Wenn jemand sie nicht mit Ihnen teilt, ist das ausschlaggebend für einen Rückzug, besonders beim Dating. Wenn Sie erkennen, dass ein potenzieller Partner nicht die gleichen Grundwerte hat wie Sie, kann Ihnen das später eine Menge Herzschmerz ersparen, denn Sie erkennen dann viel früher, dass Sie sich jemand anders suchen müssen, der Ihre Grundwerte teilt. Bei unterschiedlichen Grundwerten beenden Sie die Beziehung und wenden Sie sich jemand anders zu.

ÜBUNG 25

Was Sie am meisten wertschätzen

Listen Sie in Ihrem Tagebuch Ihre wichtigsten Werte auf, das sind die auf Platz eins bis fünf Ihrer Rangfolge. Sie sind Ihre Grundwerte. Denken Sie ernsthaft darüber nach, warum Sie diese Werte vertreten. Schreiben Sie Ihre Gedanken in Ihr Tagebuch. Grämen Sie sich nicht, wenn Sie nicht nach ihnen gelebt haben. Denken Sie vielmehr daran, dass Ihre Werte Sie im Gleichgewicht halten, indem sie zu Ihrem Selbstgefühl beitragen und die Grenzen Ihres Verhaltens klären. Ich würde sie sogar farbig markieren oder unterstreichen, so wichtig sind sie! Erinnern Sie sich oft an sie. Eine konkrete Stütze dafür ist, Ihre Grundwerte auf eine Karteikarte oder einen Haftzettel zu schreiben und sie irgendwo hinzukleben, wo Sie sie täglich sehen.

Sie machen das prima. Sie haben Ihre Werte identifiziert und sich entschieden, welche Ihnen am wichtigsten sind – sie sind Ihre Grundwerte. Das zu tun, ist wichtig, weil die Kenntnis Ihrer Werte Ihnen helfen wird, gesunde Entscheidungen zu treffen und sich gesund zu verhalten. Kurz: Die Werte werden Ihnen helfen, für sich selbst zu sorgen. Jetzt wollen wir uns noch einige weitere Möglichkeiten anschauen, für sich selbst zu sorgen.

Die nächsten Übungen werden Ihnen helfen, sich selbst wertschätzen zu lernen, sie sind Teil eines Programms zur Selbstfürsorge. Sich selbst wertzuschätzen wird es Ihnen leichter machen, anderen gegenüber Ihre Grenzen zu wahren, Sie werden dann anderen (wie etwa Narzissten) nicht erlauben, Sie auszunutzen.

ÜBUNG 26

Seien Sie freundlich zu sich selbst

Begegnen Sie sich selbst mit Freundlichkeit und Mitgefühl – und verpflichten Sie sich dazu, sich selbst mindestens einmal am Tag etwas Gutes zu tun. Anfangen können Sie etwa so:

1. Überlegen Sie sich sieben Gesten der Freundlichkeit oder Wohltaten, die Sie sich selbst erweisen können. Schreiben Sie sie in Ihr Tagebuch.
2. Schneiden Sie sich sieben Zettel zurecht – etwa so groß wie eine Visitenkarte –, schreiben Sie auf jeden Zettel eine der Wohltaten und falten Sie ihn dann zusammen.
3. Legen Sie die Zettel in ein Gefäß auf Ihrem Schreibtisch, auf Ihrem Nachttisch oder an einem anderen Ort, wo Sie es sehen.
4. In der nächsten Woche ziehen Sie jeden Tag einen Zettel und erweisen sich an dem betreffenden Tag die gezogene Wohltat.
5. Wiederholen Sie diese Übung jede Woche, bis es Ihnen zur Gewohnheit geworden ist, freundlich zu sich selbst zu sein.

ÜBUNG 27

Sie können Ihre eigene Gesellschaft genießen

Machen Sie eine Liste aller Dinge, die Sie typischerweise nur mit einem Dating-Partner oder Partner tun würden – z. B. ins Kino gehen, in ein schönes Restaurant gehen, ein Konzert oder eine Veranstaltung besuchen, ein Retreat oder einen Ausflug machen. Schreiben Sie diese Liste in Ihr Tagebuch. Jetzt ziehen Sie einen Kreis um drei Dinge, die Sie am liebsten machen würden. Holen Sie Ihren Kalender heraus und wählen Sie ein Datum, an dem Sie jeden der drei Punkte in die Tat umsetzen wollen – und dann tun Sie es!

Anmerkung: Allein sein ist nicht dasselbe wie einsam sein. *Sich einsam fühlen* ist ein emotionaler Zustand, der von einem Verlustgefühl geprägt ist. Man sehnt sich nach jemandem. *Allein sein* heißt, dass man für sich ist. Das muss nicht heißen, dass man ein Verlustgefühl hat und sich einsam fühlt. Lernen Sie, Ihre eigene Gesellschaft zu genießen. Zeit allein zu verbringen, ist ein Akt der Selbstliebe und Selbstfürsorge. Wenn Sie das Alleinsein vermeiden, weil Sie sich dann einsam fühlen und Ihnen gruselige Gedanken durch den Kopf geistern – wie etwa *ich bin allein, weil niemand mich liebt* oder *ich habe keine Freunde* –, dann üben Sie bitte, sich allein hinzusetzen, sich diesen Gedanken zu stellen und realistisches Denken anzuwenden (s. Kapitel 6), um jeden einzelnen dieser Gedanken zu beleuchten und rational zu bewerten. Oder praktizieren Sie Achtsamkeitsmeditation und lassen Sie Ihre Gedanken kommen und gehen. Versuchen Sie, einfach mit Ihren Gedanken der Einsamkeit dazusitzen und die Gefühle auszuhalten, die in Ihnen aufsteigen. Es sind nur Gedanken und Gefühle und wahrscheinlich sind sie verzerrt. Wenn Sie Belege für auch nur einen einzigen Gedanken finden, machen Sie einen Veränderungsplan und benutzen dafür die sechs Stufen der Verhaltensänderung (s. Kapitel 6). Suhlen Sie sich nicht in diesen Gefühlen, sondern werden Sie aktiv. Nutzen Sie die Fertigkeiten in diesem Kapitel und in Kapitel 6 als Hilfe.

ÜBUNG 28

Sie sind tüchtig!

Machen Sie eine Liste all der Dinge, die Sie typischerweise einem Mann überlassen würden, wie Geldangelegenheiten, Autopflege, Gartenarbeit oder Reparaturen im Haus. Seien Sie genau: die Übersicht über Ihr Konto behalten, einen Ölwechsel bei Ihrem Auto durchführen, die Rosen zurückschneiden oder den tropfenden Wasserhahn in der Küche reparieren. Schreiben Sie die Liste in Ihr Tagebuch. Jetzt machen Sie einen Kreis um drei Dinge, die Sie wirklich gerne erledigt hätten. Dann machen Sie einen Plan, wie Sie das selbst erledigen können. Hier einige Vorschläge:

- Nehmen Sie an einem Grundkurs über Kfz-Mechanik teil.
- Besorgen Sie sich Informationen darüber, wie Sie Haushaltsreparaturen selber erledigen können. Es gibt Online-Portale für Heimwerker, in denen Sie oft gute Anregungen auch in Form von Videos finden (z. B. unter www.diybook.de).
- Kaufen Sie Werkzeuge und eine Bohrmaschine. Lernen Sie, sie zu gebrauchen.
- Suchen Sie sich Freundinnen, die diese Dinge mit Ihnen zusammen machen wollen.

Wow, Sie haben gerade eine Menge darüber gelernt, dass Ihre Grenzen, Limits und Werte ein Teil Ihrer Selbstfürsorge sind. Grenzen stellen eine Barriere dar, die Sie schützt, wie der Bootskörper das Boot schützt. Limits lenken Ihr Verhalten gegenüber anderen, wie die Ruder die Bewegung des Bootes lenken. Werte halten Sie auf dem Kurs der Dinge, die für Sie am wichtigsten sind, ganz ähnlich, wie das Steuer eines Bootes das Boot auf dem gewünschten Kurs hält.

Wenn Sie verlangen, dass andere Ihre Grenzen respektieren, wenn Sie Limits setzen können und Ihr Verlangen, zu gefallen, kurieren können, und wenn Sie Ihre Werte kennen – das, was Ihnen am wichtigsten ist –, dann schützen Sie sich und sorgen gut für sich. Genau wie eine gute Fee das tun würde, wachen Sie über sich selbst und passen gut auf sich auf.

7.3 Ihre Reise zur Heilung durch Selbstfürsorge

Heilung ist eine Reise – und die Heilung von Kindheitsverletzungen und von Beziehungen mit Narzissten kann lange dauern. Aber Sie haben schon ein gutes Stück dieser Reise zurückgelegt, seit Sie begonnen haben, dieses Buch zu lesen. Sie haben Fertigkeiten und Techniken gelernt, wie etwa achtsames Atmen, Achtsamkeitsmeditation und realistisches Denken (s. Kapitel 6), die Ihnen helfen werden, Ihre Lebensfallen zu überwinden, was ein großer Schritt zur Heilung ist. In diesem Kapitel haben Sie mehrere Wege der Selbstfürsorge erlernt, die allesamt zu Ihrer Heilung beitragen werden.

Damit die Heilung aber richtig greifen kann in Ihrem Leben, müssen Sie diese Fertigkeiten, Techniken und Arten der Selbstfürsorge so lange einüben, bis Sie Ihnen zur zweiten Natur geworden sind. Das kann am Anfang schwierig sein, weil Sie neue Verhaltensweisen und neue Arten des Umgangs mit sich selbst ausprobieren und außerdem neue Erwartungen aufbauen, wie andere Sie behandeln sollten – mit Respekt und Wertschätzung. Für den Anfang üben Sie diese Fertigkeiten der Selbstfürsorge erst einmal im Umgang mit Freundinnen, Familienmitgliedern, Arbeitskollegen und anderen Bekannten ein. Sie fragen sich vielleicht: *Warum nicht mit meinen Dating-Partnern?* Das ist ganz einfach: Ich hoffe, dass Sie momentan gar keine Dates haben. Sie müssen erst einmal heil werden, Sie müssen etwas über sich selbst lernen und diese neuen Fertigkeiten aus dem Effeff beherrschen, ehe Sie wieder beginnen, Dates zu verabreden. Bitte haben Sie Geduld. Ich weiß, dass viele von Ihnen meinen, sie hätten keine Zeit zu warten, aber ich prophezeie Ihnen: Wenn Sie vor lauter Angst, keine Zeit zum Warten zu haben, allzu früh wieder mit dem Dating beginnen, werden Sie sich wieder den falschen Mann aussuchen. Und ich will nicht, dass Ihnen das passiert – und ich weiß auch, dass Sie das ebenso wenig wollen. Also nehmen Sie sich jetzt bitte Zeit, üben Sie Ihre Fertigkeiten ein und werden Sie von Grund auf heil, sodass Sie danach bereit sind, eine gesunde Beziehung zu beginnen.

Fassen wir zusammen

In diesem Kapitel haben Sie Techniken der Selbstfürsorge gelernt, wie etwa, sich um die Triade des Wohlbefindens zu kümmern: Ernährung, Bewegung und Schlaf. Sie haben auch etwas über die Bedeutung stabiler Grenzen, gesunder Limits und Werte erfahren. Grenzen stellen eine Barriere dar, die Sie davor schützen, benutzt, manipuliert oder ausgebeutet zu werden, wie der Bootskörper ein Boot schützt. Limits lenken Ihr Verhalten gegenüber anderen und entscheiden darüber, wie viel Sie für andere tun und gleichzeitig noch für sich selbst sorgen können, wie die Ruder die Bewegung eines Bootes lenken. Werte halten Sie auf dem Kurs der Dinge, die Ihnen am wichtigsten sind, so wie das Steuer eines Bootes das Boot in die gewünschte Richtung lenkt. Alles, was Sie in diesem Kapitel gelernt haben, hat als Grundlage, dass Sie sich selbst respektvoll, freundlich und mitfühlend behandeln und das auch von anderen erwarten. Wenn Sie gut für sich sorgen, sind Sie Ihre eigene gute Fee für die Prinzessin – und das sind Sie selbst.

Das nächste Kapitel handelt von der achtsamen Partnersuche. Dort werden Sie sehen, wie alles Wissen und alle Fertigkeiten, die Sie in den vorangegangenen Kapiteln erworben haben, gemeinsam in die Erfahrung eines gesunden Datings einmünden.

8. | Achtsame Partnersuche

Das ist das Kapitel, auf das Sie gewartet haben! All die harte Arbeit, die Sie das ganze Buch hindurch geleistet haben – Übungen machen, über Ihre Beziehungen und Lebenserfahrungen nachdenken und in schmerzhafte Erinnerungen eintauchen –, hat Sie auf eine neue Art des Datings vorbereitet, die ich als „achtsame Partnersuche" bezeichne. Aber was genau heißt das, und warum ist es wichtig?

Achtsame Partnersuche heißt, dass Sie sich Ihrer selbst bewusst sind – Ihrer Lebensfallen, Grundüberzeugungen, Bewältigungsstile, Gedanken, Gefühle, Werte, Grenzen und Limits –, während Sie zugleich die Person einschätzen, mit der Sie ein Date haben. Achtsame Partnersuche ist für jeden nützlich, der ein Date verabredet, aber es ist absolut unerlässlich für Frauen wie Sie, die entschlossen sind, keine weitere Beziehung mit einem Narzissten mehr zu haben. Achtsame Partnersuche hilft Ihnen, wachsam zu bleiben: Sie werden jede Verhaltensweise Ihres Partners bemerken, die Ihre Lebensfallen oder negativen Grundüberzeugungen triggert, die Ihren Werten widerspricht und Ihre Grenzen oder Limits verletzt. Das ermöglicht Ihnen, die Person und die Situation realistisch einzuschätzen, sodass Sie einen Narzissten erkennen können und eine weitere ungesunde Beziehung schon im Anfangsstadium kappen können.

Achtsame Partnersuche umfasst nicht nur das Date selbst, sondern auch die Zeit davor und danach. Damit Sie den größten Gewinn aus Ihrer Lernkurve beim Dating ziehen, empfehle ich Ihnen, dass Sie Ihre Dating-Erfahrungen in Ihrem Tagebuch festhalten – oder sogar ein extra Tagebuch nur für das Dating anlegen. Dann können Sie jederzeit darauf zurückgreifen, um Ihre Muster zu erkennen und Ihre Fortschritte zu überprüfen.

Es kann sein, dass Sie noch nicht das Gefühl haben, Sie seien nun für ein achtsames Dating bereit, aber ich weiß, dass Sie sich danach sehnen, eine gesunde Liebesbeziehung zu haben. Ehe wir uns die Elemente der achtsamen Partnersuche und gesunder Beziehungen genauer ansehen, wollen wir daher einen kurzen Blick auf einige der Dinge werfen, die Sie bereits erreicht haben, während Sie dieses Buch durchgearbeitet haben, und die ihnen allesamt helfen werden, den Traum von einer gesunden Liebesbeziehung Wirklichkeit werden zu lassen.

Aufgrund all der Arbeit, die Sie in den vergangenen Kapiteln geleistet haben, haben Sie ein stärkeres Selbstgefühl, und das bedeutet, dass Sie wissen, wer Sie sind und warum Sie auf eine bestimmte Weise gehandelt und gedacht haben, die Sie ohnc dass Sie es gemerkt haben – zu narzisstischen Partnern hingezogen hat. Sie haben auch

Fertigkeiten und Techniken erlernt, wie etwa achtsames Atmen, Achtsamkeitsmeditation und realistisches Denken, die Ihnen helfen, effektiv mit Ihren Lebensfallen und negativen Grundüberzeugungen umzugehen. Sie haben Ihre Fähigkeiten der Selbstfürsorge erweitert und vertieft. Außerdem wissen Sie, dass Sie zu Ihrer Verletzlichkeit stehen und sie zulassen können, was zu einer gesunden Offenheit führt, in der Sie Ihr wahres Selbst offenbaren, und das ist wichtig, wenn Sie authentische Beziehungen herstellen wollen. Sie haben langsam den Mut aufgebaut, in einer Beziehung mit jemandem, der wirklich eine Beziehung zu Ihrem *wahren Selbst* haben möchte, Sie selbst zu sein. Um diese ganz besondere Beziehung zu finden, werden Sie anfangen müssen, beim Dating achtsam zu sein. Wenn Sie sich noch unsicher fühlen, ist das in Ordnung. Seien Sie aufmerksam dafür, welches Timing für Sie richtig ist. Vielleicht möchten Sie gerne Hilfe haben, während Sie diese Übergangszeit durchlaufen. Wenn ja, könnte die Arbeit mit einem Therapeuten oder einer Therapeutin für Sie förderlich sein. Doch wie immer Sie sich entscheiden: Vertrauen Sie dem, was Sie schon gelernt haben, und machen Sie sich klar, wie sehr Sie gewachsen sind. Wir wollen Ihr Wissen jetzt noch ein wenig weiter aufstocken, wenn wir gleich achtsame Partnersuche und gesunde Beziehungen tiefer erkunden.

Wesentliche Elemente

In diesem Kapitel werden wir herausarbeiten, wie eine gesunde Beziehung aussieht – eine, die auf Gegenseitigkeit beruht und vertrauenswürdig ist. Sie werden lernen, wie Sie feststellen können, ob Sie schon so weit sind, dass Sie mit dem Dating beginnen können, und ob die Person, mit der Sie ein Date verabredet haben, eine gesunde Wahl ist und nicht wieder ein Narzisst. Als Unterstützung dafür werden wir Warnsignale besprechen – Dinge, auf die Sie beim ersten Date und in einer neuen Beziehung achten sollten. Sie werden lernen, dass achtsame Partnersuche alles einschließt, was Sie bis hierher gelernt haben.

8.1 Wie sieht eine gesunde Beziehung aus?

Es ist sehr einfach, zu beschreiben, wie eine ungesunde Liebesbeziehung aussieht. Die meisten von uns hatten schon eine oder mehrere davon, aber nur wenige von uns hatten das Glück, eine gesunde Liebesbeziehung zu haben. Wir könnten sogar infrage stellen, ob es das überhaupt gibt. Wenn Sie schon einmal eine gesunde Beziehung mit jemandem hatten, auch wenn es keine Liebesbeziehung war, wissen Sie bereits etwas über gesunde Beziehungen, weil alle gesunden Beziehungen dieselben Merkmale aufweisen. Zu einer gesunden Beziehung gehören *alle* folgenden Merkmale:

- gegenseitiger Respekt
- Gegenseitigkeit
- Verbindlichkeit
- Kommunikation
- wechselseitiges Vertrauen
- gesunde Abgrenzung
- gemeinsame Werte
- Flexibilität

Schauen wir uns jetzt jedes dieser Merkmale näher an. Behalten Sie in Erinnerung, dass *alle zusammen zu einer gesunden Beziehung gehören.*

Gegenseitiger Respekt

Sie lassen die Meinung des jeweils anderen gelten, auch wenn sie sich von der Ihrigen unterscheidet. Sie schätzen seine Meinung und erkennen sie an, und er schätzt Ihre Meinung und erkennt sie an. Sie behandeln einander, wie Sie mit geliebten und geschätzten Freunden umgehen würden. Sie drücken Ihre Differenzen *immer* auf respektvolle Weise aus, auch wenn Sie streiten. Nehmen Sie beispielsweise die Situation, dass Sie mit einem Dating-Partner gerade den Nachtisch in einem neuen Restaurant verspeisen, das sie beide ausprobieren wollten. Er sagt, er hätte gedacht, das Restaurant sei sehr gut, aber er wäre von seiner Vorspeise ein wenig enttäuscht gewesen. Sie sind überrascht und sagen, Sie hätten alles hervorragend gefunden, was man Ihnen an diesem Abend serviert hat. Er fragt Sie, warum, und Sie erläutern ihm, was Ihnen an diesem Essen gefallen hat. Er sagt, dieses Restaurant käme bei ihm nicht in die erste Wahl, aber wenn es Ihnen so gut geschmeckt hätte, sei er bereit, ihm noch eine zweite Chance zu geben. Er lächelt Sie an, und Sie lächeln zurück. Sie essen Ihren Nachtisch auf, bestellen einen Kaffee und sprechen über Ihre Pläne für den folgenden Tag.

Gegenseitigkeit

Geben und Nehmen oder Gegenseitigkeit in einer Beziehung hat nichts damit zu tun, dass man eine Liste darüber führt, wer was macht und wer mehr macht als der andere. Sondern vielmehr damit, dass Sie beide anerkennen, dass Sie und Ihr Partner aufeinander angewiesen sind, was bedeutet, dass Sie beide etwas zu der Beziehung beitragen. Ein Beispiel: Sie gehen mit einem Mann aus, der unglaublich lange Arbeitszeiten hat. Die haben Sie ebenfalls. Es ist schwierig, Zeit für Gemeinsamkeit zu finden. Eines Abends ruft er an, ehe Sie Ihren Arbeitsplatz verlassen, um zu fragen, ob Sie etwas von Ihrer Lieblings-Fast-Food-Theke möchten – er bietet Ihnen an, etwas zum Abendessen zu besorgen, damit Sie beide etwas Zeit miteinander verbringen können. Das ist schon das zweite Mal diese Woche, dass er Ihnen fertiges Essen mitbringt. Am nächsten Wochenende überraschen Sie ihn damit, dass Sie ein paar von seinen Freunden zum Grillen und Relaxen einladen.

Verbindlichkeit

Sie verpflichten sich zu gegenseitiger Verantwortung in guten und in schlechten Zeiten. Verbindlichkeit ist das Versprechen, zusammenzubleiben, das Sie einander geben. Nehmen wir an, Sie hätten Multiple Sklerose und wären Ihrem stressigen Job im Marketing nicht mehr länger gewachsen. Sie besprechen mit Ihrem Partner, welche Folgen das für die Haushaltskasse hat, und schmieden einen Plan, wie Sie mit Ihrem neuen Budget zurechtkommen wollen.

Kommunikation

Gesunde Kommunikation heißt, dass Sie beide etwas in reifer Weise mit gegenseitigem Respekt besprechen können. Sie sind offen und ehrlich zueinander. Kurz gesagt, wenn einer von Ihnen spricht, hört der andere zu, was für beide gilt. Wenn beispielsweise Ihr Dating-Partner vorschlägt, dass Sie beide den Samstag damit verbringen, sich ein Fußballspiel mit seinen Freunden in einer Sportbar anzuschauen, und Sie lieber zu einem Brunch gehen und sich den neuesten Film anschauen würden, dann hören Sie sich beide respektvoll an, was der andere zu sagen hat. Das könnte ungefähr so klingen:

SIE: Ich verstehe, dass du das Spiel sehen willst, aber mir ist es zu viel, meinen Samstagnachmittag in einer lauten Sportbar zu verbringen. Ich hatte eine anstrengende Arbeitswoche und habe mich darauf gefreut, ausschlafen zu können und dann zum Brunch zu gehen und hinterher vielleicht einen Film anzuschauen.

ER: Ich hatte auch eine stramme Arbeitswoche, und meine Art, mich zu entspannen, ist, mit meinen Kumpels ein Bier oder zwei zu trinken.

Nachdem Sie einander angehört haben, kommen Sie vielleicht überein, dass Sie zusammen zum Brunch gehen und sich anschließend trennen werden, sodass er sich mit seinen Freunden das Spiel anschauen kann und Sie mit einer Freundin ins Kino gehen können. Oder Sie könnten beschließen, mit einer Freundin zum Brunch zu gehen, während er zum Spiel geht, und dann könnten Sie beide sich gegen Abend treffen und ins Kino gehen.

Wechselseitiges Vertrauen

Um sich Ihrem Partner von Ihrer verletzlichen Seite zeigen zu können, brauchen Sie wechselseitiges Vertrauen. Sie wissen, dass er hinter Ihnen steht, und er weiß, dass Sie hinter ihm stehen. Sie halten Ihre Versprechen und stehen zu Ihren Zusagen, und das schätzen Sie beide und haben sich dazu verpflichtet, das auch während Ihrer ganzen Beziehung aufrechtzuerhalten. Wenn sich etwa Ihr Partner für einen bestimmten Abend mit Ihnen verabredet oder sich auf den Besuch einer Veranstaltung festlegt, dann ist immer Verlass darauf, dass es auch dabei bleibt. Oder nehmen wir an, Sie gehen schon eine Weile miteinander aus und Ihr Partner lädt sie zu einer Party in der Firma ein, in der er arbeitet. Sie sagen ihm, dass Sie sich auf Partys nicht wohlfühlen und dass es Ihnen Angst macht, neue Menschen kennenzulernen. Daher bleibt er auf der Party stets an Ihrer Seite. Wenn er sie mit jemandem bekanntmacht, dann sagt er etwas über Sie, was zum jeweiligen Gesprächspartner passt, wie etwa: „Sharon lief letztes Jahr ebenfalls beim Chicago-Marathon mit", oder: „Sharon arbeitet auch im Marketingbereich, bei der Firma XYZ."

Gesunde Abgrenzung

In einer gesunden Beziehung kennen und respektieren Sie die Grenzen des jeweils anderen. Ihre Grenzen entscheiden darüber, was Sie an Verhalten und Forderungen anderer Menschen Ihnen gegenüber akzeptieren. Das ist gerade in einer intimen Beziehung besonders wichtig, weil Sie entweder zusammenleben oder viel Zeit miteinander verbringen. Nehmen wir an, Sie bitten ihn darum, sein Auto benutzen zu dürfen. Sie gehen nicht einfach davon aus, dass Sie es ungefragt nehmen können – das zeigt, dass Sie seine Grenze respektieren. Oder wenn er fragt, ob er zu Ihnen kommen und das Montagsfußballspiel bei Ihnen anschauen kann, könnten Sie antworten: „Du kannst in der Halbzeit kommen, denn vorher habe ich noch etwas anderes vor und komme nicht früher nach Hause."

Gemeinsame Werte

Das ist der Klebstoff, der Sie zusammenhält. Sie können Meinungsverschiedenheiten haben, aber wenn Sie gemeinsame Werte haben, wird Ihre Beziehung halten. So könnten Sie etwa bei einem Date erfahren, dass Ihr Partner einen anderen religiösen Hintergrund hat als Sie, dass ihm aber ebenso viel an einer Familie liegt wie Ihnen. Dieser gemeinsame Wert der Familie kann Ihre religiösen Unterschiede überbrücken, wenn Sie sich beide mehr darauf konzentrieren, eine starke, liebevolle Familie zu werden, als darauf, in welches Gotteshaus Sie gehen.

Flexibilität

Für ein Paar ist es wichtig, offen für Veränderung zu sein und einander zu erlauben, zu wachsen und Dinge zu erkunden. Diese Art von Flexibilität und das Wachstum und die Veränderung, die mit ihr verbunden ist, können für eine Beziehung stimulierend sein. Flexibilität hilft auch, wenn Paare im Leben und in ihrer Beziehung mit Schwierigkeiten zu kämpfen haben, denn sie ermöglicht ihnen, notwendige Anpassungen vorzunehmen. Sie gehen vielleicht mit einem Mann aus, den Sie wunderbar finden. Sie haben gemeinsam Pläne geschmiedet, zur Hochzeit seines besten Freundes zu gehen, aber jetzt müssen Sie ihm absagen. Sie haben gerade von einer wichtigen geschäftlichen Konferenz erfahren, an der Sie teilnehmen müssen und die am gleichen Wochenende stattfindet. Er ist enttäuscht, sieht aber ein, dass Sie sich diese berufliche Chance nicht entgehen lassen können. Wenn Sie sich dann in der nächsten Woche sehen, nach der Hochzeit und der Konferenz, brennen Sie beide darauf, sich zu erzählen, was Sie an Ihrem jeweiligen Wochenende erlebt haben.

 Denken Sie über Ihre wichtigsten Liebesbeziehungen nach. Nehmen Sie die Liste der Merkmale für gesunde Beziehungen zur Hand und bewerten Sie jede Ihrer bedeutsamen Beziehungen damit. Zählen Sie nach, wie viele gesunde Merkmale eine jede von ihnen aufwies. Halten Sie nach Mustern Ausschau. Beispielsweise gab es vielleicht in jeder Ihrer Liebesbeziehungen eine relativ gute Kommunikation und Verbindlichkeit, aber Sie hatten keine gemeinsamen Grundwerte. Schauen Sie sich ehrlich an, welche Merkmale Ihre waren, welche die Ihres Partners und welche Sie gemeinsam hatten. Notieren Sie in Ihrem Tagebuch, was Sie herausgefunden haben. Diese Überlegungen werden Ihnen ein besseres Verständnis dafür geben, welche gesunden Merkmale häufig bei Ihren Männern fehlen. Anders gesagt, welche Merkmale waren in Ihren bisherigen Beziehungen nicht vorhanden? Jetzt suchen Sie nach jemandem, der alle diese Merkmale besitzt.

8.2 Woher wissen Sie, wann es Zeit ist, mit der Partnersuche zu beginnen?

Ich glaube, Sie sind zum Dating bereit, wenn Sie zuversichtlich sind, dass Sie verstehen, welche Rolle Sie selbst bei der Wiederholung Ihrer narzisstischen Beziehungen gespielt haben. Zu einem solchen Verständnis gehört, dass Sie sich Ihrer Lebensfallen bewusst sind, Ihre Werte kennen, einen Plan für Selbstfürsorge haben, den Sie auch ernsthaft umsetzen, und eine gesunde Selbstliebe und Wertschätzung Ihrer selbst entwickeln. Es gibt keinen festgelegten Zeitpunkt dafür, mit dem Dating zu beginnen. Sie müssen Ihre persönliche Bereitschaft dazu ganz individuell einschätzen, allerdings möchte ich Ihnen dringend raten, nicht zu schnell wieder neue Verabredungen zu treffen, nachdem Sie eine Beziehung mit einem Narzissten beendet haben. Wenn Sie erst ein tieferes Verständnis für sich gewinnen, hilft Ihnen das, sich mit mehr Selbstvertrauen mit einem anderen zu verbinden.

Haben Sie genug Selbstvertrauen gewonnen, erforschen Sie zuerst einmal, welche Motivation Sie für das Dating haben. Hier sind einige häufige Gründe, die Frauen dafür angeben, dass sie sich auf die Partnersuche machen. Wenn das auch Ihre Gründe sind, sind Sie unter Umständen in Gefahr, sich wieder mit einem Narzissten abzufinden:

- Meine biologische Uhr tickt.
- Ich fühle mich als Nachzügler, weil alle meine Freundinnen einen Freund haben oder verheiratet sind.
- Ich bin einsam.
- Ich habe Angst vor dem Alleinsein.
- Ich will endlich anfangen zu leben.
- Ich werde glücklich sein, wenn ich jemanden kennenlerne.

Die folgenden Gründe führen Sie mit größerer Wahrscheinlichkeit zu einem gesunden Partner:

- Ich habe ein einigermaßen gutes Selbstvertrauen.
- Ich erkenne und schätze, was ich einem anderen Menschen zu bieten habe.
- Ich habe ein gesundes Maß an Selbsterkenntnis und Einsicht in meine Probleme und Verletzlichkeiten und bin bereit, einen Partner zu suchen, bei dem das auch so ist.
- Ich habe mir die Zeit und den Raum gegeben, die Wunden früherer destruktiver Beziehungen zu heilen, und ich werde diese Verletzungen und den Groll darüber nicht in meine nächste Beziehung mitnehmen.

Die Qualität Ihrer Beziehung zu sich selbst wird über die Qualität Ihrer Beziehung zu einem anderen entscheiden. Wenn Sie sich selbst nicht wertschätzen und sich selbst nicht lieben, werden Sie keinen gesunden Partner anziehen. Wenn Sie sich selbst wertschätzen, werden Sie beim Dating eine bessere Partnerwahl treffen. Sie werden gesunde Partner erkennen und werden nicht akzeptieren, anders als respektvoll behandelt zu werden.

Wenn Sie das Gefühl haben, Sie seien zum Dating bereit, schlage ich Ihnen vor, sich dabei nicht nur auf die Männer zu beschränken, von denen Sie glauben, sie könnten der lang ersehnte Richtige sein, also Heiratskandidaten oder Männer, mit denen Sie eine langfristige Beziehung haben möchten. Es kann durchaus wertvoll sein, Ihre Fertigkeiten mit einem Mann zu üben, der hier und jetzt verfügbar ist, und im Umgang mit ihm Selbstvertrauen zu gewinnen, vorausgesetzt, er ist ein gesunder Kandidat. Manchmal wird aus dem hier und jetzt verfügbaren Mann dann auch der Richtige. Ich kenne viele Frauen, die ein zweites Date mit einem netten Mann ausgeschlagen haben, weil er ihrer Meinung nach langweilig oder nicht interessant genug war. In Wirklichkeit hingen sie noch in ihrer Fantasie fest, ihr idealer Dating-Partner wäre aufregend und würde sie im Sturm erobern. Aber in manchen Fällen kamen sie mit entsprechender Ermutigung in der Therapie, es ein zweites und drittes Mal zu probieren, dahin, einen Dating-Partner zu schätzen, und in manchen Fällen wurde daraus auch ein Partner.

Jetzt im Augenblick ist Ihr Ziel beim Dating, gesunde Männer von Narzissten unterscheiden zu lernen. Ich spreche dabei von unverbindlichem Dating, damit Sie sowohl die Fertigkeiten üben können, die Sie erlernt haben, während Sie sich durch das Buch gearbeitet haben, als auch Nutzen aus dem ziehen können, was Sie bis hierher über sich selbst gelernt haben. Falls Sie sich Sorgen machen, dass Sie einen netten Mann in die Irre führen könnten, der eine langfristige Beziehung sucht, dann seien Sie ehrlich: Sagen Sie ihm, dass Sie nach einer Pause gerade wieder die Welt des Datings betreten und nicht nach einer ernsthaften Beziehung Ausschau halten. Und wenn Ihnen zufällig ein wirklich netter Typ über den Weg läuft, den Sie gerne wiedersehen möchten: Wunderbar! Eine Menge Leute betreiben „lockeres" Dating, nur so aus Spaß, um aus dem Haus zu kommen und Menschen kennenzulernen. Jeder, mit dem Sie Zeit verbringen, wird Ihnen helfen, mehr über sich selbst zu erfahren und zu üben, Grenzen zu ziehen, offen Ihre Meinung zu sagen und Respekt zu erwarten.

Gleichzeitig hilft Ihnen dieser Ansatz, sich erst einmal unverbindlich und umsichtig zu verabreden, beim Wiedereinstieg in die Welt des Datings weniger auf „den Mann Ihrer Träume" fixiert zu sein, als „das Selbst Ihrer Träume" in den Fokus zu stellen. Anfangs klingt das vielleicht selbstsüchtig, aber erinnern Sie sich: Je besser Sie sich selbst kennen und je mehr Sie sich selbst lieben, desto wahrscheinlicher werden Sie einen gesunden Partner anziehen, der sich ebenfalls kennt und liebt.

Nutzen Sie die folgende Checkliste, um einzuschätzen, wie weit Sie zum Dating bereit sind. Geben Sie sich mithilfe der folgenden Skala Punktwerte für die einzelnen Kategorien: Unbefriedigend (1), Verbesserung nötig (2), mittelmäßig (3), gut (4), hervorragend (5). Schreiben Sie Ihre Punktzahl auf die Linie neben den einzelnen Kategorien.

Checkliste: Sind Sie zum Dating bereit?

_____ Selbstfürsorge

- Ernährung
- Bewegung
- Schlaf

_____ Entspannung

- Achtsamkeitsmeditation – formell
- Achtsamkeitsmeditation – informell
- Achtsames Atmen

_____ Grenzen

- emotional
- psychisch
- physisch
- sexuell
- spirituell

_____ Limits

- Wie gut bin ich im Neinsagen?
- Sorge ich für mich, wenn ich etwas für andere tue?

_____ Scham und Verletzlichkeit

- Habe ich die Dinge, für die ich mich am meisten schäme, jemandem mitgeteilt?
- Habe ich den Mut, das Risiko einzugehen, mich verletzlich zu zeigen?

_____ Unterstützung / soziales Netz

- Vertrauenswürdige Freunde
- Familie
- Therapeut oder Therapeutin

Nachdem Sie die Checkliste mit Punktwerten versehen haben, schreiben Sie bitte in Ihr Tagebuch für jeden Eintrag eine Handlung, die den entsprechenden Punkt fördert. Sie können dafür die sechs Stufen der Veränderung und / oder realistisches Denken (s. Kapitel 6) als Hilfsmittel nutzen

Sie haben gelernt, dass Narzissten Meister darin sind, sich vorteilhaft zu präsentieren, und sie können selbst gewitzte Frauen noch hinters Licht führen. Deshalb benenne ich im nächsten Abschnitt die für Narzissten typischen Warnsignale, auf die Sie beim Dating achten sollten.

8.3 Wie sehen die Warnsignale aus?

Warnsignale früh im Dating-Prozess oder im Anfangsstadium einer Beziehung zu bemerken, kann Ihnen später viel Kummer ersparen. Das gilt in ganz besonderem Maße, wenn Sie darauf aus sind, eine weitere Beziehung mit einem Narzissten zu vermeiden. Nur allzu oft konzentrieren wir uns darauf, dass unser Dating-Partner uns mag, statt darauf, ihn treffsicher einzuschätzen. Wenn Sie das Ziel haben, eine langfristige, gesunde, befriedigende Beziehung zu finden, dann kann es passieren, dass Sie die Warnlampen ignorieren oder übersehen, die direkt vor Ihrer Nase aufleuchten. Sie wissen, dass sich Narzissten häufig wirklich gut präsentieren, und Sie wissen auch, dass Sie für diesen Typ Mann empfänglich sind, also müssen Sie Warnsignale besonders wachsam registrieren.

Außerdem sollten Sie beim Dating im Auge behalten, dass ein Narzisst eine ganze Weile sein wahres Selbst verbergen kann, daher fällen Sie bitte kein vorschnelles Urteil und kommen Sie übereilt zu dem Schluss, er sei ein wunderbarer Mann. Lassen Sie sich ausreichend Zeit, um zu einem fundierten Urteil zu kommen. Aber falls irgendwelche der gleich beschriebenen Warnsignale auftauchen, dann tun Sie sie bitte nicht als „nicht so schlimm" oder als untypisch für ihn ab.

Selbst wenn Sie an der Unterhaltung Freude haben: Monopolisiert er das Gespräch? Hört er Ihnen zu? Ist das Gespräch ein Geben und Nehmen?

Narzissten sind dafür bekannt, dass sie gerne Hof halten. Auch wenn sie nicht über sich selbst sprechen, sind sie wahrscheinlich die einzigen, die zu Wort kommen. Sie hören sich einfach gerne reden. Es ist, als hätten sie nie die Kunst der Unterhaltung gelernt, in der Sie ein Weilchen reden, dann eine Pause machen und dem anderen die

Möglichkeit geben, etwas zu sagen. Und wenn Sie nicht versuchen, selbst zum Zug zu kommen, wird er einfach weiterreden.

Stellt er Ihnen Fragen über Sie selbst? Zeigt er Interesse an Ihnen?

Narzissten interessieren sich nicht für andere, sie fragen nur danach, was andere für sie tun können. Wenn Sie also mit einem Narzissten im Gespräch sind, dann deshalb, weil er Sie als Publikum haben möchte. So hat mir etwa eine Frau erzählt, dass ihr Dating-Partner den ganzen Abend lang keine einzige persönliche Frage an sie gerichtet hat. Falls Sie eine Position mit hohem Prestigewert haben, stellt er vielleicht Fragen, die auf ein Interesse an Ihnen hindeuten, aber sein wahres Motiv wird sein, Sie zu gewinnen, weil er es als vorteilhaft ansieht, mit Ihnen Verbindung zu haben. In einem anderen Fall stellte der Narzisst durchaus Fragen an die Frau, aber sie bezogen sich alle auf die Arbeit, die sie gemeinsam machten, und nicht wirklich auf sie, darauf, wer sie war, was sie mochte und was ihr wichtig war. Auch hier hatte die Frau wieder etwas zu bieten, was der Narzisst wollte oder brauchte. Es ist sehr leicht, diese Art von Interesse fehlzudeuten und als etwas Weitergehendes anzusehen. Wenn Sie mit dieser Art von Narzisst in einer intimen Verbindung leben, erkennen Sie vielleicht nicht, dass er nur so lange bei Ihnen bleibt, wie Sie ihm etwas zu bieten haben. Wenn das nicht mehr gilt, kann er Sie sehr schnell fallenlassen – ohne dabei etwas zu fühlen.

Spricht er vorwiegend über sich selbst?

Wenn ja, dann schauen Sie, ob er nur nervös ist, und werfen Sie zu diesem Zweck etwas über sich selbst ein. Dann achten Sie auf seine Reaktion. Wenn er Ihren Beitrag übergeht und das Gespräch wieder auf sich selbst zurücklenkt, haben Sie Ihre Antwort.

Wenn Sie sich weiterhin verabreden, schlägt er dann nur Dinge vor, die er gerne macht, oder auch solche, die Ihnen Spaß machen?

Wenn es so aussieht, als füge Ihr Partner Sie einfach in sein Leben ein und kümmere sich nicht um Ihre Interessen, ist das ein Warnsignal. Eine Frau erzählte mir, Ihr Dating-Partner wolle nur in eine bestimmte Art von Restaurant gehen, obwohl sie ihm wiederholt gesagt hätte, sie wolle irgendwo anders hingehen. Er ging auch nur mit ihr zu Sportveranstaltungen und in Filme, die ihm gefielen.

Ist er allzu nett?

Hüten Sie sich vor einem Mann, der seine Wünsche allzu schnell ändert, um sich an Sie anzupassen. Lassen Sie sich nicht dazu verleiten, zu glauben, er sei einfach wunderbar, weil ihm alles gefällt, was Sie machen. Er kann ein Narzisst mit der Anpassungsfähigkeit eines Chamäleons sein, der alles sagt und tut, was er nur kann, um Sie zu umgarnen. Ich hätte auch Bedenken, wenn Ihr Partner allem zustimmt, was Sie sagen. Es könnte sein, dass er etwas als Gegenleistung für seine Nettigkeit erwartet. Wenn er dann nicht bekommt, was er möchte, kann er gekränkt sein, schmollen, oder – noch schlimmer – Ihnen vorwerfen, Sie seien undankbar, nach allem, was er für Sie getan hat. Mit anderen Worten war alles, was er für Sie getan hat, heimlich an Gegenleistungen geknüpft.

Wird er leicht defensiv?

Wird er defensiv, wenn Sie ihm Fragen stellen? Wird er defensiv, wenn Sie nachhaken, um Klarheit über einen Sachverhalt zu gewinnen, oder wenn Sie ihn bei einem Thema herausfordern?

Sind seine Antworten auf Ihre Fragen vage oder fantastisch?

Wissen Sie dann, wenn er eine Frage beantwortet hat, immer noch nicht, was Sie erfahren wollten? Beispiel: Sie fragen ihn, wo er aufgewachsen ist, und er sagt: „Im Mittleren Westen." Sie fragen, wo genau, und er wiederholt dasselbe noch einmal. Sie sagen sich, er sei vielleicht einfach nur zurückhaltend. Vielleicht – aber passen Sie auf. Wenn alle seine Antworten verschwommen sind, kann das darauf hindeuten, dass er etwas verschweigt oder in einer Situation die Kontrolle haben muss. Eine Frau hörte von Ihrem Dating-Partner eine fantastische Geschichte darüber, dass er in seiner Collegezeit in geheimer Mission für die CIA gearbeitet habe. Das ist ein klarer Hinweis darauf, dass hier eine rote Warnlampe leuchtet, die man beachten sollte.

Kann er nicht über sich selbst lachen?

Narzissten können Sinn für Humor haben, aber selten in Bezug auf sich selbst. Sie neigen dazu, sich sehr ernst zu nehmen. Da Ihr Ego so zerbrechlich ist, können sie es nicht ertragen, wenn jemand sich über sie lustig macht. Typischerweise lachen sie nicht über ihre eigenen Schwächen, denn damit würden sie anerkennen, dass sie tatsächlich auch Fehler haben, genau wie alle anderen.

Ist er übermäßig kritisch in Bezug auf andere – oder auf Sie?

Achten Sie darauf, ob und wie er andere kritisiert oder herabsetzt oder verächtlich über sie spricht. Das kann ein Hinweis darauf sein, wie er sich künftig Ihnen gegenüber verhalten wird. Wenn er etwas an Ihnen auszusetzen hat, es aber als spielerische

Neckerei tarnt, passen Sie auf. Manchmal ist Necken dünn verschleierte Feindseligkeit. Wie Sie sich in diesen Situationen fühlen, wird Ihnen helfen, zu entscheiden, ob es um Neckerei oder Feindseligkeit geht. Und wenn Sie ihn bitten, ihn in Bezug auf etwas Bestimmtes nicht zu necken, und er tut es weiterhin, dann wissen Sie, dass er Sie nicht respektiert – eine rote Warnlampe.

Wird er schnell wütend?

Beklagt er sich ständig darüber, dass alle anderen Idioten sind oder dass ihn in der Familie oder am Arbeitsplatz niemand wirklich versteht oder schätzt? Legt er in augenscheinlich harmlosen Situationen eine Überreaktion an den Tag? Wenn ihm beispielsweise der halbwüchsige Junge an der Kinokasse falsch herausgibt, wird er dann wütend und beschimpft ihn, drischt mit Worten auf ihn ein? Kurz gesagt, ist er ein Hitzkopf?

Kann er sich entschuldigen, wenn er einen Fehler gemacht hat?

Weil Narzissten glauben, dass sie nie etwas falsch machen, glauben sie auch nicht, dass sie irgendeinen Grund haben, sich zu entschuldigen. Oft merken sie noch nicht einmal, dass sie einen Fehler gemacht haben, und wenn Sie sie darauf hinweisen, dann schlagen sie vielleicht zurück und weisen Sie auf einen Fehler hin, den Sie einmal gemacht haben. Aber wenn jemand, mit dem Sie ausgehen, sich entschuldigen *kann*, dann fragen Sie sich, ob die Entschuldigung aufrichtig ist und von Herzen kommt. Dann beobachten Sie ihn über die Zeit hinweg und schauen Sie, ob er zu seinen Fehlern stehen kann.

Übertritt er Grenzen?

Es gibt viele Arten von Grenzen, aber achten Sie besonders wachsam auf die emotionalen und physischen Grenzen. Ein Beispiel für emotionale Grenzverletzungen wäre etwa, wenn er Ihnen allzu persönliche, vielleicht sogar unangemessene Fragen stellt oder zu früh allzu vertraulich wird. Eine Frau hat mir etwa erzählt, dass ein Mann bei der ersten Begegnung ziemlich früh angefangen hat, sie „Süße" zu nennen. Aber solche Kosenamen entwickeln sich erst mit der Zeit in stimmiger Weise und beruhen auf einer echten Beziehung; beim ersten Date sind sie unpassend. Sie werden erkennen, wann Ihr Dating-Partner eine emotionale Grenze überschreitet, weil Sie sich dabei unwohl fühlen werden.

Und dann gibt es noch die Verletzung physischer Grenzen. Hier ist ein gutes Beispiel aus dem wahren Leben: Ich habe mit einer Frau gearbeitet, die bei ihrem ersten Date einen Mann zum Kaffee mit nach Hause nahm. Das Erste, was er tat, war, dass er, ohne zu fragen, ihren Kühlschrank öffnete. Sie meinen vielleicht, das sei eine Kleinigkeit, und das dachte sie auch. Ich aber nicht. Ich drückte meine Besorgnis darüber aus, dass er ihre Grenzen nicht respektierte, und hielt das für eine riesengroße Warnlampe, aber sie traf sich weiter mit ihm. Sechs Monate später brach er ihr unbekümmert das Herz – als sie nicht mehr seinen Zwecken diente, ließ er sie fallen. Sie war am Boden zerstört. Würden Sie unter irgendwelchen Umständen zum ersten Mal das Haus eines fremden Menschen betreten und seinen Kühlschrank aufmachen? Nein. Warum sollte man sein Benehmen dann mit einer Ausrede entschuldigen, wie etwa: „Ich freue mich, dass ihm bei mir so wohl ist, dass er sich gleich zu Hause fühlt"?

Überwältigt er Sie mit dem Gefühl, die Chemie zwischen Ihnen stimme hundertprozentig?

Viel zu oft höre ich Frauen sagen: „Er hat mich im Sturm erobert" oder „Ich empfinde ihn als Seelenpartner" oder „Noch nie hat mich jemand so gut verstanden". Wenn das beim ersten Mal auf Anhieb passiert, ist es immer eine rote Warnlampe. Narzissten sind berühmt-berüchtigt dafür, dass sie solche Gefühle in Ihnen wecken. Seien Sie vorsichtig. Es fühlt sich wunderbar an, wenn die Chemie zwischen zwei Menschen stark und stimmig ist. Dieses Gefühl elektrisiert einen und ist berauschend, aber es kann auch ein Warnsignal sein. Seien Sie doppelt vorsichtig, wenn Sie sich sagen hören, er sei perfekt! Und wenn Ihnen beinahe schwindelig ist vor Verliebtheit, halten Sie an sich. Erinnern Sie sich daran, dass Sie eine erwachsene, reife, intelligente Frau sind. Lassen Sie sich nicht von ihm einwickeln und mit süßen Worten betören – etwa, dass er sich noch nie mit jemandem so gefühlt hat. Und achten Sie darauf, nicht selbst solche Dinge zu ihm zu sagen. Wenn Sie Wörter wie „Seelenpartner" direkt nach einem ersten Date sagen, seien Sie einfach vorsichtig.

Rühmt er sich damit, dass er oft ungestraft davonkommt und dass er Regeln sehr geschickt großzügig auszulegen versteht, ohne erwischt zu werden?

Narzissten haben das Gefühl, sie müssten sich nicht an die gleichen Regeln halten wie alle anderen. Schließlich sind sie etwas Besonderes. Außerdem sind sie stolz darauf, dass sie schlau genug sind, ungestraft Grenzen übertreten zu können. Eine Frau, mit der ich gearbeitet habe, erzählte, dass sie in einem Urlaub auf einer Tropeninsel einen Mann kennengelernt hatte. Er sagte, er sei auf einer Geschäftsreise, aber in ein paar Tagen werde er sich „in die Büsche schlagen", weil er wisse, wie er sein Büro austricksen könne, sodass niemand etwas davon merke. Wenn er andere anlügt, ist es wahrscheinlich nur eine Frage der Zeit, wann er auch Sie anlügt. Warnlampe!

Und schließlich: Stellen Ihre eigenen Gedanken und Erwartungen Warnsignale dar?

Wenn Sie etwas an ihm nicht mögen, aber im Stillen denken: *Ach, später wird er sich ändern,* dann passen Sie auf. Ich habe allzu viele Frauen gesehen, die so über einen Partner dachten, der keine Kinder wollte oder der ihre Werte nicht teilte. Wenn er Ihnen sagt, er wolle keine Kinder, dann sagen Sie sich nicht, das werde sich schon noch ändern. Vielleicht tut es das, aber Sie handeln sich damit unter Umständen auch großen Kummer ein. Und wenn er in dieser Frage unentschlossen ist, glauben Sie nicht, das bedeute, er werde schließlich auf Ihre Seite wechseln. Vielleicht tut er das nicht. Wollen Sie Ihre Zeit wirklich in eine nur fünfzigprozentige Wahrscheinlichkeit stecken? Vielleicht ist es besser, die Verbindung zu kappen und jemanden zu suchen, der von vornherein Kinder möchte und Ihre Werte in Sachen Familie teilt. Es kommt darauf an, dass Sie Ihren eigenen Gedanken und Reaktionen Aufmerksamkeit schenken.

Wenn Sie eines dieser Warnsignale sehen, fällen Sie nicht auf der Stelle ein Urteil und schließen diesen Mann automatisch aus Ihrem Leben aus. Doch seien Sie vorsichtig. Sie müssen wissen, dass der Mann vielleicht nicht der Mühe wert ist, wenn Sie diese Merkmale an ihm sehen.

Nachdem Sie jetzt über die Warnlampen Bescheid wissen, wollen wir erkunden, was achtsame Partnersuche ist. Wenn Sie Ihre Verabredungen mit Achtsamkeit treffen, werden Sie eine weitere Beziehung mit einem Narzissten vermeiden können. Und nicht nur das, Sie sind dann vielleicht auf dem Weg, den Richtigen zu finden.

8.4 Wie sieht achtsame Partnersuche aus?

Wir haben seit dem Beginn dieses Kapitels einen langen Weg zurückgelegt, deshalb möchte ich noch einmal zusammenfassen und wiederholen, wie achtsame Partnersuche aussieht. Bei der achtsamen Partnersuche sind Sie sich sowohl Ihrer selbst als auch Ihres Partners voll bewusst. Sie sind sich Ihrer Lebensfallen, Ihrer Grundüberzeugungen, Grenzen, Limits und Werte ebenso bewusst wie Ihrer Gedanken und Gefühle, Sie sind sich auch der Verhaltensweisen Ihres Dating-Partners bewusst, die Ihre Lebensfallen oder negativen Grundüberzeugungen triggern, im Konflikt mit Ihren Werten stehen oder Ihre Grenzen und Limits überschreiten. Diese Bewusstheit erlaubt Ihnen, Ihren Partner einzuschätzen, um zu sehen, ob er ein Narzisst ist oder nicht, und auch das Potenzial für eine gesunde Beziehung mit ihm einzuschätzen.

Bei der achtsamen Partnersuche praktizieren Sie bitte Ihre Techniken der Selbstfürsorge. Sie werden besser auf Ihre Verabredungen vorbereitet sein, wenn Sie sich seelisch und körperlich stark und gesund fühlen, sorgen Sie also dafür, dass Sie gesund essen, sich bewegen und genügend Schlaf bekommen. Fahren Sie auch mit der Achtsamkeitsmeditation fort – formelle und informelle – sowie mit dem achtsamen Atmen, und stellen Sie sicher, dass Ihre Unterstützung durch vertrauenswürdige Menschen klappt. Die folgende Übung wird Ihnen helfen, wenn Sie mit der achtsamen Partnersuche beginnen.

ÜBUNG 29

Ein Dating-Tagebuch führen

Kaufen Sie sich ein neues Heft oder Notizbuch, das Sie als Ihr Dating-Tagebuch verwenden: Ein neues Notizbuch ist ein Symbol für Ihr neues Leben. (Wenn Sie das lieber möchten, können Sie auch Ihr normales Tagebuch verwenden.) Nutzen Sie die gleich folgenden Leitlinien, um durch Dating achtsam zu wachsen.

Vorsatz

Auf die erste Seite Ihres Dating-Tagebuchs schreiben Sie etwas, das Ihrer Verpflichtung sich selbst gegenüber Ausdruck verleiht, wie etwa: „Ich werde nie mehr respektloses Verhalten tolerieren" oder „Nie wieder so ein Prince Charming!" oder was immer sonst Ihre Entschlossenheit ausdrückt. Unter Ihren Leitsatz schreiben Sie die Affirmation, die Ihre Verpflichtung auf Veränderung am besten widerspiegelt. Auf diese erste Seite schauen Sie vor jedem Date. Und schauen Sie bitte nicht nur darauf, sondern fühlen Sie, was dort steht, atmen Sie es ein und nehmen Sie es in Ihr Sein auf. Sie werden emotionale Stärke daraus ziehen.

Ihr Kernselbst

Schreiben Sie unter dieser Überschrift die fundamentalen Elemente auf, die Ihr Kernselbst ausmachen: Ihre Lebensfallen, Ihre Grundüberzeugungen, Ihre Bewältigungsstile, die Sie tendenziell einsetzen. Das wird Sie daran erinnern, sie ganz vorne im Kopf zu behalten, damit Sie sich erwischen, wenn sie getriggert oder aktiviert werden. Schreiben Sie die Trigger auf, die Sie am verletzlichsten machen. Sie sollten sie immer achtsam im Blick haben, damit Sie sich schützen können. Ihre Trigger zu kennen und zu wissen, wie Sie auf sie reagieren könnten, wird beim Dating von unschätzbarem Wert für Sie sein. Erinnern Sie sich daran, dass sich ein Narzisst hervorragend darauf versteht, ihnen anfangs ein gutes Gefühl zu geben, sodass Sie sich als ein besonderer Mensch fühlen. Das kann sehr entwaffnend sein.

Erinnern Sie sich auch an Ihre Grenzen und Limits: Ihre Grenzen entscheiden darüber, was Sie an Verhaltensweisen und Forderungen anderer Menschen Ihnen gegenüber akzeptieren und was nicht; und bei Ihren Limits geht es darum, zu wissen, wann Sie Nein sagen müssen, sie sind eine Form der Selbstfürsorge.

Werte

Listen Sie als Nächstes Ihre Werte auf, die Sie in Kapitel 7 identifiziert haben. Sie werden Ihnen als Steuer dienen und Sie in die Richtung dessen lenken, was Ihnen am wichtigsten ist. Beim ersten Treffen und bei jeder nachfolgenden Begegnung sollten Sie Ihre Werte klar vor Augen haben und beobachten, wie Sie zu den Werten Ihres aktuellen Dating-Partners passen.

Fragen, die Sie sich stellen sollten, ehe Sie zu einem Date gehen

Nehmen Sie sich Zeit, Ihre Antworten auf die folgenden Fragen in Ihr Dating-Tagebuch zu schreiben:

- *Welche Motivation habe ich dafür, mit diesem Mann auszugehen?* Nehmen Sie sich Zeit, zu überlegen, warum Sie seine Einladung angenommen haben oder warum Sie ihm ein Date vorgeschlagen haben.
- *Welche Erwartungen habe ich?* Schreiben Sie sie auf. Sind sie realistisch? Haben Sie beispielsweise Fantasien über eine gemeinsame Zukunft mit diesem Mann, obwohl Sie noch nicht einmal ein erstes Date mit ihm hatten? Sie sollten vernünftige Erwartungen haben. Erinnern Sie sich beispielsweise daran, dass das nur ein einziges Date ist und dass nicht Ihr gesamtes künftiges Glück davon abhängt. Sagen Sie sich: *Bei diesem Treffen werde ich mehr über diesen Mann erfahren. Das wird mir Aufschluss darüber geben, ob ich ihn nach diesem Abend noch näher kennenlernen möchte. Ich bin diejenige, die wählt, nicht einfach nur die, die gewählt wird.*
- *Wie fühle ich mich?* Sind Sie angespannt, ängstlich, beschwingt, besorgt? Überlegen Sie sich, warum, und schreiben Sie es auf. Wenn Sie angespannt oder ängstlich sind, dann erinnern Sie sich an die beruhigende Gewissheit, dass Sie auf dieses Date vorbereitet sind und dass Sie etwas anzubieten haben. Noch einmal, Sie wählen aus. Wenn Sie aufgeregt oder beschwingt sind, machen Sie sich klar, warum Sie sich so fühlen, und stellen Sie sicher, dass Sie keine unrealistischen oder romantischen Vorstellungen in Bezug auf ihn haben. Denn das ist ein todsicherer Weg, die Zügel einem Narzissten zu überlassen. Wenn möglich, ist es am besten, sich so neutral wie möglich zu fühlen, allerdings dürfen Sie vorsichtig optimistisch sein. Sehen Sie das Treffen als ein Abenteuer an, als eine Gelegenheit, Ihre neu erworbenen Fertigkeiten auszuprobieren. Sie können nicht verlieren. Selbst wenn das Date eine Pleite ist, werden Sie etwas daraus lernen. Denn diese Chance bietet Ihnen jede Begegnung mit einem anderen Menschen.
- *Habe ich Fantasien darüber, wie ich ihm gefallen könnte, bin dabei aber nicht authentisch ich selbst?* An dieser Stelle ist es entscheidend, dass Sie Ihre Lebensfallen, Grundüberzeugungen und Trigger dafür gut kennen. Wenn Sie zu einer Verabredung gehen und nur daran denken, wie wichtig es ist, dass ihr eine zweite Verabredung folgt, sind Sie dann Sie selbst?

Vor jedem Date lassen Sie Ihre Werte Revue passieren und erinnern Sie sich daran, welche Dinge Ihre Lebensfallen, Grundüberzeugungen und Bewältigungsstile triggern. Seien Sie sich darüber im Klaren, wie Sie mit sich selbst umgehen werden, wenn solche Trigger ausgelöst werden. Welche gesunden Bewältigungsstrategien können Sie einsetzen? Sie können beispielsweise für eine Unterbrechung sorgen, achtsam atmen, an Ihre Werte denken, sich an Ihren Vorsatz erinnern oder sich kurz zurückziehen, um eine vertrauenswürdige Freundin anzurufen, die Ihnen helfen kann, zentriert zu bleiben.

Fragen, die Sie sich während eines Dates stellen sollten

Ich rate Ihnen, während eines Dates Folgendes zu beachten und zu üben:

- Beobachten Sie Ihren Partner und beobachten Sie Ihre eigenen Gefühle. Falls Sie sich unwohl fühlen: Löst er dieses Gefühl in Ihnen aus?
- Atmen Sie normal. Wenn Sie merken, dass Sie schneller atmen, versuchen Sie es mit einigen tiefen Atemzügen – atmen Sie achtsam. Sie können sich auch entschuldigen, zur Toilette gehen und dort fünf oder zehn tiefe Atemzüge machen.
- Achten Sie auf sich selbst, um zu sehen, wie Sie sich fühlen.
- Registrieren Sie alle Erwartungen, die vielleicht in Ihnen aufsteigen. Schauen Sie, wie realistisch sie sind.
- Halten Sie nach Warnsignalen Ausschau.
- Sorgen Sie dafür, dass Ihnen Ihre Werte präsent sind.
- Haben Sie Spaß. Denken Sie daran, dass das eine vergnügliche Zeit sein sollte, keine Schwerarbeit.

Fragen, die Sie sich nach einem Date stellen sollten

Entweder direkt nach Ihrem Date oder sobald Sie dazu kommen, nehmen Sie eine ehrliche Einschätzung der Begegnung vor: Was lief gut und was nicht? Schreiben Sie die Warnsignale auf, wenn Sie welche bemerkt haben, oder notieren Sie, ob sich Ihr gefühlsmäßiges Befinden während des Zusammenseins verändert hat. Nehmen Sie sich Zeit, jede der folgenden Fragen zu beantworten: Wie haben Sie sich während des Treffens gefühlt? Wenn Sie überlegen, wie Sie dieses Date gedeichselt haben, was würden Sie dann beim nächsten Mal gerne anders machen? Hat dieser Mann Freunde? Wie nehmen ihn seine Freunde, Mitarbeiter und Angehörigen wahr? Wenn Sie das Gefühl haben, er sei Ihr Seelenpartner, welche Werte haben Sie beide gemeinsam? Woher wissen Sie, dass das seine Werte sind? Weil er es Ihnen gesagt hat? Dann müssen Sie sich Zeit nehmen, zu sehen, ob er seinen Worten auch Taten folgen lässt. Wenn Sie ihn mögen und sich gerne noch einmal mit ihm treffen wollen, tun Sie das, aber denken Sie daran, dass es vieler Begegnungen bedarf oder sogar Monate dauern wird, bis Sie ihn wirklich kennen. Sprechen Sie mit einer vertrauenswürdigen Freundin über das Date, bitten Sie sie um Feedback und fragen Sie nach ihrem Gefühl. Versuchen Sie offen zuzuhören, ohne defensiv zu werden.

Ein Dating-Tagebuch zu führen, mag sich anfangs mühsam anfühlen, ist aber wichtig, weil es Sie mit den Füßen auf dem Boden und auf Kurs hält. Andernfalls verpassen Sie die Warnsignale. Nur allzu oft wollen wir nicht die Wahrheit sehen, sondern nur das, was wir gerne sehen wollen. Das ist eine Tatsache. Wenn Sie die hier gestellten Fragen in Ihrem Tagebuch beantworten, hilft Ihnen das vielleicht, das Gesamtbild zu sehen, nicht nur das, was Sie sehen möchten. Das wird hoffentlich dazu beitragen, dass Ihnen nicht wieder das Herz bricht.

Betrachten Sie die achtsame Partnersuche und die ganze Mühe, die Sie in dieses Unternehmen stecken, als eine Investition in sich selbst. All Ihre harte Arbeit wird sich auszahlen: Denken Sie daran, wie gut es sich anfühlen wird, wenn Sie jemanden kennenlernen, der Sie respektvoll behandelt, Ihre Werte teilt und Sie als die einzigartige Frau annimmt, die Sie sind. Erinnern Sie sich, dass achtsame Partnersuche nicht nur ein Weg ist, der Wiederholung narzisstischer Beziehungen zu entkommen, sondern auch ein Weg zu einer gesunden Beziehung der Art, die Sie sich zutiefst wünschen.

Fassen wir zusammen

Hoffentlich ist Ihnen allen inzwischen völlig klar geworden: Wenn Sie in authentischer Weise für sich sorgen und sich respektieren, dann können Sie einen Narzissten erkennen und eine potenziell ungesunde Beziehung im Keim ersticken. Üben Sie achtsame Partnersuche. Lassen Sie sich Zeit und gehen Sie beim Dating langsam voran. Achten Sie darauf, wie Sie sich fühlen und welches Gefühl Ihr Partner bei Ihnen auslöst. Akzeptieren Sie und erkennen Sie an, dass Sie verletzlich sind, wenn Sie wieder beginnen, Verabredungen zu treffen. Halten Sie sich vor Augen: Das Ziel ist eine gesunde Beziehung, die langfristig trägt, nicht einfach eine Beziehung, die wieder ein Fehlschlag ist. Das wird wesentlich weniger schwierig und viel stärker intuitiv gesteuert, wenn Sie fest entschlossen sind: *Nie wieder Prince Charming!*

Noch einige Schlussgedanken ...

Herzlichen Glückwunsch! Sie haben *Nie wieder Prince Charming!* vollständig durch-gearbeitet – das ganze Buch gelesen, die Übungen gemacht und eine Menge wirklich wichtige Dinge über sich selbst gelernt. Die Tatsache, dass Sie bei der Stange geblie-ben sind, auch wenn Sie auf schwierige Erinnerungen gestoßen sind und schmerz-hafte Erfahrungen noch einmal durchlebt haben, heißt, dass es Ihnen mit einer Ver-änderung Ihres Lebens ernst ist. Ich bin von Ihrem Engagement für sich selbst und Ihre Veränderung beeindruckt, weil Veränderung Mut erfordert – und das heißt, Sie *haben* Mut.

In diesem Buch ging es die ganze Zeit um Sie, nicht um den Narzissten. Ich hoffe, Sie haben gelernt, dass es noch nie Ihr Fehler war, dass Sie sich immer wieder zu Nar-zissten hingezogen gefühlt haben, sondern dass es die Folge Ihrer Überzeugungen aus der Kindheit war, die Sie, ohne es zu merken, ins Erwachsenenalter mitgenom-men haben. Ihre Selbstwahrnehmung, die gewachsen ist, während Sie dieses Buch durchgearbeitet haben, wird Ihnen helfen, Ihr Muster zu durchbrechen, immer wie-der Beziehungen mit Narzissten einzugehen. Sie haben Fertigkeiten erlernt, die Ih-nen helfen, während Sie sich ändern – während Sie Beziehungen mit narzisstischen Männern hinter sich lassen und auf gesunde Liebesbeziehungen zusteuern.

Gehen Sie in dieser Zeit der Veränderung sanft mit sich um. Erinnern Sie sich, dass wir nur aus unseren Erfahrungen lernen können. Wenn Sie also merken, dass Sie wieder in alte Verhaltensweisen zurückfallen, denken Sie an die Stufen der Verände-rung. Aber machen Sie sich deshalb keine Sorgen, denn Sie werden aus allen Erfah-rungen, die Sie durchleben, Erkenntnisse gewinnen, und Sie lernen und verändern sich nur durch Erfahrungen. Manchmal müssen wir etwas viele Male wiederholen, ehe es wirklich sitzt.

Denken Sie daran, dass Sie auf dieses Buch zurückgreifen können, sooft Sie es brau-chen. Vielleicht möchten Sie es noch einmal lesen, vielleicht sogar die Übungen wie-derholen. Wenn Sie das tun, geben Sie wahrscheinlich beim nächsten Mal andere Antworten auf die Fragen, denn Sie wachsen ja weiter. Die Ideen und Konzepte sind zeitlos, überprüfen Sie sich daher immer wieder. Es ist mein aufrichtiger Wunsch, dass dieses Buch wie eine alte Freundin für Sie wird, zu der Sie jederzeit kommen können, wenn Sie sie brauchen. Ich weiß, dass es nicht leicht ist, diese Arbeit zu ma-chen, und es erfordert Mut und Zeit, sich zu ändern. Es ist ein Prozess, und manch-mal geht es zwei Schritte vorwärts und einen zurück. Aber Sie sind in der richtigen Richtung unterwegs: einer gesunden Beziehung entgegen. Mit der Zeit wird es für Sie immer natürlicher werden, die Fertigkeiten zu nutzen, die Sie in diesem Buch gelernt haben, und Ihr Leben authentischer zu leben. Das erfordert Zeit und Engagement, aber ich weiß, dass Sie es schaffen können. Ebenso wie die unzähligen Frauen, mit denen ich im Lauf der Jahre gearbeitet habe, werden Sie tatsächlich ankommen!

Danksagung

Ich muss all den wunderbaren Frauen danken, mit denen ich im Lauf der Jahre das Privileg der Zusammenarbeit hatte, die mir Einblick in ihr Leben gewährt und ihre Erfahrungen mit mir geteilt haben. Es sind Ihre Geschichten von Kampf und Erlösung, die nun anderen Frauen zum Vorteil gereichen. Ich werde stets Ihre Stärke und Ihren Mut bewundern. Ich zolle Ihnen allen hohen Respekt.

Ein riesiges Dankeschön geht an meine neue Familie, New Harbinger Publications. Danke, dass Sie es riskiert haben, eine unbekannte Autorin ins Programm zu nehmen, und dass Sie sich dafür engagieren, Bücher herauszubringen, die den Menschen wirklich helfen:

An meinen Engel, Wendy Millstine, meine Lektorin bei New Harbinger. Das Universum hat uns umsichtigerweise zur selben Konferenz, in denselben Vortrag und zu zwei benachbarten Sitzplätzen geführt. Ich bin dir für immer dankbar, dass du Interesse an meiner Idee für ein Buch hattest und an dieses Projekt geglaubt hast. Du hast eine entscheidende Rolle dabei gespielt, dass das Buch angenommen wurde, und deine Bemühungen haben mich auf diese spannende Reise geschickt, ein Buch zu verfassen.

An Melissa Valentine, Lektorin, und Nicola Skidmore, Lektoratsassistentin. Eurer Führung und Expertise verdanke ich die konstruktive Kritik, die dieses Buch zum bestmöglichen Ergebnis geführt hat.

Der Grafikabteilung und besonders Amy Shoup, der Leiterin der Grafikabteilung. Ihr fantastischer Entwurf für das Cover dieses Buches hat meine Erwartungen weit übertroffen!

An Clancy Drake, Lektoratsleiter; Fiona Hannigan von der Marketing- und PR-Abteilung, Cassie Kolias, Pressesprecherin, und all die anderen bei New Harbinger, die an der Entstehung dieses Buches mitgewirkt haben. So viele Menschen waren an der Veröffentlichung dieses Buches beteiligt, und viele von ihnen habe ich nie gesehen und hatte nie Kontakt mit ihnen, aber ich bin Ihnen allen dankbar. Vielen Dank!

Ich möchte mich auch bei Jeanne Ballew bedanken, meiner außerordentlich begabten Schreibcoach und Lektorin. Mit deinem einzigartigen Coaching-Prozess hast du mir geholfen, mir über Struktur und Inhalt klar zu werden, ohne jemals meine Absicht oder Vision aus den Augen zu verlieren. Du hast mich unermüdlich ermutigt und mir das Vertrauen gegeben, zu meiner Stimme zu finden und ihr treu zu bleiben. Ohne dich, Jeanne, gäbe es dieses Buch nicht.

Mein Dank geht auch an Jean M. Blomquist, die unglaublich begabte Lektorin, die mein Manuskript durchgesehen hat. Ihr Scharfblick, Ihre brillanten Vorschläge und Ihr Auge, dem nicht das kleinste Detail entging, haben das Buch auf ein neues Niveau gehoben. Ich bin Ihnen so dankbar für Ihre vielen Talente. Und danke Ihnen für Ihre Geduld, wenn ich Dampf ablassen musste.

Ein besonderer Dank geht an diejenigen, die mir ganz am Anfang des Schreibprozesses geholfen haben, als ich voller Schrecken war und mich völlig verloren fühlte:

An meinen alten Freund Jared How, einen wunderbaren Autor, der mir geholfen hat, die ersten Monate voller quälender Selbstzweifel zu überstehen. Deine Geduld, deine Unterstützung und dein Lektorat waren unschätzbar.

An meinen Bruder Dean Melonas, der sich trotz seines randvollen Terminkalenders Zeit genommen hat, meine ersten Entwürfe zu lesen und mir das dringend benötigte Feedback zu geben. Ich danke dir.

An Laura Golden Belotti und Kate Zendall, zwei hervorragende Autorinnen und Lektorinnen, mit denen zu arbeiten ich zu Anfang dieses Prozesses das Vergnügen hatte. Vielen Dank.

An meine persönliche Cheerleaderin und Cousine, Jeanie Sears, die für mich wie eine Schwester ist. Deine unermüdliche emotionale Unterstützung war für mich eine stete Quelle der Ermutigung, die mir durch die dunklen Tage des Schreibens hindurchgeholfen hat, an denen ich mutlos war und an mir gezweifelt habe.

Und schließlich möchte ich noch Carrol Stovold danken, klinische Sozialarbeiterin und zu meinem großen Glück auch Reiki-Meisterin. Die Energie deiner warmen, sanften Hände hat mich in den frühen Tagen des Schreibprozesses beruhigt und geerdet.

Literaturverzeichnis

AMERICAN PSYCHIATRIC ASSOCIATION (2013): *Diagnostic and Statistical manual of mental disorders* (5. Auflage). Arlington, VA, American Psychiatric Association. (Dt. 2015, *Diagnostisches und Statistisches Manual Psychischer Störungen DSM-5*, Hogrefe Verlag, Göttingen.)

BEATTIE, M. (2007): *Die Sucht, gebraucht zu werden*. Heyne-Verlag, München.

BEHARY, W.T. (2014): *Mit Narzissten leben. Wie Sie selbstbezogene Menschen entlarven und dabei wachsen können*. Junfermann Verlag, Paderborn.

BROWN, B. (2014): *Die Gaben der Unvollkommenheit. Lass los, was du glaubst, sein zu müssen, und umarme, was du bist. Leben aus vollem Herzen*. J. Kamphausen Verlag, Bielefeld.

BROWN, B. (2013): *Verletzlichkeit macht stark. Wie wir unsere Schutzmechanismen aufgeben und innerlich reich werden*. Kailash Verlag, München.

DIAZ, C., WINSLET, K., LAW, J. et al. (2006): *The Holiday* (DVD). Regie: Nancy Meyers. Culver City, CA, Columbia Pictures. (Dt. *Liebe braucht keine Ferien* [2007], Hamburg, Universal.)

MAYO CLINIC STAFF (2014): „Complications", 4. April 2014. Einzusehen unter: ↗ http://www. mayoclinic.org/diseases-conditions/insomnia/basics/complications/con-20024293. (Zuletzt aufgerufen am 20.2.2017.)

MINKEL, J.D., BANKS, S., HTAIK, O., MORETA, M.C., JONES, C.W., McGLINCHEY, E.L., SIMPSON, N.S. & DINGES, D.F. (2012): „Sleep Deprivation and Stressors: Evidence for Elevated Negative Affect in Response to Mild Stressors When Sleep Deprived", in: *Emotion* 12(5), S. 1015–1020.

PAYSON, E.D. (2002): *The Wizard of Oz and Other Narcissists*. Royal Oak, MI, Julian Day Publications.

PROCHASKA, J.O., NORCROSS, J.C. & DiCLEMENTE, C.C. (2010): *Changing for Good: A Revolutionary Six-Stage Program for Overcoming Bad Habits and Moving Your Life Positively Forward*. New York, HarperCollins Publishers.

STAHL, B. & GOLDSTEIN, E. (2010), *Stressbewältigung durch Achtsamkeit: Das MBSR-Praxisbuch*. Arbor Verlag, Freiburg.

YOUNG, J.E., KLOSKO, J.S. & WEISHAAR, M. (2008): *Schematherapie. Ein praxisorientiertes Handbuch*. Junfermann Verlag, Paderborn.

YOUNG, J.E. & KLOSKO, J.S. (2006): *Sein Leben neu erfinden. Wie Sie Lebensfallen meistern*. Junfermann Verlag, Paderborn.

Anmerkungen

1   Jeffrey E. Young und Janet S. Klosko, *Sein Leben neu erfinden. Wie Sie Lebensfallen meistern,* Junfermann Verlag, Paderborn 2006.

2   Ebd.

3   C. Diaz, K. Winslet, J. Law et al. *Liebe braucht keine Ferien,* Originaltitel: *The Holiday* (DVD), Regie: Nancy Meyers, Culver City, CA, Columbia Pictures 2006.

4   American Psychiatric Association, *Diagnostic and Statistical manual of mental disorders,* 5. Auflage, Arlington, VA, American Psychiatric Association 2013. (Dt. *Diagnostisches und Statistisches Manual Psychischer Störungen DSM-5,* Hogrefe Verlag, Göttingen 2015.)

5   Wendy T. Behary, *Mit Narzissten leben. Wie Sie selbstbezogene Menschen entlarven und dabei wachsen können,* Junfermann Verlag, Paderborn 2014. S. 41.

6   E. D. Payson, *The Wizard of Oz and Other Narcissists,* Royal Oak, MI, Julian Day Publications 2002.

7   Ebd., S. 17.

8   Ebd.

9   American Psychiatric Association, DSM-5.

10 Brené Brown, *Verletzlichkeit macht stark. Wie wir unsere Schutzmechanismen aufgeben und innerlich reich werden,* Kailash Verlag, München 2013.

11 Ebd., S. 92.

12 Ebd.

13 Brené Brown, *Die Gaben der Unvollkommenheit. Lass los, was du glaubst, sein zu müssen, und umarme, was du bist. Leben aus vollem Herzen,* J. Kamphausen Verlag, Bielefeld 2014³, S. 27.

14 Wendy T. Behary, a. a. O., 2014. S. 66.

15 Melody Beattie, *Die Sucht, gebraucht zu werden,* Heyne-Verlag, München 2007, S. 47.

16 J. O. Prochaska, J. C. Norcross, and C. C. DiClemente, *Changing for Good: A Revolutionary Six-Stage Program for Overcoming Bad Habits and Moving Your Life Positively Forward,* New York, HarperCollins Publishers 2010.

17 B. Stahl und E. Goldstein, *Stressbewältigung durch Achtsamkeit: Das MBSR-Praxisbuch,* Arbor Verlag, Freiburg 2010.

18 Die Angaben nach dem Berliner Kompetenzzentrum Schlafmedizin sind einzusehen unter: ↗ https://schlaf.charite.de/patienten/ (zuletzt aufgerufen am 7.3.2017).
    Mayo Clinic Staff, „Complications", 4. April 2014, ↗ http://www.mayoclinic.org/diseases-conditions/insomnia/basics/complications/con-20024293.

19 Jared D. Minkel, Siobhan Banks, O. Htaik et al., „Sleep Deprivation and Stressors: Evidence for Elevated Negative Affect in Response to Mild Stressors When Sleep Deprived", in: *Emotion* 12(5), S. 1015–1020.

20 American Psychiatric Association, DSM-5.

Über die Autorin

Als klinische Psychologin hat Dr. Candace V. Love das leiden-
schaftliche Anliegen, Frauen zu helfen, sich aus narzisstischen
Beziehungen herauszuhalten. Als Gründerin und Präsidentin
von *North Shore Behavioral Medicine,* einer Vereinigung, die
Büros in der Innenstadt von Chicago und in Grayslake, Illinois,
hat, setzt Candace Love evidenzbasierte Techniken ein, die aus der Kognitiven Verhaltenstherapie, der Schematherapie und der Achtsamkeitsarbeit stammen. Einen
Großteil ihrer Freizeit verbringt sie mit Geschöpfen, die alles andere als narzisstisch
sind – mit Tieren. Sie reitet gerne und kümmert sich um verwilderte Katzen, die im
Wald hinter ihrem Haus leben. Außerdem ist sie ein Foodie und freut sich stets auf
ihre nächste Entdeckung – sei es eine Gourmetmahlzeit, ein edler Wein oder ein
Craft Beer.